特別支援学校が目指す カリキュラム・マネジメント

Curriculum Management

監修・編著
三浦 光哉

編著
山口 純枝
小倉 靖範

参画チェックリストと✔
7つの要素を動かす
15の仕掛け

ジアース教育新社

はじめに

　特別支援学校学習指導要領が改訂され，小学部・中学部・高等部の全てにおいて完全実施されています。この新学習指導要領では，各学校におけるカリキュラム・マネジメントの推進が示されました。カリキュラム・マネジメントとは，「各学校においては，児童又は生徒や学校，地域の実態を適切に把握し，教育の目的や目標の実現に必要な教育の内容等を教科等横断的な視点で組み立てていくこと，教育課程の実施状況を評価してその改善を図っていくことなどを通して，教育課程に基づき組織的かつ計画的に各学校の教育活動の質の向上を図っていくこと」と述べられています。このカリキュラム・マネジメントは，学校経営の全てを含みますから，その良し悪しは，学校全体に多大なる影響を及ぼし，全評価として受け止められます。それゆえに，最も重要な位置付けになることでしょう。

　新学習指導要領の中でカリキュラム・マネジメントが示されて以降，特別支援教育での取組については，指南書や様々な実践が紹介されている一方で，現在もなお暗中模索でその出口が見えないといった現場の声も聞こえてきます。このことは，上述したようにカリキュラム・マネジメントが学校経営の全てを含みますから，どこからどのように手を付けたら（改善・改革すれば）良いか，分からないことが多いようです。また，どこがゴールなのかが見えないことも少なくありません。

　そこで，カリキュラム・マネジメントとは一体何なのかを改めて検討するとともに，その中核となる要素は何か，そして，その要素を具体的に5W1H（いつ，どこで，だれが，なにを，なぜ，どのように）で改善・改革していけばよいかといった指南書を企画しました。筆者が考えるカリキュラム・マネジメントとは，田村ら（2005，2011，2016，2020 他）がモデルを示しているように，「ア．教育目標の具現化」「イ．カリキュラムのPDCA」「ウ．組織構造」「エ．学校文化」「オ．リーダー」「カ．家庭・地域社会等」「キ．教育課程行政」といった7つの要素を基本として，それらをより良く改善・改革していくために，チーム学校という「協働性」の下に創り上げていく"総合力"と捉えています。そして，その"総合力"は，「俯瞰と着地」を明確にすることが重要となります。つまり，学校経営全体（学校が取り組んでいる全てのこと）を見据えながら，それらの取組を評価し，その実績を明らかにしていくことと考えます。そうすることで，深い霧から光明が差してくるのではないでしょうか。そのためには，要所要所においてカリキュラム・マネジメントに関わる担当者の様々な"仕掛け"づくりも重要ですし，それに携わる担当者と関係者の連携・協働も必要になってきます。

　例えば，名古屋市立特別支援学校では，2020（令和2）年度から教育課程の編成を"各教科等を合わせた指導"から"教科別の指導"へと大きく転換し，管理職の明確な学校経営方針（グランドデザイン）の下，カリキュラム・マネジメントの7つの要素につい

て取り組んでいます。具体的には，名古屋市教育委員会から派遣された計25人の外部専門家アドバイザー（大学教員，心理職，就労支援担当者など）を迎えて，授業改善，指導方法，専門的知識の研修，就労支援などについて指導・助言を受けています。そして，「社会に開かれた教育課程」を目指すために，年2回（9月，2月），校長が自ら名古屋市役所内でその取組の実績についてプレゼンテーションして専門家からの評価を受けています。このような先駆的な取組は，全国の特別支援学校でも皆無なのではないでしょうか。今後の手本になることでしょう。

　さて，本書の構成は以下の通りです。第1章では，カリキュラム・マネジメントの誕生と経緯を説明しながら，7つの要素に関連する学校経営方針（グランドデザイン），教育課程，校務分掌，個別の3計画（個別の教育支援計画・個別の指導計画・自立活動の個別の指導計画），授業づくり，学校評価，協働性について述べます。第2章では，特別支援学校の新たなカリキュラム・マネジメントの捉えを示します。第3章では，全員参画に向けたカリキュラム・マネジメントにするために，担当者・関係者18人（初任者，担任，学年主任，学部主任，進路指導主任，情報教育主任，研究主任，コーディネーター，養護教諭，教務主任，教頭，校長，外部専門家（授業改善，就労支援），教育センター，教育委員会，保護者，児童生徒）が参画するためのチェック項目やポイントを示します。参画チェックをすることで5W1H（いつ，どこで，だれが，なにを，なぜ，どのように）が見えてくると思われます。第4章では，カリキュラム・マネジメントの7つの要素が，チーム学校という「協働性」の下に上手く潤滑するための具体的な"仕掛け"を紹介します。最後の第5章では，カリキュラム・マネジメントの実践例として3つの特別支援学校の取組を紹介します。

　なお，本書では「カリキュラム・マネジメント」の用語を使用しますが，書物や研究論文の引用により「カリキュラムマネジメント」と表記することもあります。

　本書は，名古屋市教育委員会指導部の中谷誠主幹並びに指導主事の先生方のご支援の下，名古屋市立特別支援学校を中心としながら全国の先進的な特別支援学校のカリキュラム・マネジメントの実践を通して，その関係者で作り上げました。本書を通読していただき，皆様からの忌憚のないご意見を承りたいと存じます。

　末筆になりましたが，本書の出版を快く引き受けてくださいましたジアース教育新社の加藤勝博社長，編集担当の市川千秋様には，衷心より感謝申し上げます。

2022（令和4）年7月2日

三　浦　光　哉

目　次

第4章　カリキュラム・マネジメントを促進する15の"仕掛け"

第5章　特別支援学校のカリキュラム・マネジメントの実際

コラム

資料 『特別支援学校用カリキュラム・マネジメント 学校経営実績評価シート』

文献

おわりに

執筆者一覧

監修・編著者紹介

第 1 章

特別支援学校の
カリキュラム・マネジメント

1．カリキュラム・マネジメントとは

　新学習指導要領では，児童生徒の資質・能力の３本柱（「知識及び技能」「思考力，判断力，表現力等」「学びに向かう力，人間性等」）を育成するために，アクティブ・ラーニング（主体的・対話的で深い学び）による授業改善とともに，学校の全体的な改善を行うカリキュラム・マネジメントの必要性が示されました。

　カリキュラム・マネジメントとは，「各学校においては，児童又は生徒や学校，地域の実態を適切に把握し，教育の目的や目標の実現に必要な教育の内容等を教科等横断的な視点で組み立てていくこと，教育課程の実施状況を評価してその改善を図っていくこと，…（中略）…などを通して，教育課程に基づき組織的かつ計画的に各学校の教育活動の質の向上を図っていくこと」と述べられています（文部科学省，2017）。

　カリキュラム・マネジメントにおける教育課程の役割としては，幼児児童生徒（以下，「児童生徒」）や学校，地域の実態を適切に把握し，①教育の目的や目標の実現に必要な教育の内容等を教科等横断的な視点で組み立てていくこと，②教育課程の実施状況を評価してその改善を図っていくこと，③教育課程の実施に必要な人的又は物的な体制を確保するとともにその改善を図っていくことなどを通して，教育課程に基づき組織的かつ計画的に各学校の教育活動の質の向上を図っていくことに努めることが示されています。すなわち，カリキュラム・マネジメントのねらいは，児童生徒や学校，地域の実態を適切に把握し，編成した教育課程に基づき組織的かつ計画的に授業の質の向上を図ることであると言えます。

2．カリキュラム・マネジメントのモデル

　カリキュラム・マネジメントのモデルとしては，これまで「安彦のモデル」（安彦，1983），「高野の教育課程経営モデル」（高野，1989），「中留の教育課程経営モデル」（中留，1997）などが紹介されてきました。そして，これらのモデルを整理統合して新たに開発したのが図 1-1 に示す田村ら（2005，2011，2016，2020 他）の「カリキュラムマネジメント・モデル」（以下，「田村のモデル」）です。

　田村のモデルは，カリキュラム・マネジメントを行う上で配慮すべき７つの要素として，「ア．教育目標の具現化」「イ．カリキュラムの PDCA」「ウ．組織構造」「エ．

学校文化」「オ．リーダー」「カ．家庭・地域社会等」「キ．教育課程行政」が必要であるとし，それらの関係性や構造を図1-1に示す構造図で整理しています。そして，これらの要素をトータルにマネジメントしながら，教育目標のより良い実現を目指していくことが，カリキュラム・マネジメントであると述べています。

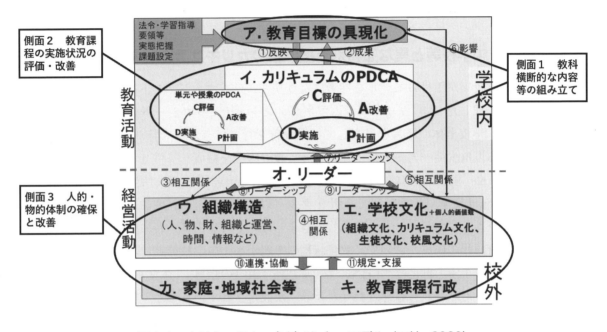

図1-1　カリキュラムマネジメント・モデル（田村，2020）

　田村のモデルが発表されて以降，全国の小・中学校等では，その中に示されている全体の構造図である『カリキュラムマネジメント・グランドデザイン』，及び学校全体の経営を校長が評価する『カリキュラムマネジメント・チェックシート』を活用しながら数多くの学校経営改善の成果を示してきました（田村ら，2011；村川ら，2011；田村ら，2016など）。

特別支援学校の独自の
カリキュラム・マネジメント

1．小・中学校等と異なる特別支援学校のカリキュラム・マネジメント

　小・中学校等が田村のモデルを参考に『カリキュラムマネジメント・グランドデザイン』を作成したり，『カリキュラムマネジメント・チェックシート』を活用したりしながら，学校全体の経営を見直して授業改善を行ってきた中，特別支援学校では，障害のある児童生徒一人一人の視点に立って教育課程を編成し，併せて「個別の教育支援計画」や「個別の指導計画」を作成しながら，Plan（計画），Do（実行），Check（評価），Action（改善）というPDCAサイクル（以下，「PDCA」）により，独自路線のカリキュラム・マネジメントを実施してきました。その理由は，特に知的障害教育における教育課程の編成において，教育課程の枠組が小・中学校等とは異なることにあると考えられます。例えば，「日常生活の指導」「遊びの指導」「生活単元学習」「作業学習」といった"各教科等を合わせた指導"が設定されていることや特別支援学校の教育課程に特徴的な"自立活動"があることです。また，同一校に複数の学部や学科を有していることから，カリキュラム・マネジメントが多様かつ複雑に絡み合っていることもあります。

　このようなことから，特別支援学校では，障害のある児童生徒一人一人に合わせた教育課程の編成を強調するため学部や学科間の調整が難しく，小・中学校等と必ずしも同一歩調でできないといった課題があります（松見・涌井，2016）。また，「学習評価が曖昧である」「前年度踏襲で毎年同じような学習活動を繰り返している」「目標設定が明確でない」などといった指摘もあり（小畑ら，2019；二村・三浦，2020），カリキュラム・マネジメントが的確に機能しているわけではありません。さらに，全国特別支援学校知的障害教育校長会における学習評価の調査（武富・横尾，2015）では，教育課程の改善が図られているのかが分かりにくいといった指摘もあり，カリキュラム・マネジメント全体に関わる知見の提供が求められています。

　このような現状の中，武富ら（2017）は，カリキュラム・マネジメントの6本の柱（育成を目指す資質・能力，教科等を学ぶ意義と学校段階間のつながりを踏まえた教育課程の編成，各教科等の指導計画の作成と実施及び学習・指導の改善・充実，子供の発達を踏まえた指導，学習評価の充実，学習指導要領等の理念を実現するために必要な方策）と，それを促進するための8つの要因（ビジョン，スケジュール，場，体制，

関係，コンテンツ，ルール，プログラム）をクロスさせる『カリキュラム・マネジメント促進フレームワーク』を提案しています。そして，このフレームワーク等を活用した取組も始まっています（例えば，佐賀大学教育学部附属特別支援学校，2018；鹿児島大学教育学部附属特別支援学校，2020；広島県立三原特別支援学校，2020 など）。

2. 特別支援学校のカリキュラム・マネジメントの課題と改善

　上述したように，特別支援学校では，学校運営や組織体制上から小・中学校等のカリキュラム・マネジメントと様々な面で異なることが示されています。その中で特徴的なことは，「教育課程」「校務分掌」「個別の3計画」「授業づくり」「学校評価」，そして，ティーム・ティーチング（T-T）による「協働性」などが挙げられます。これらの取組については，これまで様々に議論されてきたところであり，各特別支援学校でも大きく異なることもあります。

　そこで，次節からは，この6つの項目について，これまで指摘されてきた特徴と課題を取り上げ，今後のカリキュラム・マネジメントを意識した改善の視点について述べていきます。

特別支援学校の教育課程とカリキュラム・マネジメント

1. 特別支援学校の教育課程の特徴と課題

　カリキュラム・マネジメントの充実に向けて教育課程を編成する際には，特別支援学校の教育課程に係る法規や学習指導要領の理解が必要不可欠です。

　例えば，同じ特別支援学校であっても，「視覚障害者，聴覚障害者，肢体不自由又は病弱者である児童生徒に対する教育を行う特別支援学校の教育課程」（以下，「知的障害以外の特別支援学校」）と「知的障害者である児童生徒に対する教育を行う特別支援学校」（以下，「知的障害特別支援学校」）では，図1-2に示すように具体的な教育課程の構成内容に違いがあります。

　最初から学習指導要領に示された知的障害特別支援学校の各教科の目標及び内容を取り扱うことができるのは，知的障害特別支援学校のみです。一方，知的障害特別支援学校以外の特別支援学校においては，小学校・中学校，高等学校に準ずる教科，特別の教科道徳（以下，「道徳科」），特別活動，総合的な学習の時間（注：高等部は

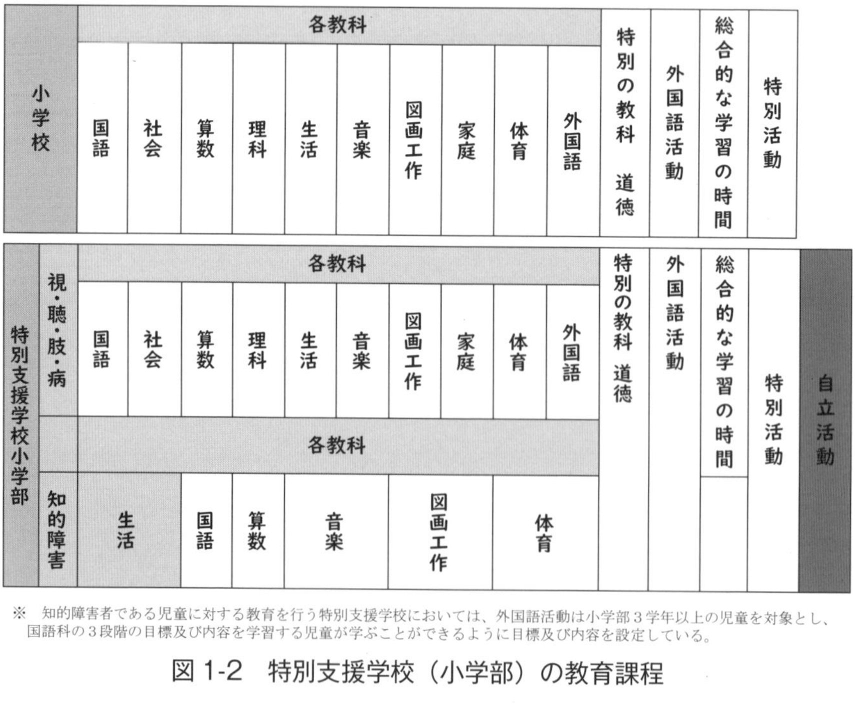

小学校	各教科									特別の教科　道徳	外国語活動	総合的な学習の時間	特別活動
	国語	社会	算数	理科	生活	音楽	図画工作	家庭	体育	外国語			

特別支援学校小学部	視・聴・肢・病	各教科										特別の教科　道徳	外国語活動	総合的な学習の時間	特別活動	自立活動
		国語	社会	算数	理科	生活	音楽	図画工作	家庭	体育	外国語					
	知的障害	各教科														
		生活	国語	算数	音楽	図画工作	体育									

※　知的障害者である児童に対する教育を行う特別支援学校においては、外国語活動は小学部3学年以上の児童を対象とし、国語科の3段階の目標及び内容を学習する児童が学ぶことができるように目標及び内容を設定している。

図1-2　特別支援学校（小学部）の教育課程

総合的な探究の時間）のほか，自立活動で編成されています。"準ずる"とは原則として「同じ」ということを意味しています。すなわち，小学部では小学校教育の目標に，中学部では中学校教育の目標に，高等部も同様に準じた教育課程を編成することになります。また，指導計画の作成と各学年の内容の取扱いについては，児童生徒の障害の状態や特性及び心身の発達の段階を十分に考慮し，特別支援学校学習指導要領に示されている障害種ごとの配慮事項を取り入れて実際の指導を行っていきます。

　知的障害特別支援学校の各教科は，小・中学校等のように学年ごとに教科の目標や内容が示されておらず，段階によって示されています。小学部は3段階，中学部・高等部は2段階で示されています（注：高等部の主として専門学科において開設される各教科は1段階）。段階別に内容を示している理由は，特別支援学校学習指導要領解説各教科等編（小学部・中学部）第4章第1節に示されており，「発達期における知的機能の障害が，同一学年であっても，個人差が大きく，学力や学習状況も異なるからである。」とされています。段階を設けて示すことで，児童生徒の実態や学習状況に応じて，各教科の内容を精選して効果的に指導ができるようになっています。

　また，各教科，道徳科，特別活動，自立活動，外国語活動の一部又は全部を合わせて指導を行う場合があります。これを，"各教科等を合わせた指導"と言い，日常生活の指導，遊びの指導，生活単元学習，作業学習などの指導の形態で行われています。"準ずる"教育課程においては，"各教科等を合わせた指導"を行うことはできない点に留意しなくてはなりません。教育課程を編成する際には，「重複障害者等の教育課程の取扱い」，小・中学校等の学習指導要領，特別支援学校の学習指導要領や総則をよく理解し，適切に教育課程を編成することが重要です。

　特別支援学校では，"各教科等を合わせた指導"を取り入れて教育課程を編成している場合が多いですが，その際に運動会や学習発表会などの行事や日常の生活をテーマとして設定する場合があります。テーマの設定は重要なことですが，そのテーマを通して「どのような力を身に付けるために，どのような題材，方法で指導を行うのか」といった視点と，各教科等との関連が明確になっていないことがあります。また，時間割に道徳科や自立活動を設定しないことで一見すると指導されていないように見えます。時間割にないからといって，それらの指導をしなくても良い，ということではありません。どの時間に，どの場面で，必要な授業時数は年間，何時間なのかなど，具体的な指導の方針を明確にして教育課程を編成する必要があります。

2．カリキュラム・マネジメントを意識した教育課程の編成ポイント

Point 1　「何を」「どのように」学ばせたいかの視点

　特別支援学校においては，教育課程の編成の方針や指導の重点を決定していく際に，

"各教科等を合わせた指導"についての検討が必要です。その際に「教科別指導の方が良い」「各教科等を合わせた指導は時代に逆行している」などの単純な議論ではなく，児童生徒に「何を」「どのように」学ばせたいのかを，これまでの経験と現在や将来の姿を見据えながら議論することが大切です。例えば，"各教科等を合わせた指導"では，活動を重視するあまり「各教科等の何と何を合わせているのかが不明確である」「授業や個人の目標が曖昧になる」「児童生徒の実態を鑑みず前年度踏襲の単元や題材となる」等が課題として挙げられています。一方，"教科別の指導"では，指導場面においてプリント学習に終始し，教科と教科，学校生活と家庭・社会生活の横断的な視点が欠けることがあります。その場しのぎ的な指導ではなく，系統性のある指導を行っていくことが求められています。

Point 2 7つの要素を活かす教育課程

教育課程は，図1-3のような流れで編成されます。しかし，これまでの編成の仕方と異なるのは，カリキュラム・マネジメントを行う上で配慮すべき7つの要素である「ア．教育目標の具現化」「イ．カリキュラムのPDCA」「ウ．組織構造」「エ．学校文化」「オ．リーダー」「カ．家庭・地域社会等」「キ．教育行政」を最大限に生かしながら「チームとしての学校」という考え方で，全教員の「協働性」の下に教育課程を創り上げていくことが重要であるという点です。

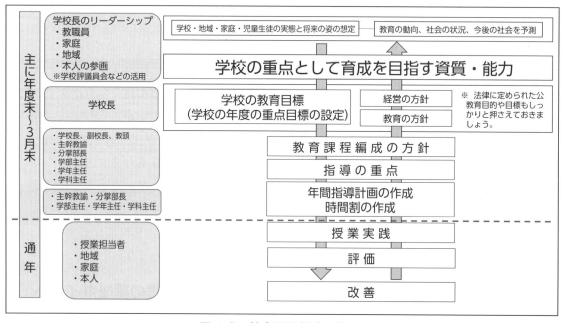

図1-3　教育課程編成の流れ

Point 3　根拠のある「社会に開かれた教育課程」

　特別支援学校の教育課程の編成や実施においては，各学校の裁量に任される部分が大きいことが特徴の一つでもあります。しかし，裁量が大きいからこそ学習指導要領に基づいた根拠や横断的な視点を取り入れた教育課程を編成し，児童生徒，保護者，地域の人などに説明責任を果たすことができる「社会に開かれた教育課程」にすることが重要です。

Point 4　教育課程を改善するために必要な教員研修

　管理職や研修担当が必要だからと企画した全員参加型の研修会は，自分のニーズに合わないという不満も少なからずあるため，自由参加型の研修会を企画することもカリキュラム・マネジメントの一部です。校務分掌に関係なく研修の企画を公募し，講師探しや運営も発案者に任せることで授業づくり，教材・教具の作成，人権教育，自立活動など様々な内容が出てきます。「これまでの教育内容・方法が本当にこれで良かったのか」「より良い教育課程とはどのようなものか」などについて考える教員が増え，意欲的で学び合う学校文化が醸成されます。そして，管理職にはそのような研修会を実現できるように最大限，支援することが教員の学校運営への主体的な参画につながります。

特別支援学校の校務分掌と
カリキュラム・マネジメント

1．特別支援学校の校務分掌の特徴と課題

　2017（平成29）年3月に告示された『小学校学習指導要領』には，「校長の方針の下に，校務分掌に基づき教職員が適切に役割を分担しつつ，相互に連携しながら，各学校の特色を生かしたカリキュラム・マネジメントを行うよう努めるものとする。また，各学校が行う学校評価については，教育課程の編成，実施，改善が教育活動や学校運営の中核となることを踏まえ，カリキュラム・マネジメントと関連付けながら実施するよう留意するものとする」ことが示されています。

　校長は，学校教育目標や学校課題を明確にした上で，校務の種類やその役割を明らかにすることが大切です。学校の教育目標を実現するために，重点課題に対して組織的に対応していくための校務分掌はとても重要です。したがって，各校務分掌の担当者が教育目標や重点課題を十分に理解した上で，校長のリーダーシップの下にどのように"仕掛け"を設定し，教育活動を展開していったらよいのか十分に検討を重ねて実施していくことが期待されます。

　校務分掌の業務は，①児童生徒の教育指導に係る教務に関すること，②教育指導を効果的に行う学校事務に関すること，③教員の専門性の向上に関することの3つに大きく分けられます。ただし，校種や各学校によって組織や名称が異なります。

　校務分掌の名称と業務内容の例を表1-1に示しました。

表1-1　校務分掌と業務内容の例

校務分掌	業　務　内　容
総務部	入学式など儀式的行事の企画や運営，PTAとの連絡調整など
教務部	教育課程の編成，指導計画，学校評価，時間割の作成，学籍簿，教科書など
保健体育部	健康・安全，保健室の管理，学校医の連絡調整など
生徒指導部	生活上の指導，校則，交通安全指導，児童生徒活動など
進路指導部	就労に関する指導，キャリア教育，進学など
研修部	職員研修の計画・実施，教育実習や介護体験等の受入れなど
研究部	学校研究の推進，研究のまとめ，公開研究会の実施，個人研究など
情報教育部	学校ホームページの作成，ICT機器の管理，校内LANの管理，ICT機器を使用した授業の推進など

　年度初めの校務分掌部会は，前年度踏襲の計画を構成されるメンバーで簡単に資料に目を通すだけで話し合いが終わることもあるのではないでしょうか。しかし，見方

を変え，所属する校務分掌内で学校教育目標や学校課題と具体的に関連させながら業務の遂行について明確にした上で，「何に重点を置き，取り組むのか」「なぜこれに取り組むのか」などの視点を取り入れることで，業務が精選されることが想定されます。

　最近の学校は，「多忙である」と言われていますが，カリキュラム・マネジメントは，決して「多忙化」につながるものではありません。むしろこれまでの業務を見直し，効率化を図るための契機となります。教員がそれぞれの役割を適切に理解し，協働しながら学校の総合力を高めていくことが，特別支援学校においては特に重要であると言えます。

2．カリキュラム・マネジメントを意識した校務分掌のポイント

Point 1　校務分掌内の協働とリーダーシップ

　校務分掌はその役割を果たせば良いというものではなく，学部や学科，学年の指導との関わりが大きいと考えます。したがって，学年会，学部会（専門教科を主とする学科を開設する高等部においては学科会）などの会議で出された意見が，業務を円滑に進めるために生かされることもあります。そのため，学年会，学部会等の情報を得るようにし，校務分掌会議の目的，内容を明確にしておくことが重要です。また，場合によっては，事前にアンケート調査等のリサーチをしておいて，カリキュラム・マネジメントにつながる意図的な話し合いをしていくことも大切です。

　学校では，経験が教員の成長を支えており，経験を重視される傾向にあります。しかし，経験だけに基づく独りよがりや頭ごなしのトップダウン的なリーダーが率いるチームにならないことが大切です。また，一言で経験といっても学校の中には，高等部の経験や小学部の経験，重度・重複の児童生徒への指導経験，教務部，研修部の経験が長いなど，様々な経験が存在しています。教員の考え方や持ち味も多様です。教員が孤立することなく互いに学び育ち合う「協働性」を発揮できるよう，校務分掌主任の信頼感に基づくリーダーシップが求められます。

Point 2　事務部との連携・協働

　カリキュラム・マネジメントにおいては，事務部（事務職員）との連携・協働も重要な視点です。教育活動を行っていく上では，人的，物的，財的な条件が必要不可欠です。これらの要件が満たされて組織は運営されていきます。多くの学校では，仕事の場所として職員室と事務室は分かれていることが多いようですが，各々が独立していることで，互いに関心が薄くなったり，意思の疎通がうまくいかなかったりすることもあるかもしれません。日常的な対話や報告・相談・連絡を通して，互いを尊重し合える関係を築き上げていくことはとても大切です。

特別支援学校の個別の３計画と
カリキュラム・マネジメント

1．特別支援学校の個別の計画の特徴と課題

　特別支援学校の主要な個別の計画には，３種類（個別の教育支援計画・個別の指導計画・自立活動の個別の指導計画；以下，「個別の３計画」）があります。これらの個別の計画は，障害のある児童生徒一人一人に対するきめ細やかな指導や支援を組織的・継続的かつ計画的に行うために重要な役割を担っています。

（1）個別の教育支援計画

　障害のある児童生徒に対しては，その生涯にわたって一貫した支援を行うことが重要となります。そのためには，児童生徒の学校生活のみならず，家庭や地域，医療，福祉，労働等の関係機関が連携することは欠かせません。個別の教育支援計画は，障害のある子供一人一人の教育的ニーズを正確に把握し，教育の視点から適切に対応していくという考えの下，長期的な視点で乳幼児期から学校卒業後までを通じて一貫して的確な支援を行うことを目的として策定されるものです。教育のみならず，福祉，医療，労働等の様々な側面からの取組を含め関係機関，関係部局の密接な連携協力を確保することが不可欠であり，教育的支援を行うに当たり同計画を活用することが意図されています（文部科学省，2005）。

　個別の教育支援計画の作成に当たっては，本人及び保護者の意向や将来の希望などを踏まえ，在籍校のみならず，例えば，家庭，医療機関における療育事業及び福祉機関における児童発達支援事業において，実際にどのような支援が必要で可能であるかを考え，支援の目標を立て，それぞれが提供する支援の内容を具体的に記述し，支援の内容を整理したり，関連付けたりするなど関係機関の役割を明確にすることとなります（文部科学省，2017）。また，合理的配慮の提供においても個別の教育支援計画に明記することが提唱されており，個別の教育支援計画の活用は，児童生徒の支援体制の構築及び支援の一貫性や継続性には欠くことのできないものです。

　障害のある子供一人一人の教育的ニーズを正確に把握し，長期的な視点で乳幼児期から学校卒業後までを通じて一貫して的確な支援を行うことを目的として策定される個別の教育支援計画を活用することで，各関係機関が連携・協働し，学校教育の目的や目標の実現に向けた適切な支援の実現が期待できます。

（2）個別の指導計画

　個別の指導計画は，障害のある児童生徒一人一人の実態に応じて適切な指導を行うために，指導の目標や内容，配慮事項などを記した計画です。1999（平成11）年3月に告示された『盲学校，聾学校及び養護学校小学部・中学部学習指導要領』において，「自立活動の指導に当たっては，個々の児童又は生徒の障害の状態や発達段階等の的確な把握に基づき，指導の目標及び指導内容を明確にし，個別の指導計画を作成するものとする。」「重複障害者の指導に当たっては，個々の児童又は生徒の実態を的確に把握し，個別の指導計画を作成すること。」と明記され，自立活動の指導及び重複障害者の指導に当たってその作成が義務付けられました。現在は，各教科においても個別の指導計画を作成することが求められています。個別の指導計画の作成を通して，教育目標を達成するために必要な資質・能力は何かを検討し，指導の目標や指導内容を設定することが求められます。

（3）自立活動の個別の指導計画

　自立活動の指導は，個々の児童生徒が自立を目指し，障害による学習上又は生活上の困難を主体的に改善・克服しようとする取組を促す教育活動であり，個々の児童生徒の障害の状態や特性及び心身の発達の段階等に即して指導を行います（文部科学省，2017）。そのため，①一人一人の子供の実態等を把握し，②課題を整理して，③指導目標及び指導内容を設定することになります。教員には，自立活動の指導において，なぜこの指導目標，指導内容の設定なのかを，本人，保護者に対して説明することが求められます。自立活動の個別の指導計画は，こうした説明責任を果たすためのツールとして重要な意味をもつものです。

（4）個別の3計画の課題

　多様な教育的ニーズに対応するために重要な役割を担う個別の3計画は，特別支援学校において長年作成されてきました。しかし，個別の3計画は作成者の知識や技術の課題，作成・活用に関わる校内体制に関する課題等，様々な課題が指摘されています。特に，作成する際に多大な労力をかけたものの，実際の指導や支援に生かされていないといった個別の3計画の形骸化は，大きな課題と言えるでしょう。各学校においては，個別の3計画が何のために作成されるものなのかを理解した上で，各計画の位置付けや手続きなどを整理する必要があります。

2. カリキュラム・マネジメントを意識した個別の3計画の作成と活用のポイント

> **Point 1**　7つの要素を活かす個別の3計画

　特別支援学校におけるカリキュラム・マネジメントを実現させるためには，カリキュ

ラム・マネジメントを行う上で配慮すべき7つの要素の一つである「ア．教育目標の具現化」を一人一人の教員が理解し，授業の中で具体的に示していくことが重要です。教育目標は，地域の実情や児童生徒の障害特性，教育的ニーズ等を踏まえて設定されています。学校の教育活動は設定された教育目標の達成に向けて行われるべきものですので，日々の授業は教育目標の達成を目指して計画，実施，評価・改善される必要があります。授業を担当する教員が，勤務校の学校教育目標を理解し，その達成に向け，授業の中で具現化することが求められています。

　ところが特別支援学校の授業の場合，通常の学校に比べて複雑になります。在籍する児童生徒の障害の状態は多様であり，障害に基づく種々の困難や教育的ニーズは多岐にわたるからです。特別支援学校の授業は，このような多様な教育的ニーズをもつ児童生徒一人一人の実態を的確に把握した上で考えなくてはなりません。したがって，個別の3計画の中でも特に，個別の指導計画の作成が非常に重要となります。

　個別の指導計画に基づいた指導をするに当たっては，同じ授業を受ける児童生徒同士においても，授業の目標が異なる「同単元異目標」の授業が展開されることも少なくありません。教育目標の具現化という「トップダウン」の視点と，児童生徒一人一人の実態から授業を構成する「ボトムアップ」の視点，その双方が必要になるため，その実現は容易ではないと言えるでしょう。だからこそ，特別支援学校の教員の腕の見せ所と捉え，適切な個別の指導計画の作成と質の高い授業を実施することが大切です。

Point 2　教育活動の質を向上させる個別の指導計画

　個別の指導計画を充実させるには，個別の指導計画に基づいた授業を実施し，授業のPDCAを回して授業改善を図りながら，単元ごと，学期ごとなどのスパンで個別の指導計画を見直していくことが重要です。特別支援学校の中には，年度当初に作成した個別の指導計画について，年度中は保護者との面談等の限られた時期に手に取る程度で，学年末評価の際に初めて見直すといった使い方をしている学校も少なくありません。個別の指導計画は，担任一人一人が主体的に作成し，日々の授業改善に活用すべきもので，単なる書類であってはいけません。

　個別の指導計画に基づき，「日々の授業の下で児童生徒の学習状況を評価し，その結果を児童生徒の学習や教師による指導の改善や学校全体としての教育課程の改善，校務分掌を含めた組織運営等の改善に生かす中で，学校全体として組織的，計画的，一貫性をもって教育活動の質の向上を図っていくこと」(村上，2020)が求められます。

Point 3　「社会に開かれた教育課程」に基づく個別の3計画

　個別の3計画の作成は，学校内における教育活動の質を「カ．家庭・地域社会等」「キ．教育課程行政」と連携・協働して改善していくために重要であり，「社会に開か

れた教育課程」の実現を目指すための重要なツールです。障害のある子供一人一人の教育的ニーズを正確に把握し，長期的な視点で乳幼児期から学校卒業後までを通じて一貫して的確な支援を行うことを目的として策定される個別の教育支援計画を活用することで，関係機関が連携・協働し，各学校の教育の目的や目標の実現に向けた適切な支援の実現が期待できます。図1-4には，個別の3計画とカリキュラム・マネジメントの関連を示しました。

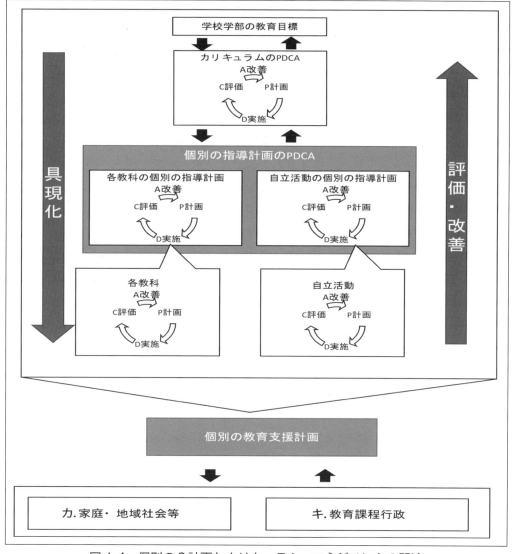

図1-4　個別の3計画とカリキュラム・マネジメントの関連

特別支援学校の授業づくりと
カリキュラム・マネジメント

1．特別支援学校の授業づくりの特徴と課題

（1）各教科等

　各教科等の授業づくりのプロセスは，特別支援学校においても基本的に通常の学校と変わりません。すなわち，学習指導要領を基に何年生相当の学力があるのか，そして，特別支援学校の各教科がどの段階にあるのかを把握し，十分に身に付いていると判断されている場合は，次の学年や段階の目標や内容で授業を設計していく必要があります。ところが，特別支援学校で学ぶ児童生徒は，障害の状態や程度も様々であり，そのために生じる学習上のつまずきも個々で異なります。そのため，通常の学校と異なり，一人一人に対してきめ細やかな実態把握が必要になります。国語は小学校3年生相当の学力があるが，算数は小学1年生相当であるというように，教科によって習熟度にばらつきが出る児童生徒も珍しくありません。各教科の系統性に照らし合わせて，きめ細やかな実態把握が必要になります。この実態把握を誤ってしまうと，児童生徒にとって難しすぎる授業内容になってしまったり，反対に簡単すぎて学びのない授業内容になってしまったりといった事態が起きかねません。

　その他，「知的障害者である児童生徒に対する教育を行う特別支援学校の教育課程」において編成される各教科は，小・中・高等学校等の各教科とは異なり，独自性をもったものになっています。特に，2017（平成29）年4月に告示された『特別支援学校幼稚部教育要領　小学部・中学部学習指導要領』（以下，「新学習指導要領」）の知的障害特別支援学校の各教科の小学部1段階は，発達段階が1歳前後である児童生徒にも適用できるようになっており，教員が何をどのように教えたらよいのか悩んでいる現状が指摘されています。

（2）自立活動

　各教科等の指導とは異なり，自立活動は学習指導要領に示される目標や内容が何年生（何段階）相当といったように，系統的に示されてはいません。自立活動は，「個々の幼児児童生徒が自立を目指し，障害による学習上又は生活上の困難を主体的に改善・克服しようとする取組を促す教育活動」だからです。障害による学習上又は生活上の困難は一人一人異なり，そこに各教科等のような系統性や段階性はなく，当然，共通の教科書もないのです。そのため，各教科等と同様，自立活動においても，教員の実態把握が重要になりますが，適切な授業づくりはより困難さを増すと言えるでしょう。

自立活動の授業づくりにおいては，指導の継続性や他教員との共通理解の難しさがあり，「担任が代わると指導が継続されない」「共に学級を運営する同僚教員と異なった対応をしてしまう」等の課題が長年指摘されています。

（3）各教科等を合わせた指導

"各教科等を合わせた指導"は，各教科等の目標やねらいをより効果的に実現するための一つの方法です。学習の積み重ねや生活場面への般化が難しい知的障害を伴う児童生徒への効果的な学習活動として展開されるものですが，内容ありきの指導になっていることが課題として挙げられます。"各教科等を合わせた指導"は，学校教育法施行規則第130条第2項において，「特に必要があるときは，各教科等や自立活動の全部又は一部について，合わせて授業を行うことができる」と示されているとおり，児童生徒にとって，指導の効果が見られると判断された際に実施されるものです。そのため，「知的障害であるから"各教科等を合わせた指導"を行う」といった短絡的な発想にならないように注意することが必要です。あくまでも，"教科別の指導"を行うことを原則としながら，指導上効果的であると判断された際に，"各教科等を合わせた指導"を行うといった指導方法の工夫として取り入れるものです。「例年行っているから今年も」といった根拠のない指導とならないように留意しなくてはなりません。

2．カリキュラム・マネジメントを意識した授業づくりのポイント

Point 1　授業の本質の理解

特別支援学校の授業においては，授業のPDCAを機能させ，各授業の本質をしっかりと理解した上で，個別の指導計画に基づき授業づくりを行う必要があります。特に，「今なぜその授業を行うのか」について根拠をもって説明できなくては，カリキュラム・マネジメントは実現しないでしょう。

また，「教育課程」が学習指導要領解説において，どのように説明されているのか，「教育内容」と「指導内容」の違いは何なのか，"各教科等を合わせた指導"は，あくまでも「指導の形態」を示したものであることなど，学校として授業の本質に関わる文言を共通理解しておく必要があります。

Point 2　教育活動の質を向上させる授業づくり

前節の図1-4に示したように，授業づくりでは，授業のPDCAを機能させ，個別の指導計画のPDCAと接続を図りながら学校全体として教育課程の改善を図り，教育活動の質の向上を図っていくことが重要です。そのためには，個別の指導計画において「個の課題」を焦点化するという視点と年間指導計画などを通して「学校として教えるべき教育内容」を精査するという視点をもち，両者をつなげるシステムを学校として構築する必要があります。

第7節 特別支援学校の評価とカリキュラム・マネジメント

1. 特別支援学校の評価の特徴と課題

　評価には，児童生徒の「学習評価」と学校全体の「経営評価」の2つの側面があります。この2つの特徴と課題を考えてみましょう。

　児童生徒の「学習評価」では，個々の実態や障害の特性から，特に知的障害を伴う児童生徒にとって数値的な評価が困難であることは言うまでもありません。また，学力の捉え方も様々で，『「学ぶ力」であり，「学んでいる力」であり，「学んだ力」』（渡邉，2014）と捉えるとともに，「学んだ力」のその先にある「人生や社会に生かす力」が何よりも重要となります。したがって，その学習評価も広義であるがゆえに，不明確で難しい面もあります。特に知的障害特別支援学校では，"各教科等を合わせた指導"の取組において，教科の目標を明示しないがために「どのような目標や教師の願いをもって指導を行うのか，何をどのように評価するのかが，押さえられていないことがある」との指摘もあります（木村・小塩ら，2006）。つまり，小・中学校等の教育と比較してみると，特別支援学校では，児童生徒一人一人の個別目標とその学習評価が優先されることが多く，また，"各教科等を合わせた指導"で取り組んでいるために具体的な教科の目標が見えにくく，学習評価が分かりづらいものになっています。

　一方，学校全体の「経営評価」では，例えば，教育委員会等が示すA4判1枚程度の『評価シート（学校経営，学校教育，指導・助言，施設管理など）』の中に，校長が「今年度の目標」や「目標達成に向けての課題と行動計画」，それについての「達成状況」を文章で記載したり3段階評定（◎○△）をしたりする形式があります。この記載内容では，「学校全体が（なんとなく）良くなった」「児童生徒ができるようになった」「体制ができつつある」などと表記してしまい，自己評価の基準や明確な根拠を示すこともなく曖昧になってしまうことも少なくありません。このような経営評価では，何が改善・改革されたのかが明確にならないとともに，何となく次年度を迎えていくことが指摘されています（三浦・山口，2022）。また，全国特別支援学校知的障害教育校長会の調査（武富・横尾，2015）でも，教育課程の改善が図られているのかが分かりにくく，カリキュラム・マネジメント全体に関わる知見の提供が求められると指摘されています。

2．カリキュラム・マネジメントを意識した評価のポイント

これまで児童生徒の「学習評価」と学校全体の「経営評価」の特徴と課題から，今後のカリキュラム・マネジメントを意識した評価のポイントを以下に示します。

（1）学習評価

Point 1　目標に関連する３観点による学習評価

新学習指導要領の学習評価では，育成を目指す資質・能力の三つの柱に関連して，「知識・技能」「思考・判断・表現」「主体的に学習に取り組む態度」の３観点が示されました。"各教科等を合わせた指導"を行っている特別支援学校では，単元や題材の目標における評価を３観点で示し，その目標と関連する各教科の段階の目標及び内容も示します。そして，各教科の目標に準拠した評価の観点による学習評価を基に授業評価や指導評価を行い，教育課程の改善・充実に活かすことのできる PDCA を確立していきます。

Point 2　連続性・関連性が分かる学習評価

新学習指導要領では，各教科等の目標や内容が構造的に示され，小・中学校等の各教科等の目標や内容等との連続性や関連性が整理されました。"各教科等を合わせた指導"で毎年同じような単元・題材を繰り返して実施している場合には，連続性・関連性が分かるように，小学部の１年生から６年生まで，あるいは，中・高等部の１年生から３年生までの目標・内容を年次ごとに一覧（三浦ら，2021 参照）にして示す必要があるでしょう。

Point 3　様々な評価技法の活用

学習評価は，３観点だけに限りません。障害の実態と特性による多様な評価も必要です。表 1-2 には，評価技法の７Ｐモデル（高浦，1998）を示しました。これらを参考にしながら具体的に書き表すとさらに詳しい学習評価となります。

表 1-2　評価技法の７Ｐモデル（高浦，1998）

評価モデル	内　　　　容
Portfolio	・ファイル等を蓄積した学習プリント，資料，写真，カード等を整理し，教師と子供が対話しながら行う評価である。
Profile	・いくつかの観点に沿って，点数化し，その結果をレーダーチャートに図示し，学習のプロフィールを見ながら，次の学習課題を設定する評価である。
Performance	・観察，実験，実技，討論，発表などの子供たちの活動を，主に，観察法を使いながら評価する。
Product	・作文，レポート，工作や模型，絵画や彫刻，CD やホームページ，料理や建物などの作品の良さを評価する。
Process	・学習課程における興味や関心，友達との協調性，課題意識の深まり，学習の満足感等について，数分程度で記入できるカードを用いて評価する。
Project	・あるテーマとしてプロジェクトの企画と運営の在り方を自己評価する。
Personality	・これまでの自分の成長を年表形式で，振り返らせたりして，１年間の学習を通して観点別に評価する。

（2）経営評価

Point 1　グランドデザインを評価するチェックシート

　小・中学校等では，校長が学校経営方針の構造図である『カリキュラムマネジメント・グランドデザイン』（田村，2011）を教員に提示して，7つの要素が含まれている学校経営の全体を『カリキュラムマネジメント・チェックシート』（田村ら，2016）で評価しています。

　そこで，特別支援学校においてもグランドデザイン（学校経営方針の構造図）を評価する"特別支援学校用"のチェックシートの開発が必要となるでしょう。このチェックシートを活用することで，学校経営の方向性と進捗状況が明確になるはずです。

　第2章に，『様式2　特別支援学校用カリキュラム・マジメント　チェックシート』が記載されていますので，参考にしてください。

Point 2　学校経営実績を評価するチェックシート

　特別支援学校では，児童生徒一人一人を焦点化し，きめ細かに指導・支援して成長・発達を促すとともに，ティーム・ティーチング（T-T）等に代表されるティーム・アプローチで，全教員の「協働性」の下に教育課程を創り上げていることが特徴です。したがって，その経営評価は，特別支援学校が実際に取り組んでいるもの，調査しているもの，備えているものなど"学校経営に関わる全ての実績"が含まれることになります。そこで，その実績を数値的に記載するシートも必要となるでしょう。

　この学校経営の実績評価シートを活用することにより，学校全体の"総合力"が"見える化"できるはずです。

　第2章に，『様式3　特別支援学校用カリキュラム・マジメント　学校経営実績評価シート』が記載されていますので，参考にしてください。

Point 3　第三者による経営評価

　新学習指導要領では，「社会に開かれた教育課程」を目指し，学校と社会が共有し，両者が連携・協働して，これからの時代に求められる教育を実現しいくことが求められています。そのため，情報化社会の進展に伴い，ホームページやインターネット等によるアピールも必要になるでしょう。しかし，アピールするだけでなく，特別支援学校が取り組んでいる実績を公表し，第三者による経営評価も重要となります。

　また，特別支援学校アドバイザーといった外部専門家を積極的に招へいし，定期的に日ごろの授業や行事の様子を参観していただいたり，実績や取組を検討するなどしながら助言を得るという機会も有効です。大切なのは，自己満足の学校経営に終わらないようにしていくことです。

第
8
節

特別支援学校の学校組織とカリキュラム・マネジメント

1．特別支援学校の学校組織の特徴

　一般に，学校は，校長と教頭という管理職と身分的・職務的にも平等な教員で構成されている，いわゆる「鍋ぶた（単層構造）」型の組織だとよく言われます。しかし，実際の学校組織は，それほど単純なものではなく，図 1-5 に示すようにマトリックス（格子状）の組織構造になっています。学級担任であっても，時には行事の主担当を務めたり，校務分掌において中心的な役割を担う必要があったりもします。こうした組織の場合，その時々の状況によって柔軟な組織運営ができるというメリットがある反面，管理職のマネジメント力や教員同士のコミュニケーション力が問われたり，会議の多さ等による多忙感があったりすると言われています。

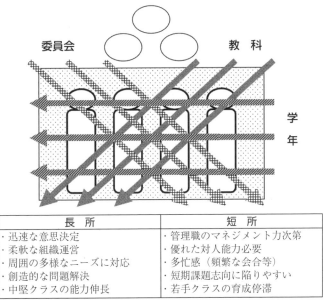

長　所	短　所
・迅速な意思決定	・管理職のマネジメント力次第
・柔軟な組織運営	・優れた対人能力必要
・周囲の多様なニーズに対応	・多忙感（頻繁な会合等）
・創造的な問題解決	・短期課題志向に陥りやすい
・中堅クラスの能力伸長	・若手クラスの育成停滞

図 1-5　マトリックス（格子状）組織（マネジメント研修カリキュラム等開発会議，2002）

　特に，一つの学校の中に小学部・中学部・高等部，場合によっては幼稚部や寄宿舎を置き，多様な職種が関わることの多い特別支援学校においては，このマトリックス（格子状）組織構造は，さらに複雑化します。学部や職務上の立場，勤務経験，教職年数など含め，多様な背景をもつ教員同士が協働することになります。学校組織の特

性として図1-6に示すように，教員のもつ多元性や多方向性が，プラス方向に働くか，マイナス方向に働くかによって学校の中に生まれる空気感，すなわち組織文化は全く別のものとなります。

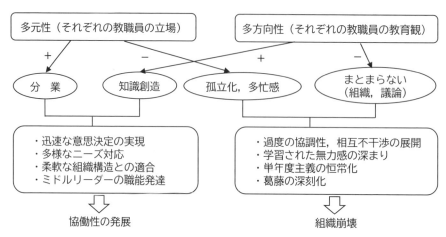

図1-6　学校組織の特性（マネジメント研修カリキュラム等開発会議，2002）

2．特別支援学校の学校組織の課題

（1）ティーム・アプローチ

　特別支援学校におけるティーム・アプローチには，主に個別の指導計画や年間指導計画などの作成段階において複数の教員が関与する場面，授業の実施におけるティーム・ティーチング（T-T）による指導場面，実施された授業に基づく個別の指導計画や教育課程の改善に向けた評価場面が想定されます。しかし，特別支援学校におけるティーム・アプローチには，様々な課題が指摘されています。

　竹内ら（2020）は，ティーム・ティーチングによる指導場面における児童生徒への指導の仕方に対する授業者間でのズレ・捉え違いの経験は，知的障害，また肢体不自由特別支援学校の両者ともに「よくある」「少しある」を合わせると50〜60％程度を占めることを報告しています。そのため，特別支援学校では，授業実施前の共通理解の重要性が指摘されます。しかし，実際には，事前の指導案の共有のみで授業が実施されていたり，授業実施場面における教員間の確認に共通理解が委ねられていたりする場合も少なくはありません。そのため，授業実施後の評価も曖昧な場合も見受けられます。

　そして，このような授業者間でのズレ・捉え違いに対して，安藤（2001）は，学校組織の特性に加えて自立活動の目標設定やティーム・ティーチングにおける「不確実性」の介在を指摘し，個別の指導計画作成の主体である各学校が，学校組織としての指導の継続性や一貫性を担保するシステムを構築することの重要性を示しています。

（2）職務多忙化と業務効率化

　特殊教育から特別支援教育への転換以来，個別の教育支援計画や個別の指導計画に代表されるように特別支援学校では多くのカリキュラム文書を作成するようになりました。また，児童生徒の障害が重度・重複化及び多様化する中で，医療的ケアなどの新たな教育的ニーズへの対応や各関係機関との連携や働き方改革，GIGA スクール構想といった時代変化への対応など，特別支援教育を担う教員の職務の多忙な状況は増しているのが現状です。そのような中，学校現場では「話し合いの場をもつ必要性は感じているが，会議等を設定する時間がない」という声を耳にすることは少なくありません。また，ティーム・ティーチング（T-T）による集団指導おいては，主担当教員任せになり，無駄に指導者が多かったり，副担当教員が実際には機能していなかったりする場面を見かけます。そのような現状にあって，複数教員が関与する個別の指導計画作成の意義やティーム・ティーチング（T-T）の本質が見過ごされ，業務の効率化ばかりが強調され，協働ではなく分業化を進める風潮があるようにも感じられます。

（3）専門性

　今日，若手教員が大量に採用され，教員の年齢構成に占める若手教員の割合がきわめて高い状況にあります。また，異動においても，複数の障害領域を設置する併置型の特別支援学校が増加しています。そのような中，各障害領域における専門性の維持・継承が求められています。さらに，新学習指導要領では，知的障害特別支援学校の各教科において，通常の学校と同じように目標・内容が示されました。しかし，障害のある児童生徒への教科指導に関わる専門性が特別支援学校において担保されているのかということには，疑問が残ります。また，これまで“各教科等を合わせた指導”の中で自立活動の指導が行われていることが多かったことから，知的障害特別支援学校では，自立活動の指導を充実を図ることが喫緊の課題となっています（下山，2018）。

　近年の特別支援学校においては，教員個人としての専門性を高めるだけではなく，学校組織としての専門性を高めることが強く求められる時代になってきていると言えます。

（4）協働性

　これまで述べてきたように，同一校に複数の学部や学科を有し，複数の教員や他職種が一人の児童生徒に関わり，教育観や障害観を含めて多様な価値観が混在する中で，教育活動が展開されているのが特別支援学校の現状です。そのため，特別支援学校の組織特性やティーム・アプローチの諸課題を踏まえたカリキュラム・マネジメントが必要となります。

　安藤（2021）は，「今日の複雑化する特別支援教育の現場における課題解決では，これまでの教師個人の専門性に帰属させる専門性のみでは，対処が困難になっている」ことを指摘し，教員の協働をもって課題解決に当たる新たな専門性が必要であるとし

ています。また，今津（1995）は，「教師は教育実践を積み重ねるなかで，教師同士の連携や協働性を追求することで，同僚とともに成長を遂げていくことができる」と述べ，教員同士が協働することの重要性を指摘しています。

さらに，今津（1996）は，教員の専門性の質的向上のモデルとして「教師個人モデル」と「学校教育改善モデル」の2つを提起しています。「教師個人モデル」は教員の質を教員個人が身に付けている知識や技術，態度に求めるのに対し，「学校教育改善モデル」は教員の役割行動を改善することを通して学校教育そのものの質を向上させるというものです。このように捉えると，新学習指導要領において求められているのは，「学校教育改善モデル」としてのカリキュラム・マネジメントです。

「協働性」を基盤としながら「全員参画」のカリキュラム・マネジメントを実現させることによって，学校や子供たちの姿が大きく変わることが期待できます。

3．カリキュラム・マネジメントを意識した「協働性」のポイント

Point 1　全員参画の自覚と役割意識をもつ

カリキュラム・マネジメントのキーワードは，「つながり」です。全教員が教育的な営みに参画しているという自覚をもち，学校における自分の役割を意識し，「One for all, All for one」（1人はみんなのために，みんなは1人のために）という気持ちで取り組む中で学校内における「協働性」が育まれ，さらにその輪が本人やその家族を中心に置きながら，地域や行政に広がりを見せるとき，「全員参画」のカリキュラム・マネジメントが実現します。

Point 2　7つの要素間のつながりをマネジメント

最適なカリキュラム・マネジメントにするためには，7つの要素（ア．教育目標の具現化，イ．カリキュラムのPDCA，ウ．組織構造，エ．学校文化，オ．リーダー，カ．家庭・地域社会等，キ．教育課程行政）が，全ての児童生徒の教育的成長に資するように，要素と要素間のつながりをデザインしマネジメントしていくことです。具体的に，表1-3のように4点が示されています。

表1-3　7つの要素をつなげるためのマネジメント（田村，2020）

①目標をマネジメントする	子供に育成すべき資質・能力から，具体的で達成可能な「教育目標」を設定する。
②カリキュラムをマネジメントする	単位時間や単元，年間のカリキュラム，各レベルでPDCAを回すことで，全ての授業者に必要なマネジメントである。
③カリキュラムでマネジメントする	カリキュラム文書を「見える化」する。目標や内容の関連性・系統性，手立てなどを「見える化」し，それを共有化・継承する場や機会をつくる。カリキュラム・リーダーには特に必要な視点である。
④カリキュラムのためにマネジメントする	授業者は，自らの実践のための条件整備を意識的に行う。管理職は，学校全体で前向きにカリキュラム開発に取り組む雰囲気をつくる。

第2章

特別支援学校が目指す
新たな
カリキュラム・マネジメント

新たなカリキュラム・マネジメントの提案

　前述したように，特別支援学校においても，先駆的な実践が報告されているものの，田村（2011）が指摘するカリキュラム・マネジメントに必要な7つの要素を明確に取り上げて実施しているわけではありません。例えば，学校や教員の中には，「教育課程の編成をしています」「授業づくりに取り組んでいます」「指導案を工夫しています」「個別の教育支援計画や個別の指導計画を見直しています」などと胸を張って答えていることがありますが，このような取組が「カリキュラム・マネジメントである」と思い込んでいるのではないでしょうか。部分的に見ますと確かにカリキュラム・マネジメントではあるのですが，それは全体の一部に過ぎません。なぜなら，筆者が出会った多くの教員に「カリキュラム・マネジメントとは何か，具体的に説明してみて」と質問すると，上記のような一部分の様々な取組の答えが返ってきて，その答えの中身に一貫性がありません。それどころか，「言葉としては分かりますが，そのように質問されると実際よく分かりません」と答える教員が実に多いのです。

　そのため，特別支援学校のカリキュラム・マネジメントの取組については，現在もなお暗中模索でその出口が見えないと言わざるを得ません。このことは，カリキュラム・マネジメントの7つの要素を具体的にどこからどのように手を付けたらよいか（いつ，どこで，だれが，なにを，なぜ，どのように），分からないことも多いようです。また，どこにたどり着ければよいのか着地点が見えないことも少なくありません。このようなことから，特別支援学校のカリキュラム・マネジメントとは一体何なのか，改めて確認する必要があると考えます。

　そこで本書では，特別支援学校におけるカリキュラム・マネジメントの作成と実践において，新たな捉えを提案します。

　カリキュラム・マネジメントとは，「カリキュラム・マネジメントを行う上で配慮すべき7つの要素（ア．教育目標の具現化，イ．カリキュラムの PDCA，ウ．組織構造，エ．学校文化，オ．リーダー，カ．家庭・地域社会等，キ．教育課程行政）を明確に示し，それらをより良く改善していくために，チーム学校という関係者全員の「協働性」の下に創り上げていく"総合力（実績）"」と考えます。

第2節 カリキュラム・マネジメントに必要な７つの要素

　田村ら（2016）が指摘するカリキュラム・マネジメントには，７つの要素（ア．教育目標の具現化，イ．カリキュラムの PDCA，ウ．組織構造，エ．学校文化，オ．リーダー，カ．家庭・地域社会等，キ．教育課程行政）があります。この７つの要素について説明します。表 2-1 の内容は，田村（2011，2016）が述べているものを整理したものです。

表 2-1　カリキュラム・マネジメントの７つの要素の内容

７つの要素	具体的な内容
ア．教育目標の具現化	カリキュラム・マネジメントの目的は，各学校の「ア．教育目標の具現化」である。学校では，子供たちをより良く成長させることである。どのような教育的成長を目指すのか，法令や学習指導要領，子供や学校，地域の実態を踏まえ，学校としての教育目標を設定する。
イ．カリキュラムの PDCA	目標を具現化するための具体的な手段（教育の内容・方法）が「イ．カリキュラムの PDCA」である。教育目標はカリキュラムに反映され，カリキュラム実施の成果は目標の達成度である。「何のために（目標）」と「何をするか（カリキュラム）」を対応させる。
ウ．組織構造	カリキュラムを実際に作り動かしていくためには，「人（人材育成を含む）」「物（時間や情報を含む）」「財」「組織」と運営が必要である。カリキュラムの PDCA により資源が増えることがあり，総合関係を想定する。
エ．学校文化	学校文化は，教員が共有している「組織文化」，児童生徒が共有している「生徒文化」，学校に定着した「校風文化」の集合である。組織文化は，「カリキュラム文化」と狭義の「組織文化」に分類される。文化は，継続的に共有された考え方や行動様式を指すが，組織内には個人的な価値観も存在する。
オ．リーダー	リーダーシップには，授業研究の際に指導・助言するなど直接的に教育活動に働きかける教育的リーダーシップ，人的・物的環境を整備することで間接的に教育活動を支援する管理・技術的リーダーシップ，学校内の人間関係や校風をポジティブなものに変えることで教育活動を活性化する文化的リーダーシップがある。
カ．家庭・地域社会等	「社会に開かれた教育課程」の実施のためには，保護者や地域社会，企業といった外部関係者が必要不可欠である。双方に利益のある「Win-Win」のパートナーシップも必要である。「連携・協働」「規定・支援」の双方向の関係性を示す。
キ．教育課程行政	教育課程行政は，文部科学省や教育委員会を指す。行政からの規制，予算措置や配置，指導主事の訪問といった支援もある。「連携・協働」「規定・支援」の双方向の関係性を示す。

カリキュラム・マネジメントの
新たな学校経営評価の視点

1．特別支援学校用の『カリキュラム・マネジメント　グランドデザイン』

　特別支援学校では，小・中学校等で多く活用されている『カリキュラムマネジメント・グランドデザイン』（学校経営方針の構造図）（田村，2011）を作成していることが少ないのではないでしょうか。そのため，グランドデザインの評価のためのチェックも行われていないようです。そこで，"特別支援学校用"としてのグランドデザインやチェックシートを考案することが必要となります。

　まず，『カリキュラムマネジメント・グランドデザイン』（学校経営方針の構造図）については，その内容に小・中学校等と大きく異なることがないので，田村ら（2016）

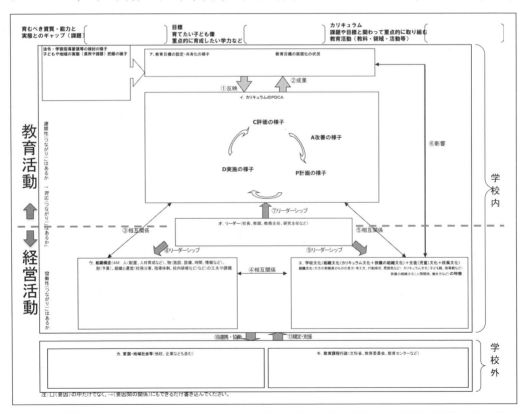

図 2-1　『様式１　カリキュラム・マネジメント　グランドデザイン』（学校経営方針の構造図）（田村ら，2016）

に示された様式をそのまま特別支援学校でも使用することにします。

　図2-1に，『様式1　カリキュラム・マネジメント　グランドデザイン』（学校経営方針の構造図）を示しました。この様式の中に田村ら（2016）における7つの要素（ア. 教育目標の具現化，イ. カリキュラムのPDCA，ウ. 組織構造，エ. 学校文化，オ. リーダー，カ. 家庭・地域社会等，キ. 教育課程行政）について具体的に書き入れます。

2. 特別支援学校用の『カリキュラム・マネジメント　チェックシート』

　グランドデザインのチェックシートについては，田村ら（2016）を参考に，特別支援学校用を新たに考案しました。表2-2に，『様式2　特別支援学校用カリキュラム・マジメント　チェックシート』を示します。様式2のチェックシートは，様式1のグランドデザインに示されている7つの要素を，「Ⅰ. 学校・学部の教育目標について（8項目）」「Ⅱ. 教育課程の編成・実施・評価の様子について（48項目）」「Ⅲ. 教育課程の編成・実施・評価活動への支援活動（経営）の様子について（25項目）」「Ⅳ. 教員の全体的な雰囲気について（19項目）」の4つの観点から計100項目にわたってチェックするものです。

　"特別支援学校用"のチェックシートでは，特別支援学校の教育課程の枠組みや障害のある児童生徒一人一人の特性や実態に合わせてチェックするために，"小・中学校用"より16項目増やして計100項目としました。特に増やした項目は，障害のある児童生徒一人一人に作成される「個別の教育支援計画」や「個別の指導計画」に関するもの（Ⅱ-32），"各教科等を合わせた指導"である「生活単元学習」や「作業学習」等の特別な教育課程の編成に関するもの（Ⅱ-9，Ⅱ-31，Ⅳ-16），障害のある児童生徒だけに設定される「自立活動」の指導に関するもの（Ⅱ-10，Ⅱ-12，Ⅱ-30，Ⅱ-41，Ⅳ-18），知能・発達・作業能力等の個別検査に関するもの（Ⅱ-25，Ⅱ-26），医師・作業療法士・理学療法士・言語聴覚士等の専門職スタッフとの連携（Ⅲ-17，Ⅲ-18，Ⅳ-19），将来の自立や就労（Ⅱ-35，Ⅱ-41）など，いずれも特別支援学校特有の内容を盛り込みました。

表2-2 『様式2 特別支援学校用カリキュラム・マネジメント チェックシート』

Ⅰ. 学校・学部の教育目標について （ア．教育目標の設定・共有化＝P段階に対応）

NO	質 問 項 目	非常に当てはまる	だいたい当てはまる	あまり当てはまらない	全く当てはまらない	モデルへの位置付け
Ⅰ-1	法令や学習指導要領が示す目標を十分に検討して，児童生徒の障害特性や実態を踏まえながら学校・学部の教育目標に反映させている。	4	3	2	1	ア
Ⅰ-2	児童生徒の障害特性や実態及びニーズを具体的に把握（情報収集，測定，データ化など）して，学校として取り組むべき課題を明らかにしている。	4	3	2	1	ア
Ⅰ-3	学校全体の障害特性や実態及び知的能力，その他の課題について，全教員の間で共有している。	4	3	2	1	ア
Ⅰ-4	学校・学部の教育目標や重点目標は，児童生徒の障害特性や実態及び地域の実情を踏まえて，バランス（知・徳・体）よく設定されたものである。	4	3	2	1	ア
Ⅰ-5	学校学部の教育目標や重点目標は，「児童生徒に身に付けさせたい力」「目指す児童生徒像」「将来の自立に向かう力」として具体的に記述されている。	4	3	2	1	ア
Ⅰ-6	学校学部の教育目標や重点目標は，達成度の測定や評価が可能な形式で表現されている。	4	3	2	1	ア
Ⅰ-7	学校学部の教育目標について，児童生徒にも，折に触れ分かりやすく理解を促している。	4	3	2	1	ア
Ⅰ-8	学校学部の教育目標や重点目標は，「個別の教育支援計画」と「個別の指導計画」の目標に反映されている。	4	3	2	1	ア

Ⅱ. 教育課程の編成・実施・評価の様子について （イ．カリキュラムのPCDA）

NO	質問項目	非常に当てはまる	だいたい当てはまる	あまり当てはまらない	全く当てはまらない	モデルへの位置付け
Ⅱ-1	総じて言えば，特色かつ創造的な教育課程を編成している。	4	3	2	1	イ-全体
Ⅱ-2	単位時間の弾力的運用や週時程の工夫をしている。	4	3	2	1	イ-全体
Ⅱ-3	学校経営計画，学部経営案，学年経営案，学級経営案は，それぞれの目標や内容が連動しているように作成されている。	4	3	2	1	イ-P
Ⅱ-4	教育課程表（全体計画，年間指導計画，指導内容表等）を見れば，学校・学部全体の指導内容が一目で分かるようになっている。	4	3	2	1	イ-P
Ⅱ-5	教育課程は，学校・学部の教育目標や重点目標を踏まえた教科横断的な視点で，目標の達成に必要な教育の内容が組織的に配列されている。	4	3	2	1	イ-P
Ⅱ-6	各教科等の指導目標や指導内容の相互関連が一目で分かるような教育課程表（全体計画，年間指導計画，指導内容表等）が作成されている。	4	3	2	1	イ-P
Ⅱ-7	指導事項の系統性が一目で分かるような教育課程表（全体計画，年間指導計画，指導内容表等）が作成されている。	4	3	2	1	イ-P
Ⅱ-8	年度当初に教育課程を計画する際は，前年度踏襲ではなく，児童生徒の特性や実態等の変化に合わせて，指導内容，指導方法，評価規準，時期などを考えながら計画している。	4	3	2	1	イ-P（C）
Ⅱ-9	各教科等を合わせた指導で特別な教育課程（日常生活の指導，遊びの指導，生活単元学習，作業学習など）を設定する際には，その根拠を明確に示しながら教育課程を編成している。	4	3	2	1	イ-P（C）
Ⅱ-10	自立活動において，「教育活動全体を通した指導」と「時間における指導」の根拠を明確に示しながら，教育課程を編成している。	4	3	2	1	イ-P（C）
Ⅱ-11	知的障害がある児童生徒に対して外国語活動（英語）を小学部から設定する際には，その根拠を明確に示しながら教育課程を編成している。	4	3	2	1	イ-P（C）

Ⅱ-12	重複障害がある児童生徒に各教科等の一部又は全部を「自立活動」に替える際には，その各根拠を明確に示しながら教育課程を編成している。	4	3	2	1	イ-P (C)
Ⅱ-13	教員は，学校・学部の年間指導計画を活用して指導を行っている。	4	3	2	1	イ-D (P)
Ⅱ-14	教員は，学校・学部の年間指導計画を，児童生徒の障害特性や実態に応じて，柔軟に変更しながら実施している。	4	3	2	1	イ-D.(P)
Ⅱ-15	教員は，学校・学部の教育目標や重点目標及び個別目標を意識して授業や行事に取り組んでいる。	4	3	2	1	イ-D (ア)
Ⅱ-16	教科書等に沿って授業を行うのに手一杯な教員が多い。(逆転項目)	4	3	2	1	イ-D
Ⅱ-17	児童生徒の障害特性や実態に合わせて自分で授業を考えたり，教材・教具を開発して授業を行うのに手一杯な教員が多い。(逆転項目)	4	3	2	1	イ-D
Ⅱ-18	教員は，各教科等の教育目標や内容の相互関連を意識して，日々の授業を行っている。	4	3	2	1	イ-D
Ⅱ-19	教員は，既習事項や，先の学年で学ぶ内容との関連（系統性）を意識して指導している。	4	3	2	1	イ-D
Ⅱ-20	教員は，学校・学部の年間指導計画の改善に役立つような記録（メモ）を残している。	4	3	2	1	イ-D (c)
Ⅱ-21	少なくとも年に一度は，学校・学部の教育目標や重点目標及び個別目標の達成度を測っている。	4	3	2	1	イ-C (ア)
Ⅱ-22	学校・学部には，実践の良さや成果を記録・蓄積・共有化・継続するための仕組みがある。	4	3	2	1	イ-A (ウ)
Ⅱ-23	児童生徒の学習成果の評価だけでなく教育課程や授業の評価も行っている。	4	3	2	1	イ-C
Ⅱ-24	教育課程の評価を，確実に次年度に向けた改善活動につなげている。	4	3	2	1	イ-A
Ⅱ-25	標準化された個別検査（知能・発達・作業能力等）の分析結果を参考に，児童生徒の指導計画や個別目標を見直し，指導内容・方法の改善をしている。	4	3	2	1	イ-A
Ⅱ-26	標準化された個別検査（知能・発達・作業能力等）の分析結果を参考に，対象の児童生徒だけでなく，学年学部の指導計画や個別目標を見直し，指導内容・方法の改善をしている。	4	3	2	1	イ-A
Ⅱ-27	教科指導において，個々の授業における個別の知識・技能だけでなく，単元を通して重要な概念やプロセス，原理などを深く理解させるなど，長期的な指導に力を入れている。	4	3	2	1	イ-D
Ⅱ-28	パフォーマンス評価など，思考力・判断量・表現力などを評価する方法の開発や実施に取り組んでいる。	4	3	2	1	イ-D (C)
Ⅱ-29	総合的な学習（探究）の時間において，課題の設定からまとめ・表現に至る探究の過程を意識した指導をしている。	4	3	2	1	イ-D
Ⅱ-30	自立活動において，課題選定，指導内容，指導方法，実際の指導，評価に至る一連の過程について，個別の指導計画に基づいて指導をしている。	4	3	2	1	イ-D
Ⅱ-31	特別な教育課程（日常生活の指導，遊びの指導，生活単元学習，作業学習）を設定している場合には，教科の目標が含まれ，その評価も明確にしている。	4	3	2	1	イ-D
Ⅱ-32	全員の児童生徒に対して，「個別の教育支援計画」と「個別の指導計画」を作成しており，PDCAサイクルとして機能している。	4	3	2	1	イ-D
Ⅱ-33	各教科等の授業において，児童生徒の主体的・対話的な学習が取り入れられている。	4	3	2	1	イ-D
Ⅱ-34	各教科等の授業において，児童生徒の深い学びにせまるような学習が取り入れられている。	4	3	2	1	イ-D
Ⅱ-35	各教科等の学習内容は，将来の自立を目指し，実生活や社会での出来事に関連付けて指導するよう心掛けられている。	4	3	2	1	ア

		4	3	2	1	
Ⅱ-36	学校の研究主題は，学校・学部の教育課題と連動している。	4	3	2	1	イ-D
Ⅱ-37	教員は，学校・学部の研究主題を意識して日々の授業を行っている。	4	3	2	1	イ-D
Ⅱ-38	教員は，学校・学部の授業研究の成果を日常の授業に積極的に生かしている。	4	3	2	1	イ-D(A)
Ⅱ-39	学校・学部として取り組んでいる授業研究が学校・学部の課題解決に役立っているかについて評価している。	4	3	2	1	イ-C
Ⅱ-40	総合的な学習（探究）の時間では，地域や社会で起こっている問題の解決に取り組むことで，児童生徒が地域の一員として生活していくことや社会貢献につながっていることを意識するような学習が行われている。	4	3	2	1	イ-D（カ）
Ⅱ-41	自立活動では，障害の改善・克服の内容に取り組むことで，児童生徒が将来の自立に向かっていることを意識するような学習が行われている。	4	3	2	1	イ-D（カ）
Ⅱ-42	地域の人材や素材を積極的に活用する教員が多い。	4	3	2	1	イ-D（カ）
Ⅱ-43	目標の達成度は，保護者・地域等に公表している。	4	3	2	1	イ-C（カ）
Ⅱ-44	学校・学部の教育の成果と課題を保護者・地域と共有し，共に解決策を考えたりする機会がある。	4	3	2	1	イ-A（カ）
Ⅱ-45	児童生徒のアイディアや意見を取り入れ，児童生徒と共に教育活動を創り出している。	4	3	2	1	イ-D
Ⅱ-46	授業の進め方や学習スキルを児童生徒も知っており，教員と児童生徒が協力しながら授業を進めている。	4	3	2	1	イ-D
Ⅱ-47	教育課程の評価や計画にあたって，児童生徒や保護者の意見も参考にしながら取り組んでいる。	4	3	2	1	イ-C
Ⅱ-48	総じて判断すると，カリキュラムに関するPDCAサイクルは上手く機能している。	4	3	2	1	イ-全体

Ⅲ．教育課程の編成・実施・評価活動への支援活動（経営）の様子について
（ウ．組織構造，オ．リーダー，カ．家庭・地域社会等，キ．教育課程行政）

		4	3	2	1	
Ⅲ-1	校長は，教育と経営の全体を見通し，ビジョンや方針を明確に示している。	4	3	2	1	オ
Ⅲ-2	校長の経営方針に，児童生徒の障害の改善・克服や将来の自立に向けた教員の力量形成方策が明確に位置付けられている。	4	3	2	1	オ
Ⅲ-3	副校長・教頭は，ビジョンの具体化を図るために，学校として協働して取り組む体制や雰囲気づくりに尽力している。	4	3	2	1	オ
Ⅲ-4	主事や主任は，ビジョンを基にカリキュラムの工夫や研究推進の具体策を示して実行している。	4	3	2	1	オ
Ⅲ-5	全ての教員が，立場や役割に応じてリーダーシップを発揮している。	4	3	2	1	オ
Ⅲ-6	役割を担った教員に対する管理職の支援が手厚く，主事や主任のミドルリーダー層はリーダーシップを発揮しやすい。	4	3	2	1	オ
Ⅲ-7	教育課程の編成，評価や改善には，全教員が関わっている。	4	3	2	1	ウ
Ⅲ-8	目指す教育活動を行うために必要な組織体制（校務分掌）がつくられている。	4	3	2	1	ウ
Ⅲ-9	目指す教育活動を行うために，施設・設備の有効活用の工夫や環境整備をしている。	4	3	2	1	ウ
Ⅲ-10	目指す教育活動を行うために，ICT機器が有効に利用されている。	4	3	2	1	ウ
Ⅲ-11	目指す教育活動を行うために，公共施設（運動施設，娯楽施設，図書館，科学館，美術館など）を積極的に利用している。	4	3	2	1	ウ

		4	3	2	1	
Ⅲ-12	目指す教育活動を行うために必要な予算確保の工夫や努力がされている。	4	3	2	1	ウ
Ⅲ-13	目指す教育活動を行うために必要な研究・研修ができるよう時間確保への配慮がなされている。	4	3	2	1	ウ
Ⅲ-14	目指す教育活動を行うために必要な資料が用意されている。	4	3	2	1	ウ
Ⅲ-15	目指す教育活動を行うために必要な情報収集がなされている。	4	3	2	1	ウ
Ⅲ-16	目指す教育活動を行うために必要な地域人材・資源（教材など）の発掘や維持・管理の努力をしている。	4	3	2	1	ウ（カ）
Ⅲ-17	目指す教育活動を行うために、教員以外の専門職スタッフ（医師，OT，PT，ST，臨床心理士，管理栄養士など）と連携協力している。	4	3	2	1	ウ
Ⅲ-18	目指す教育活動を行うために、教員以外のスタッフ（教育支援員，学習指導員，学校図書館司書，調理員，事務員など）と連携協力している。	4	3	2	1	ウ
Ⅲ-19	教員が国や都道府県，市町村の教育委員会が開催する教育研修（悉皆，経験年数，職務など）に参加できるように支援されている。	4	3	2	1	ウ（キ）
Ⅲ-20	教員が希望する教育研修（自主研修）について，参加しやすい雰囲気がある。	4	3	2	1	ウ
Ⅲ-21	教員が所属する学会や研究会等での発表等について，参加しやすい雰囲気がある。	4	3	2	1	ウ
Ⅲ-22	研究会・研修会等で公表している資料を有効に活用している。	4	3	2	1	ウ
Ⅲ-23	目指す学習活動を実現するために，児童生徒の組織（係，委員会）があり，役割を果たしている。	4	3	2	1	ウ
Ⅲ-24	インクルーシブ教育の推進に向けて，障害のない児童生徒との交流及び共同学習が用意されている。	4	3	2	1	ウ（カ）
Ⅲ-25	地域での生活を送るために，地域住民との交流の活動が用意されている。	4	3	2	1	ウ（カ）

Ⅳ. 教員の全体的な雰囲気について　（エ．学校文化（組織文化））

		4	3	2	1	
Ⅳ-1	教員は，学校・学部の教育目標や重点目標及び個別目標について，その意味を具体的に説明できる。	4	3	2	1	エ（ア）
Ⅳ-2	教員は，学校・学部が力を入れている実践（特色）を具体的に説明できる。	4	3	2	1	エ（P）
Ⅳ-3	教員には，自己の知識や技能，実践内容を相互に提供し合う姿勢がある。	4	3	2	1	エ（D）
Ⅳ-4	教員には，新しい実践に対して前向きに取り組む姿勢がある。	4	3	2	1	エ（D）
Ⅳ-5	学習指導要領改訂など，教育政策の動向に関心を寄せ，積極的に学ぶ教員が多い。	4	3	2	1	エ（キ）
Ⅳ-6	教員の間に，それぞれの個性や仕事ぶりを認め合う信頼関係がある。	4	3	2	1	エ
Ⅳ-7	挑戦が推奨され，挑戦の結果失敗しても，個人が責められない安心感がある。	4	3	2	1	エ
Ⅳ-8	教員は，学級・学年や学部だけでなく，学校全体のことを考えて行動している。	4	3	2	1	エ
Ⅳ-9	教員は，自ら役割を担って自主的に行動している。	4	3	2	1	エ
Ⅳ-10	教員は，目指す教育活動のためには，時には厳しい相互批評もいとわず議論する。	4	3	2	1	エ
Ⅳ-11	教員は，学級・学年や学部を越えて，児童生徒の成長を伝え合い，喜びを共有している。	4	3	2	1	エ

Ⅳ-12	日々多忙な割には，負担感よりも充実感を口にする教員が多い。	4	3	2	1	エ
Ⅳ-13	教員の多忙感が強いため，今以上の役割分担の依頼や新しい実践の開始にためらいを感じる。（逆転項目）	4	3	2	1	エ
Ⅳ-14	T-T授業において特定の教員（担任・担当）が休暇を取るために，仕事の負担感が多いことを口にする教員が多い。（逆転項目）	4	3	2	1	エ
Ⅳ-15	どちらかというと，教科等の授業よりも，生徒指導や進路指導，部活動や放課後活動にエネルギーを使う教員が多い。（逆転項目）	4	3	2	1	エ
Ⅳ-16	教員の中には，各教科等を合わせた指導（日常生活の指導，遊びの指導，生活単元学習，作業学習など）よりも教科の指導に力を入れるべきだという意見が強い。（逆転項目）	4	3	2	1	エ
Ⅳ-17	総合的な学習（探究）の時間の実施について，教員の中に熱量や力量の差があり，指導にバラツキが生じている。（逆転項目）	4	3	2	1	エ
Ⅳ-18	自立活動の実施について，教員の中に熱量や力量の差があり，指導にバラツキが生じている。（逆転項目）	4	3	2	1	エ
Ⅳ-19	教員には，自分が授業を行う学年・教科等及び主担当（T1）だけでなく，学校・学部の教育課程全体で組織的に児童生徒を育てていく意識が強い。	4	3	2	1	エ

3．特別支援学校用の『カリキュラム・マネジメント　学校経営実績評価シート』

　本書では，カリキュラム・マネジメントについて，チーム学校という関係者全員の「協働性」の下に創り上げていく **"総合力（実績）"** と捉えています。そのため，経営評価は，特別支援学校が実際に取り組んでいるもの，調査しているもの，備えているものなど **"学校経営に関わる全ての実績"** が含まれることになります。そこで，その実績を数値的に記載するシートの考案が必要となります。

　表2-3には，『様式3-①　特別支援学校用カリキュラム・マネジメント　学校経営実績評価シート（管理職）』を示しました。管理職の学校経営実績評価シートの項目は，「学校全体に関すること」「児童生徒に関すること」「研究に関すること」「進路に関すること」「養護に関すること」「給食に関すること」「教員個人の服務に関すること」の主要な4領域（計85項目）から構成されています。

　「学校全体に関すること」は，学校構成・教育課程・実態把握・教育功績・教育専門・教育目標・学校紹介・地域交流・地域支援・教育支援・学校安全・いじめ調査・いじめ対応・外部評価調査・外部評価対応・学校運営・服務管理などです。「学部・学級の児童生徒に関すること」は，教育表彰・資格取得・技能取得・生徒指導・健康管理などです。「研究に関すること」は，教育功績・研究推進・研究成果などです。「進路に関すること」は，教育功績・福祉教育・キャリア教育・現場実習・キャリア研究・キャリア研修などです。「養護に関すること」は，教育功績・健康管理・保健教育・保健研修などです。「給食に関すること」は，教育功績・学校給食などです。「教員個人の服務に関すること」は，服務管理・健康管理などです。計85項目は，特別支援学校における学校経営の全てを網羅しているのではないかと考えます。なお，「教員個人の服務に関すること」については，個人情報保護の観点から公表せずに，管理職だけが把握するだけに留めておくのがよいでしょう。

　記入の仕方については，「昨年度の実績」に基づき，「今年度目標」「中間実績」「今年度実績」を数字で記入します。また，達成状況については，特記事項（児童生徒名，名称など）を簡潔に記入します。さらに，評価については，5段階（5：大幅に目標達成，4：目標以上に達成，3：目標通り達成，2：目標に達しない，1：大幅に目標に達しない）で記入します。「別紙に記載」については，別紙に具体的な対応を記入します。「今年度目標」は，得てして過大に設定しがちですので学校の置かれている状況を踏まえて適切に設定することが重要と考えます。

　なお，様式3は，以下に示す校務分掌別（①管理職，②学部・学年主任／学級担任，③研究主任，④進路主任，⑤養護教諭，⑥給食主任）に考案しました。なお，管理職用以外は，巻末の『資料』を参照してください。

表2-3 『様式3-① 特別支援学校用カリキュラム・マネジメント 学校経営実績評価シート(管理職)』

【記入の仕方】

- ・今年度目標及び今年度実績については，学校全体数（各学部・各学級の合計）を数字で記入する。
- ・達成状況については，特記事項（児童生徒名，名称など）を簡潔に記入する。
- ・評価は5段階で記入する。（5：大幅に目標達成，4：目標以上に達成，3：目標通り達成，4：目標に達しない，5：大幅に目標に達しない）
- ・「別紙に記載」については，別紙に具体的な対応を記入する。
- ・「共通」の欄に示されている項目は，校内の校務分掌（学部主任，養護教諭，研究主任，進路指導主任，地域支援担当）と重複する。

【記入例】

担当	項目	実績の内容	昨年度実績	今年度目標	中間実績	今年度実績	達成状況(特記事項)	評価
学部主任	学校紹介(報道機関)	テレビ，ラジオ，新聞等の紹介数	TV 0 ラジオ0 新聞2 他 0	TV 1 ラジオ0 新聞2 他 0	TV 0 ラジオ0 新聞1 他 0	TV 2 ラジオ0 新聞2 他 0	公開授業参観と作品展がTVと新聞で紹介された。	4

【学校全体の実績評価】

担当	項目	実績の内容	昨年度実績	今年度目標	中間実績	今年度実績	達成状況(特記事項)	評価

Ⅰ．学校全体に関すること

担当	項目	実績の内容	昨年度実績	今年度目標	中間実績	今年度実績	達成状況(特記事項)	評価
	教育目標(学校表彰)	教育目標（知徳体）に関する学校学部功績の応募数と表彰数 例：体力づくり優秀校，花壇推進校 例：歯の健康優良校，伝統文化継承 注：研究表彰は「教育研究」へ	応募 表彰	応募 表彰	応募 表彰	応募 表彰		
	教育目標(講話公表)	管理職（校長・教頭）が児童生徒に授業した講話数，保護者に設定した講話数，外部向けの公表数 例：道徳「障害とは」 例：親「スマホの取扱い」 注：朝会や行事の挨拶は除く	全校 小学 中学 高等 父母 他	全校 小学 中学 高等 父母 他	全校 小学 中学 高等 父母 他	全校 小学 中学 高等 父母 他		
学部主任	実態調査(障害診断)	診断名の種別と人数 （学校要覧等の記載通りで可） 注：学校要覧に合わせる。 障害が重複している場合は主障害又は第1障害を記載 注：人数は重複しない 例：知的＋ダウンの場合はダウンに	児童生徒総数 (●)人 知的 ダウン 自閉 他			児童生徒総数 (●)人 知的 ダウン 自閉 他		
学部主任	福祉(手帳)	障害者手帳の取得数 注：1人で2種目の場合には別々に	療育 身体 精神	療育 身体 精神	療育 身体 精神	療育 身体 精神		
学部主任	実態調査(発達検査)	学校で実施している知能・発達検査，学力検査，体力テスト，作業能力テスト等の実施数（種類数） 例：ビネー，S-M能力，津守式 注：種類で記載，何種類か	知発 学テ 体力 作業 他	知発 学テ 体力 作業 他	知発 学テ 体力 作業 他	知発 学テ 体力 作業 他		
	専門性(教員免許)	教員の特別支援学校免許状保有者数（種別ごとに記載） 注：見込は「なし」の中で今年度中に取得予定数を記載 注：自立は「自立活動」の免許状保有数を記載 注：介助員等は除く	総数 専修 1種 2種 なし 見込 自立	総数 専修 1種 2種 なし 見込 自立	総数 専修 1種 2種 なし 見込 自立	総数 専修 1種 2種 なし 見込 自立		

教務主任 学部主任	学校紹介（通信）	学校だより，学部だよりの発行，及び，その他校務分掌（保健だより，給食だより等）の発行数 注：学級だよりは除く	学校 小学 中学 高等 訪問 保健 給食 他	学校 小学 中学 高等 訪問 保健 給食 他	学校 小学 中学 高等 訪問 保健 給食 他	学校 小学 中学 高等 訪問 保健 給食 他		
学部主任	学校紹介（授業参観）	全校授業参観の実施数 注：指定された参観のみ 注：日常は除く	小学 中学 高等 他	小学 中学 高等 他	小学 中学 高等 他	小学 中学 高等 他		
学部主任	学校紹介（報道機関）	テレビ，ラジオ，新聞等の紹介数	TV ラジオ 新聞 他	TV ラジオ 新聞 他	TV ラジオ 新聞 他	TV ラジオ 新聞 他		
	学校紹介（学校公開）	学校公開（地域や対外向け）の実施数 注：公開研究会，研究授業は「教育研究」の項目へ	公開	公開	公開	公開		
学部主任	地域交流（交流学習）	地域の保幼園，小学校，中学校，高等学校との交流学習及び共同学習の実施数	保幼 小学 中学 高等 他	保幼 小学 中学 高等 他	保幼 小学 中学 高等 他	保幼 小学 中学 高等 他		
学部主任	地域交流（施設訪問）	地域の幼児施設，学校，福祉施設等への訪問数	幼児 学校 福祉 他	幼児 学校 福祉 他	幼児 学校 福祉 他	幼児 学校 福祉 他		
地域支援主任	地域支援（相談事業）	地域の児童生徒を対象とした教育相談，就学相談等の受入数 例：障害等の悩み相談 例：進学相談，就学相談	障害 就学 進路 他	障害 就学 進路 他	障害 就学 進路 他	障害 就学 進路 他		
地域支援主任	地域支援（派遣依頼）	地域の保幼園・小学校・中学校・高等学校等への派遣依頼数 例：巡回相談の派遣 例：個別検査の実施	相談 研修 検査 他	相談 研修 検査 他	相談 研修 検査 他	相談 研修 検査 他		
地域支援主任	教育支援（通級指導）	地域の児童生徒を対象とした「通級による指導」の受入数 例：発達障害児への個別指導	通級	通級	通級	通級		
学部主任	教育支援（ボランティア）	ボランティアの受入数＜登録＞（学生，地域住民，保護者等） 例：保護者の読み聞かせ 例：学生ボランティア	学生 地域 保護	学生 地域 保護	学生 地域 保護	学生 地域 保護		
学部主任	大学連携（実習体験）	教育実習，介護等体験の受入数 例：大学の教育実習 例：大学の介護等体験	実習 介護	実習 介護	実習 介護	実習 介護		
研究主任	教育研究（研究会議）	学校研究の全体会議数 例：研究全体会	全体	全体	全体	全体		
研究主任	教育研究（講師招へい）	学校研究に関わる講師の招へい数 例：外部講師の招へい	招へい	招へい	招へい	招へい		
研究主任	教育研究（授業研究）	校内の授業研究の実施数 注：担任が30人いて，そのうち28人実施すると総数3人，実施2人と記載 例：3人担任が合同で実施すれば3人とカウント 例：担任1人が4回実施しても1人とカウント	総数（●）人 実施（●）人	総数（●）人 実施（●）人	総数（●）人 実施（●）人	総数（●）人 実施（●）人		
研究主任	教育研究（公開研究）	学校研究の公開研究会，研究授業公開の開催数 注：地域への学校公開は除く	公開	公開	公開	公開		

研究主任	教育研究（報告まとめ）	学校研究（実践）報告書の発行数 　例：研究紀要第2号 　例：実践のまとめ第3集	発行	発行	発行	発行		
研究主任	教育研究（研究表彰）	学校研究の表彰数 　例：共同研究優良賞 　例：研究奨励賞	表彰	表彰	表彰	表彰		
	学校安全（校舎内）	校舎全体（体育館，プール，校庭等を含む）の安全点検の定期的な確認数	確認	確認	確認	確認		
	学校安全（不審者マニュアル）	不審者対策マニュアルの配備（作成・修正）と点検確認数 　例：学期ごとの場合は年3回 　例：毎月の場合は年12回	点検	点検	点検	点検		
	学校安全（不審者防護）	不審者対策の防犯機器・道具（カメラ，センサー，さすまた，ブザー，防護盾等）の点検確認数	点検	点検	点検	点検		
	学校安全（不審者訓練）	不審者対策の防犯訓練，防犯教室の実施数	訓練	訓練	訓練	訓練		
	学校安全（災害マニュアル）	災害時対策マニュアル（地震，火災，津波，洪水等）の配備（作成・修正）と点検確認数 　例：学期ごとの場合は年3回 　例：毎月の場合は年12回	火災 地震 津波 洪水 他	火災 地震 津波 洪水 他	火災 地震 津波 洪水 他	火災 地震 津波 洪水 他		
	学校安全（災害防護）	災害時対策の機器・道具（消火器，消火栓，プールの水，ボート，拡声器，ヘルメット，ラジオ等）の点検確認数	点検	点検	点検	点検		
	学校安全（災害救護）	非常時の避難経路，避難場所及び救助，（救助袋，ハシゴ，階段，スロープ等）の点検確認数	点検	点検	点検	点検		
	学校安全（避難訓練）	非難訓練（火災，地震，津波＜洪水＞，不審者侵入等）の実施数	火災 地震 津波 他	火災 地震 津波 他	火災 地震 津波 他	火災 地震 津波 他		
	学校安全（避難所備蓄）	非常時の避難場所及び備蓄保管（非常食，寝具，薬品等）の点検確認数	点検	点検	点検	点検		
	学校安全（交通安全）	交通安全教室の実施数	交通	交通	交通	交通		
	学校安全（通学路）	登下校に関わる通学（バス，電車，地下鉄，歩行）の指導数 　例：通学指導回数（常時除く）	通学	通学	通学	通学		
保健主事	学校給食（食中毒）	給食での食中毒予防のための定期的な確認数 　例：毎月の場合には12回	確認	確認	確認	確認		
	学校運営（会議）	職員会議，運営会議等の実施数	職員 運営	職員 運営	職員 運営	職員 運営		
	学校運営（評議員）	学校評議員会の実施数	評議	評議	評議	評議		
	学校運営（保護者）	PTA総会の実施数 PTA役員会の実施数	総会 役員	総会 役員	総会 役員	総会 役員		
	服務管理（講話）	服務についての管理職の講話数 　例：職員会議の中での講話 　例：議題や設定した講話 　注：講話と研修を区別	講話	講話	講話	講話		
	服務管理（研修）	服務についての教員研修の実施数，そのうち外部講師の招へい数 　注：研修は時間設定したもの 　例：子供理解研修会，人権	研修 招へい	研修 招へい	研修 招へい	研修 招へい		

	学校評価調査 （保護者）	保護者の学校評価アンケート調査による総合評価点 （最高○点中）←○の中に記載	平均	平均		平均	
	学校評価調査 （評議員）	学校評議員の学校評価アンケート調査による総合評価点 （最高○点中）←○の中に記載	平均	平均		平均	
別紙	学校評価対応 （評議員）	保護者の学校評価アンケート調査結果による対応内容	別紙に記載	別紙に記載	別紙に記載	別紙に記載	別紙に記載
別紙	学校評価対応 （評議員）	学校評議員の学校評価アンケート調査結果による対応内容	別紙に記載	別紙に記載	別紙に記載	別紙に記載	別紙に記載

Ⅱ．児童生徒に関すること

学部主任	表彰 （5教科）	5教科に関する応募数と表彰数 （全国レベル，市県レベル） 　例： 　　注：書道を含む（国語）	国応 市応 国賞 市賞	国応 市応 国賞 市賞	国応 市応 国賞 市賞	国応 市応 国賞 市賞	
学部主任	表彰 （音楽）	音楽等に関する出場数と表彰数 （全国レベル）（市県レベル） 　例：音楽祭，部クラブ活動	国出 市出 国賞 市賞	国出 市出 国賞 市賞	国出 市出 国賞 市賞	国出 市出 国賞 市賞	
学部主任	表彰 （図工美術）	図工・美術等に関する応募数と表彰数 （全国レベル）（市県レベル） 　例：作品展，美術展，絵画展	国応 市応 国賞 市賞	国応 市応 国賞 市賞	国応 市応 国賞 市賞	国応 市応 国賞 市賞	
学部主任	表彰 （体育）	スポーツ・運動に関する出場数と表彰数 （全国レベル）（市県レベル） 　例：障害者スポーツ，体育，陸上	国出 市出 国賞 市賞	国出 市出 国賞 市賞	国出 市出 国賞 市賞	国出 市出 国賞 市賞	
学部主任	表彰 （健康保健）	体育・体力・健康に関する児童生徒の功績に対する応募数と表彰数 　例：健康優良児，歯科優良賞	応募 表彰	応募 表彰	応募 表彰	応募 表彰	
学部主任	表彰 （徳育）	徳育に関する児童生徒の功績に対する応募数と表彰数 　例：防犯協力，救助の感謝状 　例：ボランティア活動	応募 表彰	応募 表彰	応募 表彰	応募 表彰	
学部主任	受験 （検定）	検定に関する受験数と合格数 　例：漢字，英語，書写	受験 合格	受験 合格	受験 合格	受験 合格	
学部主任	受験 （免許）	免許に関する受験数と合格数 　例：原付，自動車	受験 合格	受験 合格	受験 合格	受験 合格	
学部主任	受験 （資格）	資格に関する受験数と合格数 　例：介護，クリーニング	受験 合格	受験 合格	受験 合格	受験 合格	
学部主任	受験 （技能職能）	技能・職能に関する出場数と表彰数 　例：アビリンピック	出場 表彰	出場 表彰	出場 表彰	出場 表彰	
生徒指導主事	いじめ （児童生徒調査）	（児童生徒用） いじめ等アンケート調査の実施数と認知数	実施 認知	実施 認知		実施 認知	
生徒指導主事	いじめ （保護者調査）	（保護者用） いじめ等アンケート調査の実施数と認知数	実施 認知	実施 認知		実施 認知	
生徒指導主事	いじめ （児童生徒対応）	（児童生徒用） いじめ等アンケート調査結果による対応内容				別紙に 記載	別紙 記載
生徒指導主事	いじめ （保護者対応）	（保護者用） いじめ等アンケート調査結果による対応内容				別紙に 記載	別紙 記載
生徒指導主事	生徒指導 （不良行為）	不良少年行為（喫煙，飲酒等）の補導歴数，軽犯罪行為（窃盗，恐喝，暴行等）の検挙数	不良 犯罪 他	不良 犯罪 他	不良 犯罪 他	不良 犯罪 他	
学部主任	学校不適応 （不登校）	不登校数（30日以上総数） 　例：怠学，親都合，拒否 　注：病欠・入院等を除く	不登校 総数	不登校 総数	不登校 総数	不登校 総数	

学部主任	学校不適応 (不登校傾向)	不登校傾向数（総数） （内訳：8日～29日の微欠） （内訳：30日以上別室登校） （内訳：平均週2回以上遅刻）	総数 微欠 別室 遅刻	総数 微欠 別室 遅刻	総数 微欠 別室 遅刻	総数 微欠 別室 遅刻		
養護教諭	保健管理 (保健室利用)	保健室の利用数 （内訳：内科的処置） （内訳：外科的処置） （内訳：その他）	総数 内科 外科 他	総数 内科 外科 他	総数 内科 外科 他	総数 内科 外科 他		
養護教諭	保健管理 (入院事故)	病気等の入院数 事故等の入院数	病気 事故 他	病気 事故 他	病気 事故 他	病気 事故 他		
養護教諭	保健管理 (感染症)	感染症等の罹患数 （第1種：ポリオ，ジフテリア等） （第2種：インフルエンザ，麻疹，風疹，水痘，耳下腺炎等） （第3種：コレラ，赤痢等）	1種 2種 3種 他	1種 2種 3種 他	1種 2種 3種 他	1種 2種 3種 他		
養護教諭	保健管理 (出席停止)	出席停止の総数 （感染症等）	出停	出停	出停	出停		
進路指導主任	進路 (中3進路先)	中学3年の進学数，進路先数 （内訳：A校高等部進学） （内訳：他の特別支援学校） （内訳：高等学校等） （内訳：その他，自宅）	総数 A校 他校 高校 他	総数 A校 他校 高校 他	総数 A校 他校 高校 他	総数 A校 他校 高校 他		
進路指導主任	進路 (高3進路先)	高3年の進学数，進路先数 （内訳：一般企業就職，A型等） （内訳：訓練，トライアル，B型等） （内訳：福祉作業所等） （内訳：大学専門学校等の進学） （内訳：自宅等）	総数 一般 訓練 福祉 進学 他	総数 一般 訓練 福祉 進学 他	総数 一般 訓練 福祉 進学 他	総数 一般 訓練 福祉 進学 他		

Ⅲ．教員個人の教育活動に関すること

	勤続 (勤続表彰)	教育活動に関する，勲章，永年勤続，功労者などの推薦数と表彰数 　例：永年勤続賞，勤務優秀賞 　例：芸術選奨，指導者賞	推薦 表彰 永年 他	推薦 表彰 永年 他	推薦 表彰 永年 他	推薦 表彰 永年 他		
	現職教育 (年数研修)	初任者，5年目及び10年目等における教職経験者研修の参加数	初任 5年 10年 他	初任 5年 10年 他	初任 5年 10年 他	初任 5年 10年 他		
	現職教育 (専門研修)	教育センター等における専門研修の参加講座数と参加数 　注：悉皆，担当者研修含む 　注：個人的な研修を除く	講座 参加	講座 参加	講座 参加	講座 参加		
	現職教育 (研修派遣)	教職大学院，センター等長期短期研修，出向等の派遣数 　注：長期研修と教職大学院を区別	教職 長短 出向	教職 長短 出向	教職 長短 出向	教職 長短 出向		
	教育研究 (研究表彰)	共同・個人研究の表彰数 　例：○○賞 　例：研究奨励賞	共同 個人	共同 個人	共同 個人	共同 個人		
	教育研究 (研究発表)	校外での共同・個人研究等の発表数 　例：学会等での発表 　例：研究会・研修会での発表 　例：シンポジウム等での発表 　例：著書の執筆（共著含む） 　例：雑誌等の実践を投稿 　例：学会等への論文を投稿	学会 研修 シンポ 著書 雑誌 論文 他	学会 研修 シンポ 著書 雑誌 論文 他	学会 研修 シンポ 著書 雑誌 論文 他	学会 研修 シンポ 著書 雑誌 論文 他		
	教育研究 (講師依頼)	校外での研修会講師等の依頼数 　例：○○研究会講師	依頼	依頼	依頼	依頼		

項目	内容						
教育研究 （助成金）	教育団体，教育基金，研究会等からの競争的資金の共同・個人の獲得数 　　例：博報賞等の研究助成 　　例：科研費の研究助成	共同 個人	共同 個人	共同 個人	共同 個人		
教育研究 （自主研修）	校内での自己自主研修の実施数 （目的をもって取り組んだもの） 　　注：人数記載，授業研究除く 　　例：教材研修，指導案研修	自研	自研	自研	自研		
資格認定 （資格）	国家資格や学会認定資格等の取得数（教員免許状以外） 　　例：公認心理師 　　例：認定心理士（認心） 　　例：臨床心理士（臨心） 　　例：学校心理士（学心） 　　例：学校臨床心理士（学臨） 　　例：特別支援教育士（特教） 　　例：自閉症スペクトラム士（自閉） 　　例：言語聴覚士（言語） 　　例：作業療法士（作業） 　　例：理学療法士（理学） 　　例：教育カウンセラー（教カ） 　　例：K-ABC検査者	公心 認心 臨心 学心 学臨 特教 自閉 言語 作業 理学 教カ KABC 他	派遣	派遣	派遣		

Ⅳ．教員個人の服務に関すること
＊以下の項目は，公表・提出しません。参考にしてください。

項目	内容						
服務管理 （事件）	窃盗，盗撮，淫行等の刑事事件の件数・報告数	事件	事件	事件	事件		
服務管理 （事故）	交通事故等の件数・報告数 　　例：飲酒，スピード超過	事故	事故	事故	事故		
服務管理 （子供への暴力）	児童生徒への暴力，暴行等の件数・報告数	暴力	暴力	暴力	暴力		
服務管理 （ハラスメント）	パワハラ，セクハラ等の件数・報告数 　　例：パワハラ行為 　　例：セクハラ行為	パワ セク 他	パワ セク 他	パワ セク 他	パワ セク 他		
服務管理 （管理職へ苦情）	教員の言動等に対する管理職への苦情件数・報告数 　　注：名指し，特定される案件 （内訳：保護者，住民等，同僚）	保護 住民 同僚 他	保護 住民 同僚 他	保護 住民 同僚 他	保護 住民 同僚 他		
健康管理 （体調不良）	教員の健康状況 　　例：欠勤多少（年休20日未満） 　　例：欠勤多い（年休20日以上） 　　例：常態化（年休40日以上） 　　注：けが，事故等を除く	欠少 欠多い 常態	欠少 欠多い 常態	欠少 欠多い 常態	欠少 欠多い 常態		
健康管理 （長期休暇）	教員の長期休暇状況 　　例：病気（心身以外） 　　例：心身 　　例：出産・育児休暇 　　例：介護等休暇	病気 心身 産育 介護 他	病気 心身 産育 介護 他	病気 心身 産育 介護 他	病気 心身 産育 介護 他		
健康管理 （年休）	教員の年休ゼロ目の回数 （病休，特休等を除く）	年休	年休	年休	年休		

4．カリキュラム・マネジメントに取り組む年間スケジュール

　カリキュラム・マネジメントを実行するためには，4月当初に管理職が『様式1　カリキュラム・マネジメント　グランドデザイン』（学校経営方針の構造図）を教員に明示し，7つの要素の内容に基づいて『様式2　特別支援学校用カリキュラム・マネジメント　チェックシート』で確認し，年度末に学校が取り組んだ全ての成果（実績）を『様式3　特別支援学校用カリキュラム・マジメント　学校経営実績評価シート』で評価していくことが一連の流れとなります。

表2-4　カリキュラム・マネジメント年間スケジュール表

	学校行事等	教育目標の具現化	カリキュラムのPDCA	組織構造	組織文化	リーダー	家庭・地域社会等	教育課程行政
4月	入学式前期始業式学級懇談会PTA総会	グランドデザインの提示と説明	教育課程の提示児童生徒の実態把握	分掌の委嘱分掌ごとの年間活動計画の作成	教員の指導力，職務遂行能力の把握	学校運営方針の説明管理職と主任との情報共有	年間活動計画の提示PTA総会教育支援計画の確認	外部専門家の訪問日程調整
5月	宿泊学習	学校評議員会	個別の指導計画の作成（前期）	分掌主任を中心とした活動の開始	児童生徒の家庭の状況の把握・整理校内研修会	校長だより	地域役員との懇談	外部専門家派遣開始
6月	授業参観				校長面談による個々の教員の目標の確認	校長から個々の教員の目標への助言	近隣小中学校との交流及び共同学習	指導主事訪問，管理主事訪問による助言
7月	個人懇談会	進捗状況の確認	学校行事等のアンケートの実施		校内研修会	校長だより		教育センターの指導主事による校内研修の実施
8月						学年主任，分掌主任との課題共有		
9月	避難訓練		個別の指導計画の評価（前期）	前期の活動の振り返り・見直し	校内研修会		保護者と児童生徒の評価の確認	学校経営評価会議
10月	後期始業式運動会		個別の指導計画の作成（後期）			管理職と主任との情報共有		指導主事訪問，管理主事訪問による助言
11月	修学旅行学校公開				校内研修会			授業公開及び研究会
12月	作品展示会授業参観	進捗状況の確認				校長だより		
1月	バザー販売		学校行事等のアンケートの実施		校内研修会		地域の人を招いての学校行事	
2月	個人懇談会	学校評議員会学校評価の分析	個別の指導計画の作成（後期）	後期の活動の振り返り・見直し	校長面談による教員の目標達成の評価	学年主任，分掌主任との年度末反省の分析	保護者と児童生徒による評価の確認	学校経営評価会議
3月	卒業式	次年度のグランドデザインの作成	次年度に向けての教育課程の修正	次年度の分掌割り当ての検討・作成	次年度に取り組む課題の明確化	校長だより		外部専門家派遣の総括

　そこで，カリキュラム・マネジメントの7つの要素について，いつ（When），どこで（Where），だれが（Who），なにを（What），なぜ（Wat），どのように（How）していくという「5W1H」を明確にすることも必要ですし，カリキュラム・マネジメントに"参画"しているかをチェックすることも重要です。そのためには，カリキュラム・マネジメント年間スケジュール表を作成することが良いでしょう（表2-4）。このスケジュール表にしたがって実行していくことにより，校務分掌の明確化と責務が明確化され，進捗状況も把握できます。

5．全員参画するための担当者・関係者のチェックリスト

　カリキュラム・マネジメントは，特定の教員だけが孤軍奮闘して頑張るものではありません。学校の全教員の「協働性」で取り組むものです。中には，校務分掌主任が自分の役割を果たすこともあります。また，カリキュラム・マネジメントの7つの要素の中には，「カ．家庭・地域社会」や「キ．教育課程行政」があり，保護者，専門家，教育委員会，教育センター等との連携・協働，指導・助言なども関わってきます。

　そこで，担当者・関係者が参画するためには，それぞれが何をどのように参画していかなければならないかを把握し，理解していくことが必要となります。そして，その参画項目やチェックがあれば，より参画が明確となるでしょう。これもカリキュラム・マネジメントの評価の一つです。

　次章では，担当者・関係者の中で代表する18人（初任者，担任，学年主任，学部主任，進路指導主任，情報教育主任，研究主任，コーディネーター，養護教諭，教務主任，教頭，校長，授業改善専門家，就労支援専門家，教育センター，教育委員会，保護者，児童生徒）の参画項目やチェックリストを示します。

6．「社会に開かれた教育課程」と学校経営評価

　新学習指導要領では，キーワードの一つである「社会に開かれた教育課程」が示されています。これまでの特別支援学校は，一般の人から「どんな教育をしているのか分からない」など，広くアピールする場が少なかったように思えます。「社会に開かれた教育課程」の実現については，片岡・平川（2020）が「授業改善やカリキュラム・マネジメントの取組を学校全体で組織的に行うためには，（中略）ホームページ等で公表し続けることが必要である」ことを指摘しています。また，丹野（2017）は「地域にも公開され，学校の教育活動を共有していくことが欠かせないであろう」と述べています。つまり，特別支援学校の取組の"見える化"が必要なのではないでしょうか。そして，カリキュラム・マネジメントについて広く市民や関係者の前で発表したり，第三者からの評価を受けたりする意義は非常に大きいのではないでしょうか。

コラム 1　改革できる学校と改革できない学校

カリキュラム・マネジメントをミスリードしない

　これまで，知的障害教育においては，“各教科等を合わせた指導”が教育課程の中核としてあったことは周知のことです。しかし，学習指導要領改訂に伴い「各教科の目標と内容を重視した指導」を進めていくことが求められており，教務主任・各学部主任・各校務分掌主任を中心としながら全教員の意識改革・共通理解を図っていくことは必要不可欠です。同時に，管理職としては，若い世代にこれからの知的障害教育の在り方について方向性を示すことが必要なことだと感じています。

　学習指導要領改訂に即したカリキュラム・マネジメントをミスリードしないよう，次世代の教員を中心に以下の点について意識改革を図り，自主的な改善が進められる雰囲気を醸成することが必要です。

> ①学習指導要領及び指導要録改訂の趣旨の理解（３観点による目標の整理を理解）
> ②教育課程作成手順の理解（「重複障害者等に関する教育課程の取扱い」に対する正しい理解）
> ③各教科等の目標達成に必要な時数を考える
> ④各教科等を中心にした多様で豊かな学びの保障を優先に考える
> ⑤学習指導要領改訂のサイクルに合わせた教育課程（目標等）づくりを目指す

　もちろん，改革に反発があるかもしれません。これまでの“各教科等を合わせた指導”に固執する教員もいます。管理職が教育改革をブレずに進め，知的障害児に適切な教育・指導を考え，多様で豊かな経験・学びは各教科を通して得られること等について，リーダーシップを発揮することが何よりも大切です。

カリキュラム・マネジメントの２つの視点（教育課程・校務分掌の改革）

　カリキュラム・マネジメントに取り組んでいく際には，教育課程と校務分掌（学部分掌）の改革に多くの時間を要します。カリキュラム・マネジメントについて，多くの学校は，教育課程の改革を真っ先に取り組むことが多いのではないでしょうか。しかし，教育課程の改革だけを実行すると，負担感が増加すると考える教員が少なくないように感じます。それには，教育課程の改革や授業改善と並行して，負担感のある校務分掌の在り方を整理・統合することが必要だと考えています。改革を実現している学校は，学校組織全体の構造（経営計画）改革が進んでいます。しかし，大きな改革を実現するには，時間を掛けて教員に丁寧に説明することが必要であり，管理職が根負けしないことです。

　学校のカリキュラム・マネジメントは，教員の資質向上，負担感の軽減等のメリットが生まれます。管理職に求められるのは，学校経営の方向性（構造改革）を示し，教員とビジョンを共有すること，そして，改革により生じるメリットをどのように創造できるかが重要だと考えます。管理職が改革の意思を明確にし，教員集団を改革する方向へ巻き込むことです。

第3章

全員参画を目指す
カリキュラム・マネジメントの
チェックリストとポイント

カリキュラム・マネジメントの7つの要素とチェックリスト

　カリキュラム・マネジメントを行うためには，配慮すべき7つの要素（ア．教育目標の具現化，イ．カリキュラムのPDCA，ウ．組織構造，エ．学校文化，オ．リーダー，カ．家庭・地域社会等，キ．教育課程行政）があります（田村ら，2016）。

　担当者・関係者は，この7つの要素の中にどのような内容が含まれているかを把握する必要があります。表3-1には，具体的な内容を示しました。

表3-1　カリキュラム・マネジメントにおける7つの要素の内容（田村ら，2016）

7つの要素	具体的な内容
ア．教育目標の具現化	教育目標の設定・共有化の様子，教育目標の実現化の状況
イ．カリキュラムのPDCA	P：計画の様子，D：実施の様子，C：評価の様子，A：改善の様子
ウ．組織構造	組織構造 ①人（配置，人材育成など），②物（施設，設備，時間，情報など），③財（予算），④組織と運営（校務分掌，指導体制，校内研修など）などの工夫や課題
エ．学校文化	組織文化（カリキュラム文化＋狭義の組織文化）＋児童生徒文化＋校風文化
オ．リーダー	校長，教頭，教務主任，研究主任など
カ．家庭・地域社会等	他校，企業など
キ．教育課程行政	文部科学省，教育委員会，教育センターなど

第2節 カリキュラム・マネジメントへの参画チェックとポイント

　繰り返しになりますが，カリキュラム・マネジメントは，学校の全教員の協力の下，「協働性」によって取り組むことです。学校では，組織体制を明確に組み，それぞれの担当者が役割を理解し，責任をもって行動に移します。カリキュラム・マネジメントの実施では，学校内の担当者だけではなく，学校外の保護者，各種専門家，教育委員会，教育センター，企業等の関係者と連携・協働したり，指導・助言を受けたりすることもあります。

　担当者・関係者がカリキュラム・マネジメントに積極的に参画するためには，それぞれが自分の役割を理解して，５Ｗ１Ｈ（いつ，どこで，だれが，なにを，なぜ，どのように）で進めていくことが重要です。その際，参画するための具体的な内容（項目）や確認するチェックリストがあれば，より参画の仕方が明確となります。

　そこで，次頁からは，担当者・関係者の中で主要な18人（初任者，担任，学年主任，学部主任，進路指導主任，情報教育主任，研究主任，コーディネーター，養護教諭，教務主任，教頭，校長，授業改善専門家，就労支援専門家，教育センター，教育委員会，保護者，児童生徒）について，参画チェックリストや参画するためのポイントを示します。

初任者

1．初任者のカリキュラム・マネジメントへの参画チェックリスト

　初任者がカリキュラム・マネジメントに参画するための具体的な内容について，7つの要素に関連して示しました。チェックして参画状況を確認してみましょう。

7つの要素	具体的な内容	チェック
教育目標の具現化	グランドデザインを読み，学校教育目標を理解している。	
	学習指導要領やその解説を折に触れて読み，理解している。	
カリキュラムのPDCA	個別の指導計画を作成し，計画に基づいた授業や評価をしている。	
	授業を振り返り，児童生徒が分かる楽しい授業となるよう努めている。	
組織構造	「学校というチームの一員であることを意識して行動する」ことを心掛けている。	
	自分の校務分掌の職務内容を理解して遂行している。	
学校文化	先輩から指導方法や技術を学び，授業に取り入れようとしている。	
	自分の課題を周囲に相談したり，共有したりして解決しようとしている。	
リーダー	自分のライフキャリアを考え，スキルアップのための計画を考えている。	
	教育センターや校内研修で，積極的に発言している。	
家庭・地域社会等	連絡帳や個人懇談会等で家庭との連携を大切にしている。	
	地域と関わる行事等に積極的に参加している。	
教育課程行政	国や教育委員会の施策等の教育に関わる情報を積極的に得ている。	
	教育センターが主催する初任者研修の課題に積極的に取り組んでいる	
その他（要素の連関）	学ぼうという意識をもち，自身の仕事に謙虚な姿勢で助言を求めている。	
	児童生徒とコミュニケーションを取り，実態に応じた対応を常に考えている。	
	教育公務員としての職責や服務，倫理等を理解し，行動している。	

2．初任者がカリキュラム・マネジメントに参画するためのポイント

　初任者は，知的障害のある子供の特性やそれに応じた教育的対応の基本について知識をもっていても，活用した経験は少ないと思われます。しかし，子供の前に立てば，子供や保護者にとって一教員として認められ，頼りにされる存在にならなければなりません。学校というチームの一員になることができるように，拠点校指導教員や校内指導教員の指導を受け，謙虚な姿勢で助言を求めるとともに，自らのマネジメント力も高める必要があります。また，身近にいる先輩教員のちょっとした助言が，初任者にとって大きな効果を発揮することがあります。自ら先輩などの同僚に相談することを，多忙という理由で躊躇することなく，若手教員が授業について相談したり悩みを共有したりすることが大切です。「教員は学校で育つ」という考えの下，同僚の教員と共に支え合いながら，日常的に学び合えるような場を求めていくことが必要です。

このような状況から，初任者が学校経営に参画するというカリキュラム・マネジメントの意識をもてるようにするには，以下の３点がポイントとなります。

Point 1　学校というチームの一員として行動する

①「ほうれんそう（報告・連絡・相談）」を常に意識する

　今日あった児童生徒とのやりとり，授業づくりの疑問点などを，自分から身近な先輩に話すようにします。相談せずに行動したことで周囲の教員の指導との間にずれが生じてしまったり，知り得た情報を伝えなかったために問題が大きくなったりすることのないように「ほうれんそう（報告・連絡・相談）」を常に意識します。

②より良い授業づくり

　他の教員の授業を積極的に参観し，指導方法や指導技術の良さを見出し，日々の授業に取り入れることができるようにします。本時のねらいを意識して，児童生徒が分かる，楽しい授業を進めることができるようにします。児童生徒が興味・関心をもち，学習意欲や期待感を引き出せるように単元名を考えます。児童生徒のできていないことだけでなく，できていることや，好きなことを足掛かりに指導を組み立てていきます。単元のまとめの評価を基に，次年度の年間指導計画に変更すべき点がないかどうかをメモしておき，次年度の計画作成のときの参考資料にします。

Point 2　自らのマネジメント力を高める

　学校教育目標の実現に向けて，理想とする児童生徒の姿や自分自身の姿をもつようにします。今日的な課題などの教育に関わる情報を積極的に得て，自分の強みを生かした具体的な取組を考えて参画します。自分の強みや弱みを客観的に捉え，カリキュラム・マネジメントを実施できるようにします。人に聞くことを躊躇せず，自分の課題を相談したり共有し合ったりしながら，自らのマネジメント力も高めていきます。

Point 3　「教員はみんなで成長する」という意識をもつ

　「個業」である学校組織では教員一人一人が価値ある実践を行い，児童生徒が変容していても，そのすばらしい取組を全員で共有し合うのは難しいことがあります。

　そこで，校内で教員の交流会を開催することで，新たな時間や場所を確保することなく，実践的指導力を向上させることができます。若手教員にとって，課題解決や実践へのヒントを得て，授業力や生徒指導力などが向上する活動です。同年代の教員や先輩に相談することによって，不安や悩みも解消することが期待できます。

　また，若手教員が比較的得意な分野としてICT機器の操作があります。自分の強みや特技を生かして授業づくりを行ったり，学校経営に参画していこうとしたりする姿勢が重要です。

参画
2

担　任

1. 担任のカリキュラム・マネジメントへの参画チェックリスト

　担任がカリキュラム・マネジメントに参画するための具体的な内容について，7つの要素に関連して示しました。チェックして参画状況を確認してみましょう。

7つの要素	具体的な内容	チェック
教育目標の具現化	グランドデザインを踏まえた学級経営の方針を立て，指導をしている。	
カリキュラムのPDCA	学習指導要領の目標・内容と児童生徒の実態やニーズに合わせた学習内容を実践し，教育課程の修正や授業改善に取り組んでいる。	
	個別の指導計画に沿った実践を振り返り，手立ての有効性を検証し，具体的に記録して，次年度に生かしている。	
組織構造	校務分掌の役割を理解し，工夫して取り組んでいる。	
	学校全体という視点ももって，考えたり行動したりしている。	
学校文化	教員間で従来の考えにとらわれない発想と企画・アイディアを話し合える雰囲気をつくっている。	
リーダー	学年会（学部会）や分掌部会で，自分の考えを伝えている。	
家庭・地域社会等	学級だより等で教育活動を知らせるとともに，保護者の評価を謙虚に受け入れている。	
	近隣の学校や地域と行う交流活動や行事に積極的に参加している。	
教育課程行政	国や教育委員会の方針を理解し，それを踏まえて指導している。	
	スキルアップのために教育センターの研修に応募し，受講している。	
その他（要素の連関）	ティーム・ティーチング（T-T）の良さを生かし，個に応じた指導を充実させている。	
	指導力を高めるため授業を公開し，助言を得るようにしている。	
	事務処理等を適切に行い，効率良く職務を行うようにしている。	

2. 担任がカリキュラム・マネジメントに参画するためのポイント

　教員としての専門性を高める段階にある担任は，管理職の方針に従いながら，実際にカリキュラムをつくり，実践し，変えていくのは，学級や教科を担当している担任であるという「組織の一員」としての自覚をもって働くことが求められます。

　担任としてのカリキュラム・マネジメントは，児童生徒に対して日々の学習指導や生徒指導を振り返り，見直し，改善策を講じて，新たな実践を積み重ねていくことであると考えます。目の前の児童生徒の現状を把握しつつ，日々の指導が「何のためか」を問い，共有するために教員間で日常的にコミュニケーションを図って協働することが，カリキュラム・マネジメントの土台になります。

　このような状況から，担任が学校経営に参画するというカリキュラム・マネジメントの意識をもてるようにするには，以下の3点がポイントとなります。

Point 1　教員集団での共通理解や児童生徒に対する情報共有

　特別支援学校では，複数で担任をしたり教科指導に携わったりするため，担任する児童生徒以外の指導にも当たることがあります。そのため，教員集団での共通理解や児童生徒に対する情報共有が必要です。そこで，時間をとってしっかり共通理解や情報共有をしようとするのではなく，「放課後10分間ミーティング」などの機会を意図的に設け，日々，教員間でコミュニケーションを図ることが大切です。学級担任同士で一日を振り返り，児童生徒の様子で気になる点や指導の意図などを伝え合い，児童生徒が混乱をしないように一貫性のある指導を行います。

Point 2　日々の授業づくり

　授業は，学校教育目標を踏まえたものになっているか，児童生徒に身に付けさせたい力を育むことを目指しているか，を意識しながら取り組みます。教育活動がどのように児童生徒の成長発達につながったのかについての事実を正しく把握し，以後の授業の改善に結び付けます。事実を正しく把握するためには，教員同士で日常的に情報のやりとりを行うとともに，積極的・建設的に意見を交換します。授業づくりに携わる人数が多くなるほど，全員が集まる時間の確保や共通理解をすることが難しくなりますが，職員室の雑談の中でも，指導の意図や根拠を出し合ったり児童生徒の成長を語り合ったりすることが，より良い授業づくりにつながります。

Point 3　ワークライフバランスを大切に

　カリキュラム・マネジメントを進めることは，仕事量が増えるのではなく，業務が改善され，ワークライフバランスにつながるものでなくてはなりません。限られた時間でより良い授業にするためには，時間の使い方を見直したり，同僚の協力を得たりすることが大切です。教員の中には，年度当初に割り当てられた自分の担当業務を誠実にしようとするあまり，一人で抱え込んでしまい，苦しい思いをする人がいます。本来なら，校務分掌や行事及び授業等を担当調整をするときに，業務量と繁忙期などの調整ができていたり，途中での業務量の調整などが機能していたりすれば，深刻な事態は避け得るはずですが，教員間の兼ね合いや雰囲気などから言い出しにくかったり，自分では見通しを立てにくかったりすることもあります。そのため，業務を無理にしているにもかかわらず，結果的にできてしまうために，さらに仕事が舞い込むという悪循環になりやすいことがあります。そうならないために，個々の教員の仕事・業務は，本来「学校としてすべき仕事」「学年・分掌・教科としてすべき仕事」であるという捉え方をし，「協働」することが大切です。自分以外にその仕事・業務内容を知っていたり，理解していたりする人がいることは，組織としてプラスに働くことになります。

参画
3

学年主任

1．学年主任のカリキュラム・マネジメントへの参画チェックリスト

　学年主任がカリキュラム・マネジメントに参画するための具体的な内容について，7つの要素に関連して示しました。チェックして参画状況を確認してみましょう。

7つの要素	具体的な内容	チェック
教育目標の具現化	学校全体の指導の重点や課題について理解している。	
	学校教育目標・学校経営方針を踏まえ，学年目標・経営方針を示している。	
カリキュラムのPDCA	学年団の教員が，児童生徒の実態に応じた教育課程の編成や個別の指導計画を協働しながら作成できるような場を設定している。	
	定期的に授業研究会を開催し，授業改善や適切な評価に取り組んでいる。	
組織構造	学年主任の役割を理解し，学部主任と協力して学部運営に携わっている。	
	年度当初の学年会で学年内の役割分担等を決め，可視化して示している。	
学校文化	学校の特色を踏まえた教育課程の編成の中心的な存在となっている。	
	教員間で自分の知識や技能，実践内容を提供し合えるようにしている。	
リーダー	学年をまとめ，必要に応じてモデルを示したり，助言したりしている。	
	学年と学部主任とのつなぎ役として，双方の意見を調整をしている。	
家庭・地域社会等	学年だより等を通して，保護者に指導方針や授業の様子を発信している。	
	近隣の学校等との交流及び共同学習や地域との交流を推進している。	
教育課程行政	ミドルリーダーを対象としたセンター研修等に積極的に参加している。	
	国や教育委員会の施策を踏まえた課題に主体的に取り組んでいる。	
その他（要素の連関）	次期学年主任候補となる年代と積極的に関わり，ノウハウを伝えている。	
	キャリアアップやスキルアップの研修に積極的に参加している。	
	専門家等の助言を取り入れ，学年運営の在り方を常に見直している。	

2．学年主任がカリキュラム・マネジメントに参画するためのポイント

　学年主任としてのカリキュラム・マネジメントは，円滑な学年運営と人材育成にあります。学年主任は，学年を引っ張り，管理するだけではなく，担任が一人一人の持ち味を生かし，協力して気持ちよく働くことができるような環境づくりに努めることだと考えます。一般的に組織を構成する人数が増えれば，情報の共有は難しくなり，意思決定への参画意識は低下します。したがって，学年という小集団は，情報共有や教員の参画意識の向上にメリットがあります。

　学級担任同士の絆を強め，学年経営が円滑に営まれるためには，担任同士が「ヨコの関係」の中で，お互いに尊敬・信頼し合い，責任を分かち合うことが重要です。

　このような状況から，学年主任が学校経営に参画するというカリキュラム・マネジメントの意識をもてるようにするには，以下の3点がポイントとなります。

Point 1　学校教育目標・学校経営方針を踏まえた学年経営

　学年の中核となる学年主任は，管理職が示した学校教育目標・学校経営方針を学年単位で実現することが求められます。したがって，学年主任は，学校育目標・学校経営方針，時には，校長・教頭・教務主任の意をくんで，学年経営を行います。また，学年目標や目標達成するための手立てを具体的に考え，実践できるようにリードします。学年経営の充実は，全体の教育活動の充実につながると考えます。

　そのため，学年主任は，日々学級担任の指導の様子を的確に把握した上で，学校教育目標・学校経営方針と照らし合わせ，助言したり，修正したりすることが必要です。円滑な学年経営が営まれ，教員同士が協働する機会が多くなれば，学校全体もチームとしてまとまると考えます。

Point 2　学級担任全員が参画した授業づくり

　特別支援学校の授業は，ティーム・ティーチング（T-T）で行われるため，教員同士の連携や協働性が高く求められます。そして，学級担任全員が参画した授業づくりやPDCAが日常的に行われるようにする工夫が必要です。

　学年主任は，日時を設定して，授業改善・授業研究に特化した話し合いができるような機会を設けます。早い段階で，学級担任同士の良好な人間関係が構築されれば，日頃から連携・協力できるようになっていきます。したがって，学級担当全員が意見を出しやすい，話し合いの雰囲気づくりが重要です。

10分対話
生徒Aの手立ての検討

一人1〜2分で話す
提案者が，選ぶ

　また，生徒の登校前の時間や下校後の時間を有効的に活用し，授業の打ち合わせや確認を行い，担当者一人に任せるのではなく，学級担任全員が参画した授業づくりを行う意識を高めます。

Point 3　ミドルリーダーや次の主任を育てる

　学年内で役割分担をして，行事等担当者を決めたら，その人を信頼して「任せる」ことも重要です。学年主任として，他の学年との調整をしたり，相談に乗ったりすることはしますが，時には，その人を信頼して「見守る」ことで，担当者の「挑戦」を支援します。

　また，まとまりのある学年にするためには，適切な「学年会」を設定することが重要です。定期的に開催することで，担任間で，共通理解したり，意見を出し合ったりします。「尊敬」「共感」「信頼」を大切にした話し合いができる「学年会」は，学年内の協働体制を強めます。そして，そのような話し合いや人間関係の構築が，学年主任の大切な役割の一つでもある「ミドルリーダーや次の主任を育てる」ことにもつながります。

学部主任

1. 学部主任のカリキュラム・マネジメントへの参画チェックリスト

学部主任がカリキュラム・マネジメントに参画するための具体的な内容について，7つの要素に関連して示しました。チェックして参画状況を確認してみましょう。

7つの要素	具体的な内容	チェック
教育目標の具現化	学校教育目標や学校経営方針を基に，学部の児童生徒の実態や生活年齢を意識した学部目標を設定するように心掛けている。	
	学校教育目標で目指す児童生徒の姿の実現に向けて，学校と家庭，地域がそれぞれ何をしたら良いかを明確にしている。	
カリキュラムのPDCA	学部としての独自性を考慮した教育課程を編成した上で，各教科等のねらいを押さえた授業が学部として展開できるような工夫をしている。	
	実施したカリキュラム（教育課程・指導方法を含む）を分析的に評価し，次年度に生かすようにしている。	
組織構造	学部教員の共通理解を図り，教科や校務分掌等の組織を生かして，学校全体の組織・体制を確立できる学校となるよう努めている。	
学校文化	他学部主任や校務分掌の主任とも頻繁に情報交換を行い，学校組織全体の意思疎通を円滑にし，学部を越えた協働ができるようにしている。	
リーダー	学校運営に中核的に携わる一員であることを自覚し，管理職の考えを踏まえた動きをするとともに，管理職の意向を分かりやすく学部教員に伝えている。	
	教員からの相談に対し的確な助言をする等，信頼を得ることができるように心掛けて行動している。	
家庭・地域社会等	保護者や地域，近隣の学校とをつなぐ役割を果たしている。	
教育課程行政	国や教育委員会が示す今日的な課題へ，迅速に対応している。	
	教員に教育センターの研修参加への広報をし，自らも参加している。	
その他（要素の連関）	学校全体を俯瞰する視点をもち，公正・公平に判断するようにしている。	
	教員と常にコミュニケーションを図り，様々な意見を聞いている。	
	児童生徒や保護者の実態に応じた適切な対応ができるよう努めている。	

2. 学部主任がカリキュラム・マネジメントに参画するためのポイント

「一人の一歩よりも十人の一歩」を目指したカリキュラム・マネジメントを実行するには，学部主任のリーダーシップと教員同士の信頼感を醸成する環境づくりが必要です。教員が，個々に動くのではなく，協働的に学校運営に参画するには，学校全体の教育活動を教員一人一人の目で点検し，改善していく取組が必要になります。学部組織として個々の教員を支えながらカリキュラム・マネジメントを推進し，最終的に学校全体のカリキュラム・マネジメントとすることが重要です。

このような状況から，学部主任が学校経営に参画するというカリキュラム・マネジ

メントの意識をもてるようにするには，以下の２点がポイントとなります。

Point 1　リーダーシップの発揮

①教育課程の編成

　一人の児童生徒に複数の教員が関わる特別支援学校の授業づくりでは，個人の専門性に委ねられており，活動ありきで指導目標や指導内容の分析が不十分であることが少なくありません。そこで，指導の根拠となる教育課程が必要になります。全ての教員が指導の根拠を明確にし，学びの連続性を保障できる教育課程の編成を心掛けます。

②カリキュラム・マネジメントを促進する協議の工夫

　カリキュラム・マネジメントを促進するためには，参加者の意見を最大限に引き出し，全員の合意に近づくような話し合いの場が欠かせません。学部規模になると，ともすれば各自が言いたいことを言ってまとまらない，議論が横道にそれたり，堂々巡りになったりする，改善策が決まっても実行されない等，様々な問題点が表れます。そのような協議では，教員の参加意欲が低下してしまい，全員参画のカリキュラム・マネジメントが実現できません。そこで，学部主任がチームとしての協働を促し，中立的な立場でプロセスを管理し，チームとしての成果が最大となるように支援するファシリテーターの役割を担うことが重要になります。

③多忙化解消・緩和

　人は命令で動くのではなく，状況の理解と納得で動きます。教員に指示をしてカリキュラム・マネジメントを進めるだけではなく，教員がカリキュラム・マネジメントをできるように条件を整えたり，行動を促したりするのが，学部主任の役割になります。カリキュラム・マネジメントに必要な配慮は「多忙化解消・緩和」です。担任にとって，「多忙」を感じるのは，やりがいや成果のない作業をさせられていると感じるときです。負担感を感じることについては，目的を再確認し，目的に対して必要のない作業を削減できないかを学部として判断します。

Point 2　教員同士の信頼感を高くもつ環境づくり

　自らカリキュラム・マネジメントしていく姿勢を身に付け，担任の抱える指導法がうまくいかないといった悩みや，アドバイスを受けたいといったニーズを学部として共有して応えるようにします。多様な経験や専門性をもつ教員集団であることを生かし，複数による多面的な見方で課題を分析し，改善策を講じます。その結果，解決に導くことができたという達成感を担任が感じることができることを目指します。一人の偏った価値観や一面的な見方で場当たり的に課題を解決しようとするのではなく，教員集団の協働によるPDCAを意識した課題解決が効果的であることを理解できるようにします。

参画 5	進路指導主任

1．進路指導主任のカリキュラム・マネジメントへの参画チェックリスト

　進路指導主任がカリキュラム・マネジメントに参画するための具体的な内容について，7つの要素に関連して示しました。チェックして参画状況を確認してみましょう。

7つの要素	具体的な内容	チェック
教育目標の具現化	学校教育目標や学校経営方針を理解し，進路指導計画を立てている。	
カリキュラムのPDCA	児童生徒の進路希望調査を定期的に実施し，希望に応じた進路が実現したかを検証するとともに，一般企業への就職率の向上に努めている。	
	就労ニーズに合った教育課程の編成をしている。	
組織構造	進路指導部の役割を理解し，チームとして機能するようにしている。	
	地域の企業や事業所をより多く訪問し，常に就職の情報を得ている。	
学校文化	小・中学部の教員も進路指導への必要性が理解できるように，研修や事業所見学等を企画・実施し，教員の意識を高めている。	
リーダー	各等部の進路担当と情報共有を図り，早期の段階からのキャリア教育の推進を全校的に推進している。	
家庭・地域社会等	保護者に進路だより等で，必要な情報を分かりやすく提供している。	
	企業関係者や先輩等を招へいし，保護者等が話を聞く機会を設けている。	
教育課程行政	国や県の福祉施策を理解し，様々なサービスを効果的に活用できるようにしている。	
	労働局の障害者雇用率等を踏まえ，学校の課題解決に努めている。	
その他（要素の連関）	保護者が気軽に進路相談できるような体制を整えている。	
	関係機関や就労アドバイザー等と連携し，進路選択の幅を広げている。	
	進路関係だけでなく，学校運営の中心的役割を果たそうとしている。	

2．進路指導主任がカリキュラム・マネジメントに参画するためのポイント

　進路指導主任は生徒への適切な進路先決定への支援だけでなく，企業と学校のパイプ役という側面もあります。企業等からの実習のフィードバックを的確に教員や生徒保護者に伝え，進路先や就職先が求める人材を踏まえて，より良いマッチングができるように調整する役割を担っています。

　また，高等部卒業時にいろいろな進路先を選択できるようにするには，高等部の指導内容だけでなく，小学部段階からのキャリア教育の充実は欠かせません。学校全体のキャリア教育の計画を考え実践していくことが大切です。

　このような状況から，進路指導主任が学校経営に参画するというカリキュラム・マネジメントの意識をもてるようにするには，以下の4点がポイントとなります。

Point 1　キャリア教育の充実

①学校全体のキャリア教育の充実を図る

　進路指導主任が中心となって，各学部の進路担当と小学部から高等部までの12年間を見据えたキャリア教育の指導計画を立てます。各教科や自立活動との関連も重視し，発達段階に応じたキャリア教育を推進します。

②キャリア・パスポートの活用

　個別の教育支援計画や個別の指導計画でキャリア・パスポートの目的に即した内容が記載されていれば良いとされていますが，児童生徒の意識を高めるためには，キャリア・パスポートに取り組むことも大切だと考えます。

Point 2　生徒と進路先との的確なマッチング

①生徒の授業を積極的に参観し，実態の把握に努める

　生徒の日頃の授業を積極的に参観し，生徒一人一人の実態を把握します。特に作業学習の授業を見ることで，その生徒の作業能力，コミュニケーション力，周りとの関わり方など，実際の実習などにおけるマッチングに役立てることができます。

②現場実習を通じてマッチングを確認する

　進路指導主任は，現場実習期間中に企業等での生徒の様子を把握するために，実習先を巡回します。その際に，進路先や就職先からの評価や生徒の作業能力，仕事に取り組む姿勢などを確認します。また，実習後に進路先や就職先の担当職員からの評価を基に，本人，保護者，担任と十分に話し合い，的確なマッチングにつなげます。

Point 3　企業等に学校を知ってもらうための活動を推進する

　企業就労を目的とした学科やコースを設定している学校も多くあると思います。進路指導主任は，積極的に企業や事業所を訪問し，関係づくりをします。また，企業や事業所等の職員を対象とした学校見学会を設定し，ホームページやチラシ等で宣伝します。そして，生徒の学校生活の様子を実際に見てもらい，生徒の良さをアピールします。こうした広報活動も，進路指導主任の大事な役割です。

Point 4　関係者との連携による進路支援の体制づくり

　高等部の2年生あたりから，卒業後の進路を真剣に考え始める本人，保護者は少なくありません。小学部や中学部の段階から保護者の意識を高めていくような取組は大切です。また，高等部から入学する生徒のために，地域の中学校の保護者に進路に関するアドバイスをするといった地域支援を企画・実践することも大切です。

　進路先決定に当たっては，情報収集が重要です。ハローワーク等関係機関から求人情報や障害者雇用の課題等を得たり，就労アドバイザーや県内の特別支援学校の進路指導主任との情報交換を行ったりします。常に最新の情報を基に，学校，企業等，本人，保護者が一体となって取り組む体制づくりが必要です。

情報教育主任

1．情報教育主任のカリキュラム・マネジメントへの参画チェックリスト

情報教育主任がカリキュラム・マネジメントに参画するための具体的な内容について，7つの要素に関連して示しました。チェックして参画状況を確認してみましょう。

7つの要素	具体的な内容	チェック
教育目標の具現化	学校教育目標を踏まえ，ICT教育推進の計画を立てている。	
	行事や学習活動の様子等が伝わる学校ウェブサイトの工夫をしている。	
カリキュラムのPDCA	情報モラルや教科「情報」を取り入れた教育課程を提案している。	
	児童生徒の実態に応じた情報教育を行い検証し，次年度に生かしている。	
組織構造	ICT教育推進の担当者がチームとして機能している。	
	ICT教育推進とのために，環境や機器の整備の予算確保に努めている。	
学校文化	ICT機器の扱いに苦手な教員と得意な教員が学び合う機会を設けている。	
	ICT担当が技術的なことだけでなく，授業提案も積極的に行っている。	
リーダー	ICT教育推進チームをまとめ，学校運営の中核を担う一人として活躍している。	
	情報資産の分類・整理・保管を適切に行い，教員の信頼を得ている。	
家庭・地域社会等	保護者にタブレット等の使い方を理解してもらう働き掛けをしている。	
	授業公開を行い，保護者や地域に取り組む様子を参観してもらうようにしている。	
教育課程行政	国の施策に基づく小・中・高等学校のICT教育推進の状況を把握している。	
	ICT教育に関する研修を教員に広報し，スキルアップを促している。	
その他（要素の連関）	デジタル教科書やデジタル教材を研究し，その推進を図っている。	
	ICT担当者が異動によって途切れないように，次期担当者を常に意識し，技術や役割を伝えている。	

2．情報教育主任がカリキュラム・マネジメントに参画するためのポイント

　情報教育主任は，情報セキュリティ及び情報ネットワーク等についての知識を深め，ICT機器・ネットワークなどの進歩を各教員に伝える立場だと捉えられます。特に学年主任や学部主任，校務分掌主任と情報教育主任が密につながることで，校内外にある資源が明確化され，ICT機器を活用した新たな授業を開発できると考えます。

　学校の情報化が進んだ今だからこそ，校務分掌における業務の効率化を図り，教員のICT活用の心理的なハードルを下げる必要があります。そこから各教科等でICT機器を活用した授業の幅を広げ，その成果や課題を全教員で共有することが重要です。また，オンラインによる研修会の提供やICT活用に関する能力を高め合える校内システムの構築が校内の組織構造や学校文化の変革につながります。

　このような状況から，情報教育主任が学校経営に参画するというカリキュラム・マ

ネジメントの意識をもてるようにするには，以下の2点がポイントとなります。

Point 1　業務の効率化・視覚化

①デジタルツールで教員同士のコミュニケーションを図る

　多くの教員は日々，様々な業務に追われています。特別支援学校では，学部・学年・学級を越えて校務分掌が振り分けられており，校務分掌内での伝達にとても時間が掛かります。そこで，情報教育主任がデジタルツールを使用して伝達業務をカットできるチャネルを作成し，デジタル上でのコミュニケーションの推進を図ることで，伝達業務を軽減することができるでしょう。

②校務系・学習系のネットワークを構築する

　校務分掌の業務では，校務支援システムで児童生徒の日々の様子を教員で共有したり，児童生徒の成績に関わる業務を一括管理したりすることで，業務の自動化を図る必要があります。校務分掌の業務が自動化されることで，教員が日々の授業づくりに専念できるような環境づくりが必要です。

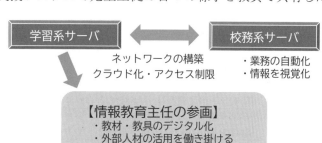

情報通信ネットワークの活用例

Point 2　教科全体で情報通信ネットワークを活用

①新たな授業づくりへの提案

　各教科別の指導においては，デジタル教科書・教材・教具の活用が充実してきました。

　しかしながら，デジタル教科書・教材を活用することが目的になっていないか，ということに留意する必要があります。「主体的・対話的で深い学び」の視点からも分かるように，ICTの活用は，目的ではなく手段であるべきです。実際にそのことを教員が理解できるような授業提案や授業公開も行っていくと良いでしょう。

　また，情報教育主任は外部人材との連携を深め，ICT活用におけるICTリテラシーの格差をなくしていけるように働き掛ける役割も担っていると言えます。

②情報の整理・分析・活用

　各教科等での利用状況に関する情報を整理し，教育課程に沿った学習教材を保管でき，それぞれの教員がクラウド上で協働しながら授業を行っていくことができます。こうした循環を通して課題と成果を分析し，次年度につなげることが重要です。

参画 7 研究主任

1．研究主任のカリキュラム・マネジメントへの参画チェックリスト

　研究主任がカリキュラム・マネジメントに参画するための具体的な内容について，7つの要素に関連して示しました。チェックして参画状況を確認してみましょう。

7つの要素	具体的な内容	チェック
教育目標の 具現化	学校教育目標や学校課題に基づいた研究テーマを設定し，推進計画を立てている。	
	学校ホームページ等を活用して研究内容を発信し，学校教育目標の理解・啓発に努めている。	
カリキュラムの PDCA	研究テーマに沿った授業づくりを推進し，専門家等による評価を受け，より良い教育課程の編成に役立てている。	
組織構造	全学部主任や教務主任と密に情報交換をしながら連携することで，全教員が研究テーマを理解し，実践できる働き掛けをしている。	
	学部や学年によるカリキュラム・マネジメントが機能するような工夫や学年・学部を越えた研究体制を組むことで，授業研究を活性化している。	
学校文化	指導案や報告書等の様式を工夫し，成果物作成の適正化を図っている。	
	校内研修を焦点化図りつつ教員のニーズに合った研修を充実させることで，教員の研究や修養に対する意欲を高めるようにしている	
リーダー	専門な立場の人材と連携・協働することで，理論に基づいた授業等への助言ができるようにしている。	
	研究推進委員や研究部をまとめ，メンバーに何をすべきかを明示した上で，協働を促している。	
家庭・ 地域社会等	保護者や地域に学校の研究内容が理解してもらえるよう，学校だよりや授業公開で積極的に広報をしている。	
教育課程行政	学習指導要領の要点や今日的な課題の情報を積極的に得るようにし，研究テーマや研究方法に反映させている。	
その他 （要素の連関）	全国の研究推進校等の視察や研究会に参加し，最新の知見を得ている。	
	大学等と連携するなどし，研究の質を高めようとしている。	
	研究成果を教育雑誌等に投稿したり，学会発表等をしたりすることで，学校の実績として残すようにしている．	

2．研究主任がカリキュラム・マネジメントに参画するためのポイント

　研究主任の役割は，学校全体で解決すべき学校課題を把握し，全教員が参画できるようなテーマを設定した上で，研究を推進することです。そして，各教員が管理職から示された提案を自らの課題として意識し，積極的に学校経営に参画していけるようにしていくことが大切です。しかし，特別支援学校では，各学部によって取り組む課題が異なっていたり，多くの教員の意見を取り入れることが難しかったりすることがあります。また，管理職と担任等との板挟みになってしまうこともあります。

　このような状況から，研究主任が学校経営に参画するというカリキュラム・マネジメントの意識をもてるようにするには，以下の３点がポイントとなります。

Point 1　分かりやすいテーマを設定

　校内には様々な課題が山積しています。その中で最も関心度が高く，その年度のグランドデザインに沿った研究テーマを設定します。研究テーマを具現化する際には，各学部の現状と研究の目的や取組のねらいを共有し，学校全体で連続性のある研究にすることが重要です。そして，教員が「これならできそう」と思えるような研究方法を示すことで，課題解決に前向きに取り組める雰囲気をつくることが大切です。

　また，校内研究の成果の公表は，保護者に学校での取組を理解してもらうためにも重要な役割を果たします。児童生徒の成長を通して，教員，保護者が喜びを感じ合うことができるような研究となることが望ましいと思います。

Point 2　学び合おうとする意識を高める

　実際に研究を進めていく教員は，日々慌ただしく過ごしています。しかし，わずかな時間でも，授業について意見を交換し合う機会をつくっていくことが必要です。授業中に他の学級の授業を参観することに抵抗感を示す雰囲気があるかもしれません。その場合には，１時間の授業を交替で参観することができるような体制を整えることも良いと思います。また，授業を公開したり，検討会を行ったりすることに負担を感じることもあるでしょう。そのために，指導案や研究成果のまとめ方を簡略化していくことも必要でしょう。少し負担に感じることがあっても「学び合えて良かった」という充実感をもてるように学校文化を変えていくことが大切だと考えます。

Point 3　教育課程への位置付けを明確に

　各教科等を関連付けながら授業を行っていたとしても，教育課程への位置付けが明確になっておらず，児童生徒が身に付けた力を次年度の学習へ生かすことができていないことがあります。

　そこで，研究活動を通して，教科等の関連図を作成することも一案です。

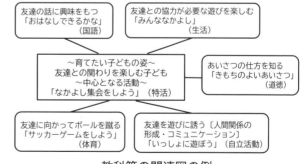

教科等の関連図の例

教科・領域を横断的な視点で自校の教育課程を見直すことで，教員が学校全体で教育課程を編成していこうとする意識を高めることができます。そして，児童生徒を中心としたPDCAを繰り返していくことが大切です。

<table>
<tr><td>参画
8</td><td colspan="2"># コーディネーター
（地域支援・特別支援教育）</td></tr>
</table>

1．コーディネーターのカリキュラム・マネジメントへの参画チェックリスト

　地域支援コーディネーターや特別支援教育コーディネーターがカリキュラム・マネジメントに参画するための具体的な内容について，7つの要素に関連して示しました。

7つの要素	具体的な内容	チェック
教育目標の 具現化	【地】特別支援学校の地域支援のシステムが理解できるようにしている。 【特】地域支援の目的をホームページ等で広報している。	
カリキュラムの PDCA	【地】小・中学校等のニーズに応えることができたかの評価を得ている。 【特】地域支援の実績と在り方を検討し，教育課程に生かしている。	
組織構造	【地】小・中学校等の地域支援の担当者を把握し，連携を密にしている。 【特】地域支援のニーズに応えられる教員でチームを構成している。	
学校文化	【地】小・中学校等の特別支援教育の推進を支援している。 【特】小・中学校等の現状を校内で情報共有している。	
リーダー	【地】小・中学校の特別支援教育推進者の育成に寄与している。 【特】特別支援教育の専門性を高め，適切な助言をしている。	
家庭・ 地域社会等	【地】地域の保護者が相談しやすい体制を整えている。 【特】保護者等が特別支援教育について学ぶ機会を設けている。	
教育課程行政	【地】国や教育委員会から求められている役割を理解し取り組んでいる。 【特】研修講師を務めたり，スキルアップの研修に参加したりしている。	
その他 （要素の連関）	【地】連携できる福祉施設や医療施設等の情報を収集し提供している。 【地】助言を生かした取組の推進への支援を継続的に行っている。 【特】専門家から助言を得る等，専門性の向上に努めている。 【特】常に次期コーディネーターの育成に努めている。	

2．コーディネーターがカリキュラム・マネジメントに参画するためのポイント

　地域支援コーディネーターの大きな役割の一つに，地域の小・中学校等への支援があります。そして，地域の学校からのニーズに応じるためには，専門家や関係機関との連絡調整が必要となります。また，特別支援教育コーディネーターには，学級担任が児童生徒の支援について悩んだとき，担任だけの悩みとしてではなく，学校の悩みとして捉え，学校全体で支援を検討する体制を構築する役割があります。これらの支援体制の構築や連絡調整を行うことが，カリキュラム・マネジメントの一要素である「児童生徒一人一人の発達をどのように支援するのか」の充実につながっていきます。このような状況から，コーディネーターがカリキュラム・マネジメントの意識をもてるようにするには，以下の3点がポイントとなります。

Point 1　情報を明確に示す

①児童生徒の実態の見える化（地域支援）

　地域の学校から専門家チーム訪問の希望があった際には，児童生徒の生育歴や家族構成，生活面や学習面における実態を記入するアセスメントシートを活用し，情報を収集します。そのシートを活用し，各専門家と情報の共有を図ります。

②校内支援体制の見える化（特別支援教育）

　学校全体で支援を検討するまでの流れを図示化し（右図），年度当初に全教員に対して周知を図るようにします。そうすることで，担任が児童生徒の支援で悩んだ際，声を届ける窓口が明確になり学校全体の悩みとして捉えやすくなります。

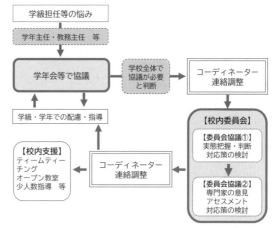

学校全体で支援を検討するまでの流れを示した図の例

Point 2　校内資源を生かす

①事例検討会の実施（地域支援）

　地域の学校からの専門家チーム訪問の希望があった際には，児童生徒の情報をまとめたアセスメントシートを活用した事例検討会を校内で実施します。そうすることで，児童生徒の実態や支援方法を多面的・多角的に捉え，地域の学校に提供することができます。

②自主学習会の実施（特別支援教育）

　今日的な課題に対し，各学部の教員がチームとなって追究し，その成果を各チームが講師役となり自主学習会の形式で校内に伝達します。チームで追究することで，各学部の実態を踏まえた視点で課題を捉えることができるとともに，教員同士の信頼関係が築かれ，一体感が醸成されます。また，自主学習会の内容をまとめた校内機関紙を全教員に配布し，内容の周知を図るといった取組も有効です。

Point 3　校外の専門家や関係機関とつながる

　教員の指導力向上や地域の小・中学校等に対して，より良い支援を提供するためには，地域支援コーディネーターと特別支援教育コーディネーターの両者が，校外の専門家や関係機関（大学教員，弁護士，医師，心理士，言語聴覚士，就労関係者など）とつながることは大切なことです。各関係機関とつながるためには，地域にある福祉施設や医療施設等が提供している情報を収集するなど，普段から地域に目を向けていることが大切です。

参画

9

養護教諭

1．養護教諭のカリキュラム・マネジメントへの参画チェックリスト

　養護教諭がカリキュラム・マネジメントに参画するための具体的な内容について，7つの要素に関連して示しました。チェックして参画状況を確認してみましょう。

7つの要素	具体的な内容	チェック
教育目標の具現化	学校教育目標を踏まえた学校安全計画を作成し実践している。	
	養護教諭の業務に関連し，学校教育目標達成に必要な具体的な取組を教員に周知している。	
カリキュラムのPDCA	学校保健委員会で得た自校の取組の評価を学校内の体制づくりに生かしている。	
	教育課程の保健の学習内容について助言したり，改善したりしている。	
組織構造	児童生徒の健康や安全のための校務分掌の活動を学校組織全体との関連から検討している。	
	児童生徒の健康問題に対する教員の協働体制の中心的な役割を担っている。	
学校文化	検診や健康相談は養護教諭のみの課題とせず，学校保健活動の趣旨や目的が教員間で共通認識できるように働き掛けの工夫をしている。	
リーダー	健康・安全に関する専門家としての資質を身に付けている	
	把握した児童生徒一人一人の健康問題に対し，担任等へ助言をしている。	
家庭・地域社会等	保護者に健康相談の必要性を周知し，相談しやすい体制をつくっている。	
	学校保健に関する表彰を受けた場合，地域・保護者に発信している。	
教育課程行政	文部科学省発行の冊子等をよく読み，教員に冊子等の紹介をしている。	
	教科指導や教育相談等の研修にも積極的に参加し，情報を得ている。	
その他（要素の連関）	性教育や心の健康問題等に対処するため，担任等と一緒に関わっている。	
	薬についての知識があり，効能や投薬管理について保護者や医療機関と連携している。	

2．養護教諭がカリキュラム・マネジメントに参画するためのポイント

　養護教諭としてのカリキュラム・マネジメントは，児童生徒の健康面や安全面の課題を明らかにした上でいつ，誰に，何を，どのように働き掛けるかということを考え，計画を立て実行し，さらにその成果を踏まえて改善を重ねることです。

　特別支援学校では，在籍する児童生徒の年齢層が幅広く，教員数も多いことから，児童生徒のニーズに応じて学校保健活動を推進するには難しい状況もあります。この状況を改善するためには，アンケート調査を実施したり，関係者の声を聞いたりしながらその状況を把握し，よりニーズに合った活動につなげる必要があります。

　一方，3年以上勤務経験のある養護教諭は，授業を担当することができます。救急処置，健康相談，個別の保健指導，不登校の対応など，様々な職務が期待されているため，継続的に授業をすることが難しい現状がありますが，担任と共に授業づくりに参画することで，児童生徒の実態をより理解することもできます。

このような状況から，養護教諭が学校経営に参画するというカリキュラム・マネジメントの意識をもてるようにするには，以下の3点がポイントとなります。

Point 1　保健室経営

養護教諭による授業場面

保健室が円滑に機能していれば，児童生徒は学校生活をより安全により楽しく過ごすことができます。養護教諭は，学校保健活動の中心的な役割を担っています。学校保健活動を学校全体での取組にするために，どのような手順で，いつ，誰に（どの組織）に働き掛けるのかを検討し，連絡・調整をすることが養護教諭としてのカリキュラム・マネジメントとなります。専門的な職種である養護教諭の視点を生かして，学校運営への参画を意識し，必要に応じて管理職への意見を具申することも必要です。

Point 2　健康教育と授業づくり

①教育課程の編成

学校保健に関する今日的な課題を取り入れることができるように，教育課程の編成に参画します。文部科学省からは，児童生徒が性暴力の加害者，被害者，傍観者にならないように「生命の安全教育」を推進し，地域の実情に応じて現場に取り入れていくように示されています。児童生徒が被害者，加害者にならないようにするため，基礎的な性に関する指導を含め，段階を踏んで「生命の安全教育」を進める必要があることを校内で提案するなど，教育課程の編成に養護教諭の立場から参画することも必要です。

②授業づくり

中学部や高等部段階では，「思春期の体の変化」や「プライベートゾーン」を知り，自分の体を大切にすることを理解させる必要があります。児童生徒の実態を把握するために，係活動などで保健室に来室する児童生徒に働き掛けたり，担任から普段の様子を聞き取ったりすることにより，実態に合わせた教材を選定し，グループ編成をすることもできます。授業づくりへ参画するためには，担任の協力が不可欠であり，授業づくりのプロセスを通して，担任との「協働性」が育まれ，共通理解が生まれます。

Point 3　健康診断の活用

視力検査や聴力検査など，養護教諭は，健康診断の結果を基に家庭と連携する機会が数多くあります。必要に応じて健康診断の結果を直接，保護者に伝えることで，連携の機会をつくることもできます。保護者との健康相談では，子育てに関わる不安や悩み，困り事等の話を共感的に聞くことで，新たな信頼関係が生まれます。

参画

10

教務主任

1．教務主任のカリキュラム・マネジメントへの参画チェックリスト

　教務主任がカリキュラム・マネジメントに参画するための具体的な内容について，7つの要素に関連して示しました。チェックして参画状況を確認してみましょう。

7つの要素	具体的な内容	チェック
教育目標の具現化	校長の学校運営方針を理解し，学校教育目標を達成するための教育計画を作成し，具体的な取組の方法を提示している。	
カリキュラムのPDCA	小・中・高等部の系統性のある教育課程を編成するために，個別の指導計画と年間指導計画を連動させながら，学校全体として教育課程のPDCAが機能するようにしている。	
	学校評価の項目や内容を検討し，高い評価が得られるような教育活動を組織するとともに，定期的に教育内容の見直しを図る工夫をしている。	
組織構造	教育課程の編成に向けて各校務分掌の主任を束ね，意見交換をしながら，それぞれの役割が果たせるようにしている。	
学校文化	学年や学部を越えて教員間の意思疎通が図れるようにしている。	
	学校の活性化を図るための方法を考え，工夫した取組をしている。	
リーダー	管理職の視点をもち，管理職候補となるような資質を身に付けている。	
	教員の悩みや課題に適切な助言をし，教員からの信頼を得ている。	
家庭・地域社会等	地域や保護者の思いを反映させた教育活動となるよう考えている。	
	「社会に開かれた学校」ということを意識して，行事計画を推進している。	
教育課程行政	国や教育委員会の方針と教育活動を結び付け，教員に周知している。	
	自己研鑽の必要性を教員に周知し，研修等の紹介をしている。	
その他（要素の連関）	外部の専門家と連携し，学校の課題解決の推進者となっている。	
	教員が異動しても体制維持ができるよう，仕事内容をできるだけマニュアル化し，効率的な取組ができるようにしている。	

2．教務主任がカリキュラム・マネジメントに参画するためのポイント

　教務主任は，自校の特色や伝統を大切にしながら，授業や学校行事を進める教員を支える一方で，様々な社会の変化や国の施策を踏まえた対応に迫られる立場でもあります。実際に，「学校をもっと良く変えよう」と様々な取組を始めても，教員の賛同を得られず，思い通りにカリキュラム・マネジメントが進まないことがあります。それは，学校文化として積極的に新しいことを取り組むことよりも，今までの経験を生かした見通しのもてる1年間を過ごしたいという雰囲気があるからかもしれません。

　このような状況から，教務主任が学校経営に参画するというカリキュラム・マネジメントの意識をもてるようにするには，以下の3点がポイントとなります。

Point 1　研究推進のための環境づくり

　「あなたの学校の教育目標は，何ですか」と聞かれ，困った経験はないでしょうか。教員にとって，学校全体で取り組んでいる研究テーマや学校経営の重点目標の方が，記憶に残りやすいと考えます。そのため，学校教育目標と社会的なニーズや国の施策等を関連付けて具体化し，「ICT 機器を取り入れた授業づくり」「3 観点による評価を意識した授業改善」など，教員が目指すべきものを見据えられることが重要です。

　また，「こんな企画や活動をやってみたい」と考えたとしても，学校の規模や人手，予算等の関係で限界があるので，文部科学省や教育委員会から紹介されている研究助成や教育改革推進などの事業に応募することも一案です。その際，その事業の意義や具体的な取組を校長に提案し，学校の運営方針に沿ったものであるのかを確認します。応募の際には，目指す児童生徒の姿や具体的な取組，新しいカリキュラムの開発など，その意義を校内で共有できる企画書を作成することが重要です。

Point 2　100 人の教員を動かす授業づくり

　「授業計画の立案に悩んでいる」と教員の不安に寄り添うには，教務主任一人では手が足りません。そこで，個別の教育支援計画や個別の指導計画などの作成手順を校内において共通理解できるマニュアルを作成します。また，若手教員などから授業づくりについてアドバイスを求められることが増えてきたら，授業づくりについて考える自主的学習会などを開催します。モデル授業を提案したり，協働的に授業づくりに取り組んでいる学年の取組の例などを紹介したりすることで，教務主任の考えるカリキュラム・マネジメントを前へ進めることができます。

Point 3　評価される場の設定

　カリキュラム・マネジメントでは，日々の授業改善に取り組むということだけで終わるのではなく，授業公開を行って，校内研究やカリキュラム・マネジメントの成果を発信することも大切です。授業公開後には，教育委員会や外部専門家，保護者を含めた協議会を開き，それぞれの視点から助言を受ける機会をつくることが大切です。

　このような授業公開や協議会への保護者の参画は，学校全体でのカリキュラム・マネジメントの取組を保護者に示す絶好のチャンスとなります。事前に授業の見所を保護者に配布したり，授業のコンセプトを示した掲示物を教室前に貼ったりすることで，保護者にも分かりやすく授業内容を伝えることが重要です。

　保護者の授業に対する意識を高めることは，教員にとってもカリキュラム・マネジメントを推進する大きな原動力にもつながります。

学校公開の様子

教　頭

1．教頭のカリキュラム・マネジメントへの参画チェックリスト

　教頭がカリキュラム・マネジメントに参画するための具体的な内容について，7つの要素に関連して示しました。チェックして参画状況を確認してみましょう。

7つの要素	具体的な内容	チェック
教育目標の具現化	校長が考えたグランドデザインに意見具申している。	
	学校経営方針を教員や児童生徒，保護者に周知するための工夫をしている。	
カリキュラムのPDCA	学校評議員等から積極的に意見を収集し，学校運営を見直している。	
	学校の特色を生かした教育課程の編成への助言を行っている。	
組織構造	担任配置，校務分掌主任の任命等，適材適所となるよう努めている。	
	教育活動に必要な施設設備や教材・教具を考え，予算の確保，適切な執行をしている。	
学校文化	教員の勤務状況を把握し，在校時間の低減等，働き方改革に取り組んでいる。	
	教員とのコミュニケーションを大切にし，意思疎通を図っている。	
リーダー	校長を補佐し，学校運営の中心者として教員をまとめている。	
	全教員体制での対応が必要な場合，迅速に的確な指示を出している。	
家庭・地域社会等	PTA活動を支援したり，地域の会合に出席したりして保護者や地域との連携を図っている。	
教育課程行政	国や教育委員会の施策に基づいた学校運営を推進している。	
	教員に対して教育センター等の研修への積極的な参加を促している。	
その他（要素の連関）	外部の専門家を積極的に活用する等，教育活動の改善に努めている。	
	常に幅広い視野をもち，危機管理能力を高めている。	
	教員の健康状態等に気を配り，相談しやすい雰囲気をつくっている。	

2．教頭がカリキュラム・マネジメントに参画するためのポイント

　カリキュラム・マネジメントの推進には，学校教育目標の実現のため教員や本人，保護者などの関係者が参画し，目的を同じくして「協働性」を発揮することが欠かせません。教頭は，校長の意図を具体化し，参画する者が見通しをもってカリキュラム・マネジメントに取り組むことができるように，扇の要として関わります。しかし，カリキュラム・マネジメントの実現には，教育的ニーズや時代に即した変化が求められます。教員は，変化することへの不安や負担感を感じ，取組を躊躇（ちゅうちょ）することもあります。

　このような状況から，教頭が学校経営に参画するというカリキュラム・マネジメントの意識をもてるようにするには，以下の3点がポイントとなります。

Point 1　教員が見通しをもてるようにする具体的な指示

①学校経営方針や目指す具体的な児童生徒の姿の提示

　教頭は，関係者に学校経営方針を分かりやすく示せなければなりません。例えば，知・

徳・体の観点から「学ぶ楽しさ・豊かな人間性・たくましいからだ」という重点目標を示します。このとき,「学ぶ楽しさ」とは「児童生徒が学習を楽しんだり,学習に興味をもったりすること」により具体的な姿や目標を示すと効果的です。また,発信方法を工夫し,教員や児童生徒,保護者と共有することが必要です。

②**無理なく効果的な個別の指導計画の作成とその手順**

個別の指導計画は,適切な指導を実現するためのツールです。学部主任や教務主任は,教育課程の構造や書式,作成手順,記載内容の具体例を示します。教頭は,それらが具体的で分かりやすいものになっているか,そして,作成の手順が時間的に無理のないものとなっているかを確かめます。特に評価については,児童生徒の言動をどのように解釈・評価するのかを学部主任や教務主任に伝えていくことが重要です。

Point 2　教育課程を実現させるための調整力

①**関係する教員や保護者との調整**

教育課程の基本的な要素は,学校教育目標の設定,指導内容の組織及び授業時数の配当です。これらの実現には,例えば,教頭は始業時刻（登校時刻）・終業時刻（下校時刻）といった枠組から考えていく必要があります。そして,その時刻はスクールバスの運行上,支障はないか,スクールバスの添乗者の勤務条件上,可能かどうか等,様々なことを確認しなければいけません。場合によっては,添乗者やバス停まで送り迎えをする保護者との調整が必要となります。

②**教材・教具や施設設備の整備**

授業づくりの改善は,教材・教具や施設設備が整っていなければ,進めることはできません。例えば,高等部理科の学習指導要領には,「燃焼の仕組み（中略）についての理解を図り,観察,実験などに関する初歩的な技能を身に付ける」とあります。これらの指導・学習には,実験用コンロや熱・薬品に強い机,そして,理科室が必要です。教頭は,これらの準備を中心になって進め,教育委員会や事務職員と調整します。

Point 3　効果的なカリキュラム・マネジメントを進めるための振り返りと周知

カリキュラム・マネジメントを効果的にするためには,定期的な振り返りが欠かせません。本書の『様式1　カリキュラム・マネジメント　グランドデザイン』『様式2　特別支援学校用カリキュラム・マネジメント　チェックシート』『様式3　特別支援学校用カリキュラム・マネジメント　学校経営実績評価シート』は有効で,教育活動の良さ・課題,変化・改善を捉えやすくなり,次の学校経営方針を考えやすくなります。PDCA が上手く進まないと児童生徒の実態や保護者の願いと学校経営方針や教育活動との間にずれが生じます。そこで,振り返りの結果や分析は,教員だけでなく本人・保護者にも周知が必要です。

参画 12 校　長

1．校長のカリキュラム・マネジメントへの参画チェックリスト

　校長がカリキュラム・マネジメントに参画するための具体的な内容について，7つの要素に関連して示しました。チェックして参画状況を確認してみましょう。

7つの要素	具体的な内容	チェック
教育目標の具現化	児童生徒の実態，指導体制，地域の特色等を踏まえたグランドデザインを作成し，教員や保護者等が学校運営方針を理解できるように努めている。	
カリキュラムのPDCA	PDCAを意識した学校運営や客観的評価となる学校評価の在り方を考え，体制整備したり，教育課程に反映させたりしている。	
組織構造	働き方改革の趣旨を理解し，業務の精選・見直しに努めている。	
	数年先を展望したミドルリーダー等の人材育成に努めている。	
	教育活動が円滑に進むような施設整備や予算確保に努めている。	
学校文化	教員にチームとしての学校の一員である自覚を促している。	
	相談しやすい風通しの良い職場づくりを進めている。	
リーダー	危機管理に対する意識を高め，不測の事態への適切な対応を考えている。	
	公正・公平な判断に心掛け，根拠を明確にした説明責任を果たしている。	
家庭・地域社会等	ホームページや学校公開等で学校の取組を，保護者・地域等へ発信している。	
	福祉の視点を入れた教育活動の構築や関係機関との連携を進めている。	
教育課程行政	国や教育委員会の方針を受け，特別支援学校で長年慣例として行われていることの見直しを進めている。	
その他（要素の連関）	学習指導要領の改定時には，その趣旨を踏まえた教育課程の編成に向けての体制整備や，完全実施までのスケジュールを明確にしている。	
	外部の専門家や関係機関との連携を重視し，障害のある児童生徒への教育充実のために何が必要かを考え，改革している。	

2．校長がカリキュラム・マネジメントに参画するためのポイント

　カリキュラム・マネジメントは学校経営全般に関わるため，現状分析から改善すべき課題を整理した上で，教員が自分事として意識して参画でき，かつ効率よく円滑に機能する組織・体制を校長がリーダーシップを発揮し，構築することが求められます。

　このような状況から，校長が学校経営に参画するというカリキュラム・マネジメントの意識をもてるようにするには，以下の3点がポイントとなります。

Point 1 自校の教育実施体制が法令遵守かつ最新情勢を反映しているか

①学校の特色ある教育課程の編成に当たって

　喫緊の課題として挙げられる"教科別の指導"と"各教科等合わせた指導"の関係

性の整理，評価の在り方の検討など，早急に体制整備を行い学校運営に反映させなくてはならない課題は山積しています。とりわけ"各教科等を合わせた指導"では，評価の在り方と連動し，指導の根拠を明確にすることが強く求められています。まずは，今求められている教育やそのために改革すべきことは何かを改めて問い直し，着手すべき事柄を洗い出すとともに，数年先にどのような姿に変革すべきか，という当面のゴールを設定し教員と共有することが大切です。

②働き方改革の推進

　校内には作成すべきカリキュラム文書が数多く存在します。これら作成物の意義や役割を整理し，事務負担を削減させることが必要不可欠です。個別の指導計画は，通知表として活用することや，条件を整え指導要録に添付することで指導要録の作成に代えることが可能です。こうした点を踏まえ，個別の指導計画を適切に作成し，他と共用できるシステムを構築し体制を整備することで，大幅な事務負担軽減を図ることができます。各学校の教育課程を基にして個別の指導計画の原案を作成できる（一人一人の児童生徒の実態に応じてカスタマイズできる）システムを整備することや年間授業時数を確実にチェックし，書類の集中作成期間を設定することも有効です。このように，校長のリーダーシップによる働き方改革を念頭に置いた大胆な体制改革が求められます。

Point 2　組織として成長を続けられるよう，人材育成に努めているか

①学校教育の基本，授業づくりに向けた仕掛け

　現状の授業研究のスタイルをもう一段階発展的に機能強化させ，授業実践者の授業案に対して「事前の授業検討会」「当日の授業参観」「授業の事後検討会」など，関係する学部や学年の教員全てが意見を出し合い，自分事としてより良い授業に高めるために意見交換できるような体制にします。このようなスタイルを定例化させることにより，より高みを求める教員集団へと成長していくことが期待できます。なお，指導案の簡略化など，持続可能な研究体制となるような配慮も必要です。

②ミドルリーダーを育成するための仕掛け

　中心的な役割を担う教員に「特命ミッション」を命じることも効果的です。特命ミッションとして，やるべき内容，ゴールの姿，時期を明確に示した上で，取り組み方，検討メンバーの人選など，基本的にその教員に一任するスタイルをとります。自分自身の裁量で責任をもってミッション遂行に着手することで，学校の一員としての参画意識を高め，ミドルリーダーの育成の場としても有効に機能することが期待できます。

Point 3　今後20年の教育の在り方・ビジョンを示す

　2007（平成19）年の特別支援教育への転換，2017（平成29）年学習指導要領の告示など，パラダイムシフトが約10年ごとに起こっています。一方で，これまでの学

校体制や指導方法に慣れている教員からは、「前例踏襲が良い」「変える必要性が感じられない」など、特別支援教育を取り巻く大きな情勢変化を十分意識できていない状況が散見されます。いかに「これまでとは違う」ことを教員に意識付け、これからの教育に必要な体制づくりにつなげていくかが、大きな課題となってきます。今回の学習指導要領の改訂においては、「"各教科等を合わせた指導"がスタンダードな指導方法ではない」という「"教科別の指導"を重視する教育」が示されており、その体制づくりが求められています。したがって、全教員に目標（ゴールの姿）とスケジュール感を示し、共に取り組むという意識・体制を共有して創り上げていくことが必要です。授業づくりの面に絞ると、適切な評価のための体制整備とともに、PDCAでの単元・授業構成へマネジメント（指導改善）できる校内体制の構築をします。校長自ら一人一人の児童生徒に対して、「何をできるようにさせたいのか」→「そのための目標（評価規準）をどう設定するか」→「目標達成に向けた指導（授業）をどのように組み立てるのか」→「『できた』をどう判断するのか」→「その目標・指導・判断は適切だったのか」の流れを愚直に追求し、教員に理解させていくことが求められます。

3. 校長が教員や関係者をカリキュラム・マネジメントに参画させるチェックリスト

校長が教員や関係者をカリキュラム・マネジメントに参画させるための具体的な内容について、7つの要素に関連して示しました。チェックして参画状況を確認してみましょう。

7つの要素	具体的な内容	チェック
教育目標の具現化	学校運営方針を教頭、学部主任、教務主任等学校運営の中心的役割を果たす教員に理解させた上で、全教員への周知を図っている。	
カリキュラムのPDCA	教育課程のPDCAを理解させ、目的・観点を明確にした学校評価を行い、教育活動の改善につなげられるようにしている。	
組織構造	各教員が適切な自己評価ができるような評価基準を示し、役割を適切に果たしているか、確認できるようにしている。	
組織構造	環境整備や予算確保の取組を示している。	
学校文化	教員間の雰囲気は他者を大切にし、尊重しようとする体制になっている。	
学校文化	意見表明の場は批判ではなく、建設的な意見を議論する場となっている。	
リーダー	学校運営の責任者として常に説明責任を果たし、教員が校長の考えを理解できるようにしている。	
リーダー	児童生徒、保護者、教員、地域に寄り添った学校運営を行っている。	
家庭・地域社会等	「社会に開かれた学校」となるよう教育活動の開示に努めている。	
家庭・地域社会等	地域に信頼される学校としての役割を果たしている。	
教育課程行政	国や教育委員会の方針を具現化するための方法を考え、教員や保護者等に明確に示したり、研修への参加を促したりしている。	
その他（要素の連関）	校長面談等で教員の思いや考えをくみ取るとともに、各教員の目標を明確にし、取組への助言をしている。	
その他（要素の連関）	人材確保に努めたり、人材育成のための支援を行ったりしている。	

4．校長が教員や関係者をカリキュラム・マネジメントに参画させるためのポイント

　児童生徒にとって必要な教育活動はどうあるべきかの議論を十分に行い，従来慣行に左右されない適切かつ実効ある教育活動を構築することが求められます。

　このような状況から，校長が教員や関係者対して，学校経営に参画するというカリキュラム・マネジメントの意識をもてるようにするには，以下の点がポイントとなります。

Point 1　学校経営方針や制度改革，教育課程の編成に教員が参画

　どの学校でも，校長が示したグランドデザイン（学校経営方針の構造図）に基づいた体制づくりを行っているはずです。大きな体制変更が必要な場合は「年度末の検討の機会」で検討するなど，前年度から準備をすることが必要です。

　しかし，多くの教員で検討すると様々な考えや意見があり，なかなか合意形成がなされないまま新年度を迎えてしまうということが起こりかねません。十分な準備ができないために効果的な体制変更につながらないということになってしまいます。

　そこで，「協働性」をキーワードに学校全般の制度・体制・取組の在り方を検討するプロジェクトチームを特設で設置することが有効です。制度改革や新たな制度設計が必要なことなどについて，検討，調査，取組の設計，検証など，教員による議論，具体的改革や体制整備を進めます。この場では「できない理由探し」ではなく，実現可能とするための議論を通し，教員が主体性を発揮できるように後押しします。「教員発案のやってみたいこと」も検討事項に取り上げ，実現に向けて積極的に議論することも，教員の参画意識を向上させる面で有効です。

Point 2　教員による創意工夫の反映

　教育課程の編成においては，学習指導要領の学習すべき内容との照合を含め，教員の創意工夫が最大限反映されるようにする必要があります。児童生徒の実態を最大限に考慮し，「何をできるようにさせたいか」を主眼に置きながら指導内容（単元）の設定や観点別の目標（評価規準）設定を行います。目の前の児童生徒のために自らが自信をもって編制した教育課程を，日々の授業につなげていくことにより，教員自ら教育活動を組み立てているという参画意識を高めることにより，新たな学校文化が創造されることが期待できます。

参画
13

外部専門家（授業改善）

1．外部専門家（授業改善）のカリキュラム・マネジメントへの参画チェックリスト

外部専門家（授業改善）がカリキュラム・マネジメントに参画するための具体的な内容について，7つの要素に関連して示しました。チェックして参画状況を確認してみましょう。

7つの要素	具体的な内容	チェック
教育目標の具現化	学校の状況を踏まえ，学校経営方針に助言をしている。	
カリキュラムのPDCA	教育課程の編成においてPDCAサイクルが機能しているのかを第三者の視点から評価し，改善点について助言をしている。	
	授業参観し，指導内容や具体的な指導方法をアドバイスしている。	
	個別の教育支援計画等の活用状況を把握し，作成への助言をしている。	
組織構造	教員の思いを丁寧に受け止め，より良い組織となるよう助言をしている。	
	必要な環境整備や教材を提示し，指導している。	
学校文化	校内研修等で講義をし，理論を基に考える必要性を知らせている。	
	学校の状況に応じた改善方法の提案をしている。	
リーダー	最新の研究成果や全国の動向を示し，専門家等との連携の必要性を知らせている。	
家庭・地域社会等	保護者や地域が納得できる教育活動になっているか評価し，学校の後ろ盾となってより良い教育活動となるよう支援している。	
教育課程行政	国や教育委員会の施策，最新研究に沿った教育活動となるよう助言している。	
その他（要素の連関）	専門用語や知識をできるだけ分かりやすい言葉や表現で伝えている。	
	学校のニーズを把握し，諸課題の解決に結び付く方法を提示している。	

2．外部専門家（授業改善）がカリキュラム・マネジメントに参画するためのポイント

特別支援学校に在籍する児童生徒の「主体的・対話的で深い学び」を実現するため，第三者的な立場から児童生徒に対するより良い関わりや授業環境の提案を行うのが授業改善のための外部専門家です。具体的には，授業参観や授業検討会への参加及び助言，教育課程への助言及び提案，学習指導要領の学習会等があります。授業のめあてを意識し，児童生徒が「分かる・できる」と思える指導方法の工夫等をアドバイスする外部専門家の果たす役割は重要です。

このような状況から，外部専門家（授業改善）が学校経営に参画するというカリキュラム・マネジメントの意識をもてるようにするには，以下の3点がポイントとなります。

Point 1 個別最適化された授業目標の設定

特別支援学校の学習指導要領において明確化された各教科別の目標と内容，段階を

踏まえて，一人一人の児童生徒に対して個別最適化された授業目標が設定されているかどうかを評価します。個に応じるだけの指導から脱却し，児童生徒が授業内容を「分かった・できた」という達成感をもてるようにしていく必要があります。そのためには，個別の教育支援計画を基盤とした児童生徒に対する適切な実態把握とともに，個別の指導計画を適切に活用していくよう促します。必要に応じて授業の参観や教育課程を踏まえ，外部専門家が個別の教育支援計画作成にも参画していきます。

Point 2　適切な授業環境に対する評価

①教室環境の充実を目指した提言

　児童生徒にとって適切な物的環境が教室にあるかどうかをチェックし，充実した教室環境にするために必要な施設や設備を整えるよう管理職に提言します。昨今のGIGA スクール構想においても，ICT 環境を整えるのは学校全体の取組であり，組織的な動きでなくてはなりません。外部専門家には，組織を動かす提言をすることが求められていると言えます。

②指導体制の明確化

　授業における指導体制を明確化するための提言をします。教員の役割の曖昧さや教員による過剰な支援など，外部の専門家だからこそ指摘できるポイントがあるはずです。指導体制が明確になっていない要因として，組織運営の不十分さや踏襲的な学校文化が影響している場合があり，それらを問い直していく必要性を指摘します。

Point 3　多様な授業アプローチの提案

①豊かな授業を生み出していくための協働

　学習指導要領の内容を実践していくためのアプローチは多様であり，1 つの教育方法に固執する必要はないことを伝えていきます。例えば，ICT を活用した授業実践を通して，児童生徒たちに新たな学びのプロセスが生まれることがあります。これまでのアプローチを問い直し，多様なアプローチを検討していくことで，特別支援学校におけるより豊かな授業が生み出されるよう，授業に関係する教員と協働していくことが重要です。

②教員の葛藤や悩みを丁寧に受け止める対話

　協働していく中で見出された教員の葛藤や悩みを丁寧に受け止めていくことが，外部専門家には欠かせません。そこで営まれる対話を通して，新たな児童生徒理解や指導の在り方を示します。また，外部専門家と一緒に授業を省察することは，カリキュラムのPDCA における評価と改善を行うことにつながります。この重要な意義を教育委員会はじめ行政に理解してもらえるよう，エビデンスを積み重ねていくことが大切です。

外部専門家（就労支援）

参画 14

1. 外部専門家（就労支援）のカリキュラム・マネジメントへの参画チェックリスト

外部専門家（就労支援）がカリキュラム・マネジメントに参画するための具体的な内容について，7つの要素に関連して示しました。チェックして参画状況を確認してみましょう。

7つの要素	具体的な内容	チェック
教育目標の具現化	「進路対策は早期から」が学校全体に行き渡るよう助言している。	
カリキュラムのPDCA	就労支援に関する評価基準を示し，第三者機関によって取組を評価できる仕組みを整えるよう助言している。	
組織構造	進路指導主事を中心とした就労支援の在り方として，インターンシップ先が充実し，体験の場を自ら選択できる体制づくりを後押ししている。	
学校文化	就労支援について学校教育が担うべき役割や責務の大きさを十分に理解できるように助言している。	
リーダー	福祉施策と教育活動との関連という視点から助言し，キャリア教育等の充実を目指した教育課程の編成を促している。	
家庭・地域社会等	在学中に専門機関を交えた進路指導（進路相談・生徒・保護者との懇談会）の機会を設ける必要性を伝えている。	
教育課程行政	国や市町村の福祉施策についての情報提供をしている。	
その他（要素の連関）	障害者就労の課題を示し，どのような教育が必要かを助言している。	
	授業や児童生徒の様子を参観し，教員の質問等に的確に答えている。	

2. 外部専門家（就労支援）がカリキュラム・マネジメントに参画するためのポイント

学校教育と進路は密接な関係にあります。なぜなら自らの意思で選択し，行動をしなくてはならない自立のときが必ずやってくるからです。そして「働くことは生きること」です。児童生徒がやがて社会の中で生きていくには，働くことは重要なことです。

しかし，現状は進路先が求めるスキルが身に付いておらず，希望の進路を実現できていません。実際，特別支援学校を卒業した生徒で，企業に就職された方は全体の約15％であり，これは職業教育の質が不十分なことに原因があると考えられます。特別支援学校に対し，就労や自立や社会参加の指導と同時に，保護者への啓発も重要です。

このような状況から，外部専門家（就労支援）が学校経営に参画するというカリキュラム・マネジメントの意識をもてるようにするには，以下の5点がポイントとなります。

Point 1　学校と専門機関の連携

　特別支援学校では，早期からの進路対策が必要不可欠です。組織における管理職の共通認識は，学校全体での取組につながります。企業が求める障害者とは，すなわち知識の有無よりも「人として基本的なことが備わっているか」「心身共に健康な状態であるか」を重視しています。学年によって職業教育の度合いも異なる上，障害特性や生活環境なども加味した最適な指導のためにも早期から取り組むことが重要です。

Point 2　「働かせたい」ではなく「働きたい」をサポート

　カリキュラム・マネジメントでは，教員側にある思いの根底が「働かせたい」という願望になるケースが多々見受けられます。しかし，本来はそうではなく，事業所の指導者は，彼らの「働きたい」という気持ちを支援する責務があります。自分が社会の中で役割をもって働くことへ意識を向けさせるために具体的な施策を連携して行います。

Point 3　教育環境の変化

　定期的な教育環境の変化は適応能力や柔軟性の習得が期待できます。彼らが自立していく過程では常に変化が伴います。企業はこの変化に対応できる人材を求めており，冒頭に挙げた約15％の企業就職者はこれに該当します。学校は，例えば教室のレイアウトを変更する，教員配置を定期的に見直すといったことが必要となります。

Point 4　学校と企業でのギャップの縮小化

　学校内での環境と実社会における企業の環境とでは，人・雰囲気・求められるスキルなどに大きなギャップがあるものです。どうしても学校の中でだけではカバーできない部分については，企業・地域・専門機関と連携を図り，実際の作業や働く環境の体験を通じて，働くことの理解を深め，それを解消する必要もあります。

　児童生徒の意識を高めるとともに体験を広げ，本人が進路を選択できるインターンシップの実現を目指し，体験的学習を充実させます。それにより，学校と企業とのギャップが埋まっていき，カリキュラム・マネジメントにおける教育活動の質の向上が実現します。

Point 5　学校評価とPDCAサイクルの強化

　計画に基づいたカリキュラムの実施では，マクロな方向性を調整できたとしても，児童生徒一人一人のミクロな方向性までを調整するのは難しい面があります。具体的には，マクロ視点における実施状況の評価と改善に加え，ミクロ視点における現状の到達地点とのギャップを正確に把握し，一定の基準で評価する必要があります。これらを評価するためには，人的・物的体制の確保をしつつ，学習教科や個人のスキルにとらわれない横断的な視点での取組が必要です。学級や学年単位で基準を設け，他との比較によって評価したり，専門機関に協力を依頼するのも良い方法です。

教育センター

1．教育センターのカリキュラム・マネジメントへの参画チェックリスト

　教育センターがカリキュラム・マネジメントに参画するための具体的な内容について，7つの要素に関連して示しました。チェックして参画状況を確認してみましょう。

7つの要素	具体的な内容	チェック
教育目標の具現化	校長が学校経営方針を決める際の参考となるような研修設定や情報提供を行っている。	
カリキュラムのPDCA	教員がPDCAとはどういうことかを理解できるような研修への参加を広報したり，分かりやすい講義をしたりしている。	
	学校評価者の一人として，学校運営や体制への助言をしている。	
組織構造	人材育成に必要な研修講座をつくり，研修への参加を促している。	
	特別支援学校の授業づくりに積極的に関わり，助言している。	
学校文化	研修受講者が校内で活躍するための方法を知らせ，その支援をしている。	
	授業研究のより良い方法を提案している。	
リーダー	研修で授業づくりや職責を果たすための知識を講義し，特別支援学校教諭の専門性を高めるようにしている。	
家庭・地域社会等	教育センターにおける相談事業を充実させ，保護者の相談ニーズに応えている。	
教育課程行政	研修に国や教育委員会の施策理解の内容や最新情報を取り入れている。	
	特別支援学校教員の専門性向上のための研修を充実させている。	
その他（要素の連関）	学校訪問を積極的に行い，学校の状況把握に努めている。	
	校内研究の推進への的確な助言をしている。	
	キャリア指標を示し，その活用促進に努めている。	

2．教育センターがカリキュラム・マネジメントに参画するためのポイント

　教育センターの主な事業は，教育に関する専門的，技術的な調査研究と教員の研修，教育相談及び教育指導等です。

　このことから，教育センターは，カリキュラム・マネジメントを確立する過程で必要となる教育の内容に関する知識や技能，授業づくりの習得を目指した研修を行います。また，外部の資源となり得るため，学校と協働し，研修を計画する上で必要となる学校現場の状況調査を行うことや，専門性を高めるための情報提供や指導主事の派遣を行うことなどが考えられます。

　このような状況から，教育センターが特別支援学校の学校経営に参画（指導・助言）するというカリキュラム・マネジメントの意識をもてるようにするには，以下の4点がポイントとなります。

Point 1　管理職の学校経営方針に役立つ研修や情報提供

　特別支援学校の学校経営方針は，組織の構造及び運営について，カリキュラムのPDCAの様子や組織の構造，学校文化等を見直しながら学校長が決めます。その中で，教員の力量を発揮させるため，研修や授業改善のアドバイスを受ける機会を用意します。

　教育センターは，教員の専門性を高めるための研修を準備することや学校のニーズに応じた訪問を行うことで，学校経営方針への参画が可能となります。そして，学校長が学校経営方針を決める際の参考となるよう，研修や学校のニーズに即した情報提供を行うことも役割の一つであると考えられます。

Point 2　教育課程に関する研修

　教育課程の編成に当たって大切なことは，児童生徒に必要な資質・能力が何かを明らかにし，社会と連携・協働しながら学校教育で育成することを意識することです。

　教育センターは，学校の教育課程編成には直接関わることはありませんが，学級経営や児童生徒理解，学習指導方法の改善，学習評価の改善等に関する研修を行い，教員が各特別支援学校で編成された教育課程に基づいた適切な教育が行える指導力を育成するという役割があります。例えば，教職大学院や国立特別支援教育総合研究所等に教員を派遣する，アセスメントや保護者支援・家族支援，福祉との連携について学ぶ機会を設けるといったことが考えられます。

Point 3　授業づくりに関する研修

　カリキュラム・マネジメントを実現するためには，教員一人一人が，授業を見直す力，新たな学習指導方法に対応する力を身に付けなくてはなりません。

　教育センターは，特別支援学校の教員の力量を育成するため，経験年数や個々のニーズに応じられる研修を行うことで，授業づくりへの参画が可能となります。例えば，障害の状況や特性，発達段階を把握して，各教科等の指導に反映できる知識・技能を習得できるようにするために，基礎を養う段階の講座を設けることなどが考えられます。

Point 4　学校評価とPDCAに関する調査研究

　学校教育の改善・充実の好循環を生み出すためのカリキュラム・マネジメントを実現するためには，学校評価に取り組むことと一連のPDCAを確立することが必要となります。

　教育センターは，取組の様子を参観することや評価の過程または結果等を聞き取るなどの調査研究を行い，各学校が必要とする研修を計画，立案，実施することで，学校評価とPDCAの参画が可能となります。その結果を分析し，管轄する学校に提供することが教育センターの重要な役割となります。

参画

16 教育委員会

1．教育委員会のカリキュラム・マネジメントへの参画チェックリスト

教育委員会がカリキュラム・マネジメントに参画するための具体的な内容について，7つの要素に関連して示しました。チェックして参画状況を確認してみましょう。

7つの要素	具体的な内容	チェック
教育目標の具現化	教育委員会の施策や方針を踏まえた学校教育目標の設定やグランドデザインになっているか確認し，必要に応じて助言している。	
カリキュラムのPDCA	教育委員会が学校経営の評価をする機会を設け，学校が専門家から客観的評価を得たり，学校運営への助言を得られたりできるようにしている。	
組織構造	特別支援学校の施設設備の充実，運営に必要な予算の確保に努めている。	
	より良い人材が配置できるよう，教育委員会全体で支援している。	
学校文化	校長が進める学校改革を後押しするような事業を行っている。	
	学校改革の必要性，目標や観点を明確に示している。	
リーダー	校長と連携し特別支援学校改革の推進をしている。	
	校長のニーズに応えられるような助言をしている。	
家庭・地域社会等	保護者や地域のニーズを把握し，専門性の高い特別支援学校教育が実現できるよう，学校へ助言している。	
教育課程行政	国の施策や学校の課題を検討し，教育委員会の施策や方針を決めている。	
	教育センターと連携し，研修の充実を進めている。	
その他（要素の連関）	学校を後押しするという視点を大切にした事業や助言を行っている。	
	特別支援学校教諭の免許状取得の促進を図っている。	
	県や市町村全体の特別支援教育推進を図っている。	

2．教育委員会がカリキュラム・マネジメントに参画するためのポイント

教育委員会がカリキュラム・マネジメントに参画する際には，特別支援学校が共通して取り組むべき課題と学校独自の課題を見極めながら，それらの取組を後押しすることが重要だと考えます。そのため，特別支援学校を支援する事業を立ち上げたり，指導主事が定期的に学校訪問し，助言したりするといった取組が行われています。さらに，教育委員会は，管轄する学校の経営の在り方を評価する機会を設ける等，各学校が教育の質の向上を図れるようにする仕組みを構築する必要があります。また，学校運営は校長のリーダーシップの下に行われますが，校長が判断に迷ったり，悩んだりすることもあります。時には，学校だけでは対応できない課題に遭遇することもあります。その際の教育委員会による支援体制が必要不可欠です。

教育委員会が，学校の状況を把握し，学校経営の後押しとなる支援体制づくりや助言を行うには，以下の4点がポイントとなります。

Point 1 教育課程編成の指導・助言

特別支援学校の授業を参観すると，「この授業は，何の教科の授業なのか」と思わ

されることがあります。その原因は，指導の形態としての“各教科等を合わせた指導”が形骸化し，その目的を果たさなくなってしまっているということも考えられます。そこで，外部専門家を要請し，「特別支援学校アドバイザー」として継続的に指導を仰ぐ派遣事業などを立ち上げることも一策です。また，“各教科等を合わせた指導”から“教科別の指導”への転換を教育委員会主導で図ることもあるでしょう。転換の意図は，「今一度，教科の目標や指導方法を見つめ直す」ということであり，決してこれまでの教育課程を否定するものではありません。したがって，誤解を招かないように改革の意図をしっかりと説明することも教育委員会の担う役割であると考えています。

Point 2　授業づくりへの指導・助言

“各教科等を合わせた指導”から“教科別の指導”へと転換を図るに当たっては，教科の専門性を担保することが各学校共通の課題となります。そこで，教育センターと協働し，教科専門の指導主事から特別支援学校の授業について助言を得る機会を設けるよう働き掛ける等の取組も重要です。今後，特別支援学校においては，教員の特別支援教育に関する専門性に加えて，教科指導の専門性を向上させることが喫緊の課題で，その対応策を講じる必要があります。

Point 3　個別の指導計画作成への指導・助言

教育委員会は，学校の教育課程を確認するとともに，各校が編成した教育課程に対応した教育内容や指導計画になっているかを点検します。例えば，指導計画に記載された内容を確認すると，手立てが曖昧な部分が散見されます。「教師が言葉掛けをすることにより〇〇することができる」という記述は，どのような言葉掛けを行うのか，教員は具体的にイメージできていないと考えられます。このような具体性の伴わない指導計画では，絵に描いた餅となってしまいます。個別の指導計画を作成する際には，具体的な指導場面をイメージすることが重要であると考え，各校に助言をします。

Point 4　学校評価と学校経営の PDCA への指導・助言

教育委員会が管轄する学校が一同に介して学校経営を評価する機会を設けることは，各学校が教育の質の向上に寄与するだけではなく，県や政令指定都市レベルで求められる教育水準を維持することにもつながります。その場に，外部専門家を導入するなど，第三者の視点を入れることも必要不可欠です。

このような評価会議では，各学校の課題に目が向きがちになるのですが，教育委員会は，その成果を分析し，日々の指導に当たる各学校の教員の意欲につなげられるよう管理職に働き掛けます。教育委員会によるトップダウンの改革ではなく，学校が改革を進めるための効果的な支援という視点が大切です。

保護者

1. 保護者のカリキュラム・マネジメントへの参画チェックリスト

　学校が保護者のカリキュラム・マネジメントへの参画を促すための具体的な内容について，7つの要素に関連して示しました。チェックして参画状況を確認してみましょう。

7つの要素	具体的な内容	チェック
教育目標の具現化	学校だよりやホームページで学校教育目標や指導方針，研究の重点を周知し，ホームページの閲覧数等から，保護者の関心度を確認している。	
カリキュラムのPDCA	保護者が評価しやすい学校評価アンケートを作成し，多くの回答を得ている。	
	保護者からの学校の教育活動への意見を反映させていることを懇談会等で確認している。	
組織構造	学校行事，授業参観，PTA活動等への参加率から，学校の教育活動への参画への意欲を図り，参加率を上げる工夫をしている。	
学校文化	個別の教育支援計画等の作成では，保護者と十分に話し合っている。	
	学校教育への意見を聞く機会を設けている。	
リーダー	子供の成長が分かるような通知表を作成し，指導の有効性を示している。	
	教育課程や指導計画の説明責任を果たしている。	
家庭・地域社会等	授業参観，学校行事，懇談会等，教育活動を知ってもらうための機会を年度当初に示し，保護者が参加予定を立てやすいようにしている。	
教育課程行政	学校評議会や学校保健委員会へ保護者が参加できるようにし，国や教育委員会の施策や指針に基づいた教育活動であることを示している。	
その他（要素の連関）	保護者が相談しやすい体制や雰囲気づくりをしている。	
	保護者が子供の様子を知るための工夫をしている。	
	保護者と教員が共に学ぶ研修会を行うなど，保護者と教員が一緒に活動する機会を設けている。	

2. 保護者がカリキュラム・マネジメントに参画するためのポイント

　保護者は，我が子が学校に楽しく通っていることや情緒等が安定している様子が分かれば，学校が安心・安全で信頼できる場であると捉えます。その反面，学校は子供を預ける所であり，保護者自身が学校教育に参画しているという意識はあまりもっていないと思われます。

　我が子に関わることは知りたいと思いますが，学校全体のことにはあまり関心をもっていないかもしれません。学校全体というより学級や学年の様子が分かれば良いと思うことが多いのではないでしょうか。

　このような状況から，保護者が学校経営に参画するというカリキュラム・マネジメントの意識をもてるようにするには，以下の3点がポイントとなります。

Point 1　保護者が学校教育全体を知る

①ホームページの「閲覧回数」をグラフ化して学校だよりに掲載

　学校のホームページに閲覧数をカウントできるように
します。その数を学校だより等で定期的にグラフ化
して知らせることで，保護者の教育活動への関心を高
める働き掛けをします（右図）。

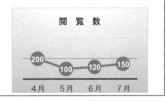

②参観の機会を周知

　年度当初に参観できる機会を周知し，保護者が他学
部の教育活動を参観できる機会も設定します。

Point 2　学校と保護者との信頼関係づくり

①意見を言い合う雰囲気づくり

　○○説明会や個人懇談会は，どうしても学校から保護者への一方的な通知のような
感じになることがあります。そこで，座席や資料の工夫をしながら，話しやすい雰囲
気づくりに努めることも必要です。例えば，ワークショップやグループ討議ができる
ようにしたり，写真やVTR等を活用したりするのも良いでしょう。

②インフォームドコンセント（十分な説明と納得・合意）を心掛ける

　保護者との信頼関係が構築できないときは，ささいな誤解が生じていることは少な
くありません。参観機会を増やす等，学校生活をできるだけ可視化することや，指導
の目標や方法を個別の教育支援計画等を十分に活用して理解を得るようにします。特
に個別の指導計画の充実は，学校教育に対する信頼感につながります。

Point 3　保護者の適切な学校評価

①評価の手掛かりなるような基準や実績を示す

　学校評価アンケートによくある項目「子供は楽しく学校に通っていますか」「学校
からのたより等は，教育活動を分かりやすく知らせていますか」といった問いに対し
て，どのように判断すれば良いのかを迷う保護者もいるはずです。そこで，項目に応
じて「朝，学校へ行くための準備を自分でする」「学校の様子を家でよく話す」といっ
た姿から考えてくださいい等の判断基準や，学級や学年通信，学校だより等の発行数等
の具体的な数値を示すことも必要です。

②少数意見を取り上げる

　学校評価アンケートには，自由記述欄を設けていることも多いと思います。そこに
は少数派の意見もあると思いますが，その意見を取り上げるようにし，保護者の意見
が学校に伝わるということを実感できるようにすることで，カリキュラム・マネジメ
ントに参画するという意欲を高めます。

参画
18

児童生徒

1．児童生徒のカリキュラム・マネジメントへの参画チェックリスト

　学校が児童生徒のカリキュラム・マネジメントへの参画を促すための具体的な内容について，7つの要素に関連して示しました。チェックして参画状況を確認してみましょう。

7つの要素	具体的な内容	チェック
教育目標の具現化	教育目標に，児童生徒の将来を見据え，こうありたいという姿を提示したり，主体的に考えさせたりする内容を取り入れている。	
カリキュラムのPDCA	児童生徒の活動に取り組む様子や個別の指導計画等の評価内容から，実態に応じた教育課程となっているか検証し，改善に取り組んでいる。	
組織構造	児童生徒が最大限力を発揮できるような環境整備や教材・教具の作成に取り組み，児童生徒の挑戦を支援している。	
学校文化	児童生徒の思いや意見を把握し，教育活動に反映させている。	
	児童生徒が意見を言いやすい環境や相談体制を整えている。	
リーダー	学級や生徒会活動で活躍できるようなリーダーの育成に努めている。	
	児童生徒から信頼される関係づくりをしている。	
家庭・地域社会等	児童生徒や保護者が積極的に個別の教育支援計画等の策定に参加できる工夫をしている。	
教育課程行政	福祉サービスの内容や活用方法を児童生徒に伝えている。	
	将来の進路決定に関する情報を提供している。	
その他（要素の連関）	児童生徒が自ら判断し行動できるような教育活動を考えている。	
	児童生徒の経験を増やし，適切な判断や選択ができるようにしている。	
	修学旅行や野外学習の活動内容に児童生徒の意見を取り入れている。	

2．児童生徒がカリキュラム・マネジメントに参画するためのポイント

　小・中学部の児童生徒の発達段階を考えると，カリキュラム・マネジメントへの参画を意識付けることは難しいと思われますが，教員は，児童生徒の活動の様子から思いをくみ取り，実態に合った教育活動になっているかを常に検証することが重要です。

　そのためには，小学部段階でまず，児童に得意なことや苦手なこと等を把握させます。自分のことを理解し，「もっとこうなりたい自分」をイメージできるようにします。中学部段階では，「もっとこうなりたい自分」に近付けるため，得意なことをさらに得意にしたり，苦手なことを克服したりして，挑戦しようとする意欲を育てるようにします。高等部段階では，自分の将来のために，さらには夢の実現のために，今取り組みたいことを主体的に考えられるようにします。その結果，何をしたいのかを具体的に教員と話し合います。重要なのは，小・中・高等部の各段階で，児童生徒の思いや考えを教員がくみ取り，学習活動やカリキュラムに反映させることです。

このような状況から，児童生徒が学校経営に参画するというカリキュラム・マネジメントの意識をもてるようにするには，以下の３点がポイントとなります。

Point 1 児童生徒が将来の姿をイメージできる学習を設定する

「ようこそ先輩」の一場面

児童生徒が，将来こうありたいと思い描く姿と自分を重ね合わせ，その姿に近付けるように挑戦できる学習活動を考えます。「集中して一つのことに取り組み続けられる自分」等，活躍している人の写真や映像を提示したり，教員と話し合ったりして，目指す姿をできるだけ具体的にイメージできるようにします。

例えば，児童生徒にとって最も身近な先輩である卒業生から話を聞くのも，すぐ先の将来の姿をイメージできるようになるための良い方法と言えます。卒業生から，苦手だったことを一所懸命に練習し，できるようになったという話を聞けば，同じように苦手なことがある児童生徒は先輩の姿に励まされ，自分たちも頑張ろうという思いを強くできるはずです。さらに，高等部の生徒には，企業や事業所等，様々な就労の専門家から実際の仕事内容や働くために必要なことを直接聞くのも有効だと言えます。

Point 2 専門家・教員・児童生徒の三者の視点で学習内容を考える

挑戦したいことが決まると，次は，その内容をいかに学習活動に取り入れていくかが重要になります。ここでは，児童生徒本人がカリキュラム・マネジメントに直接参加するというより，教員が児童生徒の思いや考えをいかにくみ取っていくかが大切です。特に，教員は，教育課程の編成方針を踏まえて児童生徒の実態に合った教育活動を考えますが，専門家の「こういう力があると良い」という助言，教員の「こうあってほしい」という願い，児童生徒本人の「こうありたい」という意欲を大事にして，専門家・教員・児童生徒の三者が一緒に作り上げていくことが大切です。

Point 3 得られたスキルを校内で活用し，自信をもって生活できるようにする

学習によって得られたスキルを校内で活用し，児童生徒一人一人が自信をもって生活できるようにします。その結果，児童生徒は苦手なことに背を向けることなく，自分と向き合って課題を見つけ，夢の実現に近付けるためにどうすればよいか考えて努力できるようになります。すると，「私は○○が得意だから，もっと上手になりたい」等，自ら進んで周囲に意欲を伝える姿が増えてきます。教員は，児童生徒のこれらの意欲を学習活動に反映させ，より主体的に学習に取り組めるようにすることで，「主体的対話的，深い学び」の実現にもつながります。

コラム 2　教員の多忙化と仕事

教員の多忙化の改善への期待

　現代社会において，「教員の多忙化」という言葉を聞いて疑問に思う教員は，もしかしたらほとんどいないのではないでしょうか。教員の多忙な現状は，多くの人々にとって身近なSNSやメディア，また書籍などを通じて，毎日のように発信されています。その一方で，教員の精神疾患による病気休職者数は年々増加し，教員採用試験の倍率も年々低下しています。そのような中，教員の業務改善や業務のスリム化ということで，文書のペーパーレス化やデータ化，会議等のオンライン化，学校行事等の精選など，多くの取組が全国各地で進められています。

　このような教員の多忙化ですが，今後，改善への期待がもてる取組の一つに，文部科学省が推進する「GIGAスクール構想」があります。この構想は，新型コロナウィルス感染症拡大の影響を受けて，学校現場において急速にその整備が進められてきました。この取組は，子供一人一人の創造性を育むことを目的に，情報活用能力の育成とICTを活用した学習という大きな柱を基に行われています。すでに多くの教員が実践されているICT教育ですが，あるアンケート調査では，ICTを活用している教員は業務が減ったと感じている人が多く，逆に活用していない教員は業務が増えたと感じている人が多かったという結果が報告されています。つまり，今後，多くの教員がICTに慣れてできるようになることで業務の軽減が期待できると考えます。

　現代の子供たちは，パソコンやタブレット端末，スマートフォンなどの機器操作だけでなく，アプリケーションの活用にも慣れています。これは，障害の有無にかかわらず，多くの子供たちに言えると思いますし，むしろ，子供たちの方が教員よりも機器を使いこなしていると言っても過言ではないでしょう。筆者の過去の実践の中でも，子供たちがタブレット端末で行う計算問題や活動に対して，驚くほどの集中力と積極性を発揮している場面を何度も見ました。ある子供は，普段は文字の読みや書きが難しい子供でしたが，タブレット端末の画面に向かうと，キーボードを使いローマ字入力で好きなアニメキャラクターの名前を打ち込んで検索して楽しんでいました。まさに，子供が自分の力を最大限に発揮している学びの姿でした。このように，意欲に満ちた子供たちの学びのスピードに取り残されないようにしたいものです。

教員の仕事とは

　教員の仕事は，業務内容が多岐にわたっているとともに，様々な専門家や関係者との連携の上に成り立っているものです。学校において，子供たちのより良い学びをつくる教育活動の質の向上を図るカリキュラム・マネジメントは，重要な仕事の一つと言えるでしょう。本書では，カリキュラム・マネジメントを，教員の「協働性」の下に創り上げていく"総合力"と捉えていますが，教員には，この「協働性」やチームとして業務を行うという視点が必要ではないかと考えます。

第4章

カリキュラム・マネジメントを
促進する15の"仕掛け"

カリキュラム・マネジメントの7つの要素を促進する"仕掛け"づくり

1. カリキュラム・マネジメントの促進と"仕掛け"づくり

カリキュラム・マネジメントを進めていく際には，学校教育目標の達成に向けて，児童生徒一人一人に育成を目指す資質・能力を念頭に置きながら，学校組織全体としての教育課程の編成・実施・評価・改善のサイクルを確実に展開していくという理念を学校全体で共有することが求められます。それには，これまで教育課程や時間割は，管理職や学部主任を中心とする一部の教員が中心となって検討していくものといったことからの「意識改革」が求められます。そして，日々行われている授業をはじめとした全ての教育活動の下支えとなる風土（＝学校文化）を活性化することが特別支援学校のカリキュラム・マネジメントを促進するための"潤滑油"となり，指導の「改善」と学校の「改革」という2つのループが回り出すと言えます。

カリキュラム・マネジメントを行う上で配慮すべき7つの要素（ア．教育目標の具現化，イ．カリキュラムのPDCA，ウ．組織構造，エ．学校文化，オ．リーダー，カ．家庭・地域社会等，キ．教育課程行政）がありますが，それらの要素をつなげてカリキュラム・マネジメントを促進する具体的な"仕掛け"づくりが必要となります。7つの要素のそれぞれに効果的な"仕掛け"の内容を表4-1に示しました。また，これらの要素をつなげる"仕掛け"もあるでしょう。これら一つ一つの"仕掛け"が上手くいくことによって7つの要素の歯車がかみ合って動き出し，最終的に指導の「改善」と学校の「改革」という実質的な成果となって表れるはずです。

特別支援学校においては，教員全員がカリキュラム・マネジメントに参画するという意識をもつことが必要です。まず，個人レベルでの参画意識を高め，その上で学級・学年といった単位での小さなカリキュラム・マネジメントの歯車を回しつつ，校内研究等の機会を通じて学校全体としての大きなカリキュラム・マネジメントの歯車を回していくことが重要です。そして，それが校務分掌の再編や活性化などにもつながり，教員一人一人が学校経営全体を俯瞰しながら，それぞれの立場で「全員参画」するカリキュラム・マネジメントへとつながっていきます。

そして，これらの取組を行っていく中で，今後の特別支援学校における大きな課題である若手教員の人材育成や学校組織としての専門性向上といった側面の解決につながることも期待できます。

第2節　15の"仕掛け"の内容とポイント

　表4-1には，カリキュラム・マネジメントの促進に必要な15の"仕掛け"を考案しました。特別支援学校は、障害種の違いに加え、学校規模や教員の年齢構成，学校風土，学校課題など多くの異なる部分がありますので，各特別支援学校が自校の実状に合った"仕掛け"を工夫することも必要です。具体的な内容については、次頁以降に示します。

表4-1　7つの要素における"仕掛け"と内容

7つの要素	"仕掛け"	"仕掛け"の項目	"仕掛け"の内容
ア．教育目標の具現化	仕掛け①	学校教育目標の意識化	学校教育目標を全教員が語れる
	仕掛け②	学校課題の整理と焦点化	学校課題を校内全体で共有する
イ．カリキュラムのPDCA	仕掛け③	個別の指導計画の見直し	個別の指導計画をみんなでつくる
	仕掛け④	年間指導計画を磨く	単元や年間指導計画のPDCAを機能させる
	仕掛け⑤	教育課程の改善に向けたPDCA	授業設計に焦点を当てた授業研究会
	仕掛け⑥	個別の3計画をつなぐ	目標同士のつながりの根拠を説明できる
ウ．組織構造	仕掛け⑦	ティーム・ティーチングによる指導の見直し	当たり前を見直すことで教育効果を高める
	仕掛け⑧	校務分掌の再編・連携	授業を支えるプロジェクトチームの結成
エ．学校文化	仕掛け⑨	「協働性」の基盤をつくる	小さな協働を通して学校文化を築く
	仕掛け⑩	ポジティブな学校文化の醸成	「よい授業」のイメージを共有化する
オ．リーダー	仕掛け⑪	ミドルリーダーの育成	サーバントリーダーシップによる学校経営
カ．家庭・地域社会等	仕掛け⑫	地域社会の教育力	コミュニティ・スクール化構想
キ．教育課程行政	仕掛け⑬	三位一体の学校改革	学校のエンパワーメント
その他（7要素の連関）	仕掛け⑭	学校全体の活性化	グランドデザインで学校を俯瞰する
	仕掛け⑮	成果と課題の分析	チェックリストによる学校評価

　"仕掛け"づくりには、"仕掛け"がどこで必要かという状況を見極め、タイミングを計ることが必要です。以下には、"仕掛け"づくりのステップを示しました。

"仕掛け"づくりのステップ

Step 1　7つの要素に照らして，自校が目指すべき姿を想定する。

Step 2　自校が目指すべき姿に対して，どのような"仕掛け"が必要なのか考えるために，現在の自校の置かれた状況を分析する。

Step 3　「共有化」「見える化」「システム化」「人材の活用」という視点から，"仕掛け"を工夫する上での要素と要点（Point）を考える。

Step 4　"仕掛け"が機能することによってどのような効果が期待できるのかを想定し，具体的な"仕掛け"を考案し，実施する。

Step 5　実際にどのような効果が得られたのかを学校評価等の機会を活用し，成果物やチェックリスト，アンケート調査等を用いて検証する。

7つの要素　| ア．教育目標の具現化 | 学校教育目標の意識化 |

学校教育目標を全教員が語れる

1．"仕掛け"が必要な状況

　これまで，特別支援学校では，学校教育目標を設定するのは校長であり，教員は自分事として考えるという意識はあまりなかったように感じます。それは，「個に応じた指導」を重視するあまり，授業全体の目標より自分の担任する児童生徒の実態に即してさえいればよいという考え方が強いためだと考えます。また，長年，学校教育目標の見直しが図られず，時代変化や学習指導要領の改訂を踏まえた検討がなされていない，といった実態の学校もあります。カリキュラム・マネジメントへの参画の第一歩は，全教員が学校全体という視点から「こんな子供に育てたい」「こんな学校にしたい」という理想やビジョンをもち，学校教育目標を語ることができるようになることです。その上で，学校教育目標の見直しが必要なのかを再度，検討することが必要です。

2．"仕掛け"のポイント

Point1　学校教育目標を全教員が自分の言葉で語ることができる【共有化】
Point2　学校教育目標を目指す児童生徒像や学校像から具体化する【見える化】
Point3　学校教育目標について毎年，全教員が考える機会の設定【システム化】

3．"仕掛け"の内容

　学校教育目標を見直すという作業は，全教員の思いや考えが反映されなければその必要性を感じることはなく，絵に描いた餅となってしまいます。例えば，学部主任が中心となって，教員から「こんな子供に育てたい」というキーワードを集めて集約し，各学部目標のつながりや教育課程の類型等と関連させて整理するといったことで，全教員が学校教育目標を意識できるようになります。

4．"仕掛け"の効果

　それまで学校教育目標について意識することがなかった教員も，協働しながら学校教育目標の具体化を図るプロセスを通して「学校として…」という視点が身に付きます。「学校として教えるべき教育内容」を全教員で検討・整理していくことが，教育課程の PDCA であると認識するための"仕掛け"につながります。

仕掛け②

7つの要素　| ア．教育目標の具現化 | 学校課題の整理と焦点化 |

学校課題を校内全体で共有する

1．"仕掛け"が必要な状況

　多くの教員が，教育活動や校務分掌の取組に課題があると考えているものの，日常の業務に追われ，解決に向けた取組が停滞している場合があります。カリキュラム・マネジメントの必要性を学校文化として根付かせるためには，「今，自分たちは，どの方向に進もうとしているのか」ということを教員間で共有することが必要となります。「自校が解決すべき学校課題は何か」を管理職やミドルリーダーだけなく，全教員が共通理解することがカリキュラム・マネジメントを促進させます。

2．"仕掛け"のポイント

Point1　一人一人が抱える個別課題を学校課題として全校で共有する【共有化】
Point2　緊急度と重要度から優先すべき学校課題を明確化する【見える化】
Point3　学級・学年・学部を越えた定期的な協議の場を設定する【システム化】

3．"仕掛け"の内容

　学校経営計画には，その年度に取り組むべき重点目標が示されます。しかし，それが学校課題の解決につながっているという実感を伴わなければ，学校は変わっていきません。そこで，今年度に挑戦する課題を「目指せ！○○」というようなスローガンを掲げて分かりやすくし，「学校課題の解決に向かって取り組む」という教員の意識を高めます。そして，教員一人一人が抱える個別の課題をできる限り多く出し合い，その上で，緊急度や重要度といった指標で図示化し，学校課題として明確化を図り，学校全体で共有します。校内研修や職員会議等の中で短時間でも定期的に学級・学年・学部を越えて協議する場を設定することで，学校として進むべき方向性を折に触れ意識できるようにします。

4．"仕掛け"の効果

　ともすれば，個々の教員の教育観や価値観が優先され，学部や職種の壁が存在する特別支援学校において，全教員で学校課題を認識し，共有することは，その解決に向けて協働しながら取り組むための"仕掛け"の第一歩となります。

仕掛け③

個別の指導計画をみんなでつくる

1. "仕掛け" が必要な状況

　個別の指導計画の作成においては，目標設定の曖昧さや妥当性について議論されることが多いでしょう。新学習指導要領においては，知的障害特別支援学校の各教科の充実が図られました。また，自立活動の指導における実態把握では，児童生徒の「指導すべき課題の抽出」という文言が加えられました。実態把握とは，単に検査結果や行動観察からのみで導き出されるものではありません。児童生徒一人一人に関わる教員や利用している機関の職員，保護者などがもつ情報を整理し，協働で課題を抽出するプロセスそのものが実態把握と言えます。

2. "仕掛け" のポイント

Point1　児童生徒に関わる関係者がもつ情報を一元化し，整理する【共有化】
Point2　抽出した課題同士の関連を図示化するで，共通理解を図る【見える化】
Point3　課題抽出のプロセスを通して教員間の「協働性」を高める【システム化】

3. "仕掛け" の内容

　実態把握においては，「指導すべき課題の抽出」の前段階として，「課題」とは何かを校内で定義しておくことが重要です。単に「課題」を集めると，児童生徒の「できない」ばかりに目を向けた情報が集まってしまいます。例えば，「課題」を「〇年後に目指す姿と現在の姿を比べたとき，クリアしていくべきもの」と定義します。また，この〇年後を導き出すためには，「学びの履歴」や「生活年齢」といった視点も重要です。その上で，今，取り組むべき「課題」を図示化し，児童生徒が抱える困難を分析しながら，指導仮説を導くことで個別の指導計画の精度は，高まっていきます。

4. "仕掛け" の効果

　若手教員にとって，自立活動の目標設定は，困難で負担感を抱くことが容易に想像できます。そのような場を研修機会と捉え，学年団や普段，関わりが少ない中堅教員の参画を促すことは，若手教員だけではなく，中堅教員の力量形成の場となり，教員集団の自己教育力の向上を支える "仕掛け" となります。

仕掛け④

7つの要素 ┃ イ．カリキュラムのPDCA ┃ 年間指導計画を磨く

単元や年間指導計画の PDCA を機能させる

1．"仕掛け"が必要な状況

　これまで，個別の指導計画に比べると年間指導計画の重要性が指摘されることは少なかったと言えます。個別の指導計画と年間指導計画が機能的に連動し，授業のPDCA が，単元や年間指導計画のPDCA となり，教育課程のPDCA につながっていく仕組みをつくることが重要です。その上で，指導に適したグループ編成や指導の形態等が検討されることで，おのずと前年度踏襲型の授業が変わると考えられます。

2．"仕掛け"のポイント

- **Point1** 　個別の指導計画と年間指導計画のつながりを再確認する　【共有化】
- **Point2** 　小・中・高の教育課程の連続性と独自性が見える指導計画【見える化】
- **Point3** 　年間指導計画の評価・作成を見直し，PDCA を機能させる【システム化】

3．"仕掛け"の内容

　年間指導計画と個別の指導計画との関係には，主に2つのタイプあります。

【タイプA】トップダウン的カリキュラム・マネジメント	先に年間指導計画を作成し，その年間指導計画を見ながら個別の指導計画を作成
【タイプB】ボトムアップ的カリキュラム・マネジメント	先に個別の指導計画を作成し，それを基に児童生徒の実態を見て年間指導計画を作成

　特別支援学校では，【タイプB】の方が多いのではないでしょうか。しかし，新学習指導要領において，知的障害特別支援学校の各教科の目標や内容が，通常の学校と同じように3観点で示されたことなどを考慮すると，授業づくりのプロセスは，通常の学校と同じように考えることができるということではないでしょうか。

4．"仕掛け"の効果

　【タイプA】を選択するメリットは，単元を学部・学年である程度固定化することで系統性を担保し，実践しながら修正するといった柔軟な発想も可能になることです。
　また，それが，夏休み期間を利用して小・中・高等部の教育課程の連続性と独自性を年間指導計画レベルで見比べ，つながりを見直し，協働しながらより良いものに磨くための時間を生み出す"仕掛け"となります。

仕掛け⑤

授業設計に焦点を当てた授業研究会

1．"仕掛け" が必要な状況

　授業改善の PDCA から教育課程の PDCA へとつなげるためには，何が必要でしょうか。このプロセスが校内で共通理解されていなければ，日々の授業が，教育課程の編成につながっているとは言えません。一方で，この歯車を回すことが教育の質の向上には，必要不可欠です。この仕組みを「自校のオリジナルの仕組み」として，どのように構築をするのか，ということが各学校の特色を生かした教育課程の編成だと言えます。

2．"仕掛け" のポイント

Point1　全教員が授業設計について考える場の設定（授業研究会）【共有化】
Point2　授業設計のコンセプトと本時のつながりが見える指導案【見える化】
Point3　授業研究会の成果を次の授業研究会へつなげる仕組み【システム化】

3．"仕掛け" の内容

　一般に，授業研究会では，本時の指導方法や手立て，教材・教具等に焦点を当て，協議がなされることが多いと考えます。しかし，本時は，年間指導計画，単元計画の中の１単位時間に過ぎません。本時に向けて授業対象となる児童生徒の個の課題をどのように焦点化したのか，どのようなコンセプトで年間指導計画を考え，単元構成にはどのような意図があるのか，選択された指導内容や指導方法，手立ては適切だったのか等，授業設計段階で協議されるべき事項は多岐にわたります。こういった協議を学部を越えて「個別の指導計画チーム」「年間指導計画チーム」「指導方法チーム」といったようにグループ分けし，そこに，養護教諭や看護師といった専門職を含めて全員で授業設計を検討することで，自校の教育課程の改善ポイントが見えてきます。

4．"仕掛け" の効果

　本時のみの授業評価に留まらず，学部を越えてチームで授業設計に必要な要素について協議を重ねる中で，小・中・高等部の教育課程の連続性や学部ごとの独自性を考えることができるようになっていきます。このように長期の視点から授業を捉えることが，年間指導計画や単元計画の評価を充実させるための "仕掛け" となります。

仕掛け⑥

7つの要素 | イ．カリキュラムのPDCA | 個別の3計画をつなぐ |

目標同士のつながりの根拠を説明できる

1．"仕掛け"が必要な状況

個別の教育支援計画は，多くの時間と労力を掛けて作成しているにもかかわらず，作成自体が形骸化し，機能的に活用されていないという声があります。その原因としては，支援目標（関係機関の共通目標）と指導目標（支援機関の一つとしての学校における各教科・領域を指導するための目標）の次元の違いが，教員のみならず，保護者にも共有されていないという現状があります。また，「社会とのつながり」や「生活とのつながり」という文言を特別支援学校では，よく見掛けますが，学校完結型の授業づくりに終始している学校も多いと感じます。

2．"仕掛け"のポイント

- **Point1** 教育支援計画と指導計画の作成目的と位置付けを再確認する【共有化】
- **Point2** 設定された目標同士の関係性を一枚図として描く【見える化】
- **Point3** 全教員が「指導の根拠」を説明できる仕組みの構築【システム化】

3．"仕掛け"の内容

個別の指導計画に記載された年間目標（重点目標）と各教科等の指導目標のつながり，自立活動の6区分を通して得られた実態に基づく自立活動の指導目標と各教科の指導目標の整合性，"教科別の指導"と"各教科等を合わせた指導"の関連を一枚図として描きます。それにより，重点目標と指導目標が同次元の目標設定になっていたり，各教科の指導目標と自立活動の時間における指導目標がつながっていなかったり，といった改善点が見えてきます。その上で，目標設定に至るプロセスと「指導の根拠」を児童生徒に関わる全教員が説明できることが特別支援学校の専門性です。

4．"仕掛け"の効果

目標同士のつながりを一枚図で可視化できることは，それぞれの目標の関係性を考える契機となります。複数の教員が協働しながら，目標同士のつながりの意味を考える中で，児童生徒に関わる全教員が「指導の根拠」について自信をもって語れるようになることが，学校組織としての専門性の向上を図るための"仕掛け"となります。

仕掛け⑦

7つの要素 | ウ．組織構造 | ティーム・ティーチング（T-T）による指導の見直し

当たり前を見直すことで教育効果を高める

1．"仕掛け"が必要な状況

　組織構造は，カリキュラム・マネジメントの好循環を生み出すための条件整備活動と捉えることができます。条件整備には，「この授業のために，こんな人（免許や専門性）や物（教材・教具や時間），予算，指導体制が必要だ」といったことも含まれます。しかしながら，ティーム・ティーチング（T-T）による集団での授業場面を見ると，指導のために本当に必要な指導者数の検討，教員個人の経験年数・専門性の違い，人材育成といった視点がないままに指導体制が組まれている場合もあります。教育効果を高めるために，これまでのティーム・ティーチング（T-T）の在り方を学校組織として見直すこともカリキュラム・マネジメントの重要な視点です。

2．"仕掛け"のポイント

Point1　校内における「よい授業」の共通イメージをつくる【共有化】
Point2　モデル授業をつくり，自校の「よい授業」を標準化する【見える化】
Point3　学級・学年を越えて必要な授業に必要な人材を配置する【人材の活用】

3．"仕掛け"の内容

　組織構造は，学校文化と密接に関連し，その学校の「教員の意識」「学校の体質」といった組織文化を生み出します。特別支援学校におけるティーム・ティーチング（T-T）は，集団学習と言いながら協働的な指導になっていない，サブティーチャーが必要以上に援助をしてしまう，教員間の役割分担が不明確であるといった多くの弊害を抱えています。そのため，「より少ない指導者で授業を行うとしたら・・・」という発想の転換が児童生徒の主体性を引き出し，活動量を増やすことにもつながります。

4．"仕掛け"の効果

　ティーム・ティーチング（T-T）の在り方を見直すことは，学校全体における指導体制を見直すことや適材・適所の人材活用にも波及します。そして，「指導者が足りない」「子供から離れられない」といったネガティブな組織文化を変える原動力になります。学校の当たり前を見直すことは，高い教育効果を生み出すための"仕掛け"です。

仕掛け⑧

| 7つの要素 | ウ. 組織構造 | 校務分掌の再編・連携 |

授業を支えるプロジェクト(特命)チームの結成

1. "仕掛け"が必要な状況

　学校においては，授業を中心とする日々の教育活動を支えるために必要な校務分掌が設けられています。それらが分業ではなく連携し，「チームとしての学校」として機能していることが重要となります。組織が大きな特別支援学校ほど，校務分掌は分業となり，「分掌業務をこなしている」といった状態に陥りやすくなります。また，前年度踏襲で業務を進めるだけでは，学校改革のループは決して回り始めません。明らかとなった学校課題を解決するためには，思い切った分掌のスクラップ＆ビルドや分掌を横断したプロジェクト（特命）チームの結成などが求められます。

2. "仕掛け"のポイント

- **Point1** 分掌業務が学校における教育活動を支えていることの意識化【共有化】
- **Point2** 校内の教育活動に活用できる物的・人的資源の可視化【見える化】
- **Point3** 分掌を越えた協働による学校課題の解決【システム化・人材の活用】

3. "仕掛け"の内容

　授業づくりには，誰もが関心をもちますが，分掌業務は二の次という意識の教員も少なくはありません。そこで，例えば，「教材・教具の校内における共有」「ICTの活用促進」といった授業に直結するような学校課題に対し，複数の校務分掌が関与するプロジェクト（特命）チームを立ち上げます。そうすることで，校務分掌の活性化を図るだけではなく，学校において自分たちが取り組まなければならない学校課題を意識化できます。自分が帰属する校務分掌を越えて，いつでも，どこでも，誰とでも協働できる体制の構築は，学校の"総合力"を高めるための教員集団づくりとなります。

4. "仕掛け"の効果

　流動的な教員集団に対して，責任と意思決定権が与えられた場合，その効果はより大きなものとなります。プロジェクト化することで，メンバーの目的意識が共有され，学校課題の解決に向けた取組が加速し，学校組織としても強化が図られます。学校課題の意識化と協働的な課題解決を迅速に進めるための"仕掛け"と言えます。

仕掛け ⑨

小さな協働を通して学校文化を築く

1. "仕掛け" が必要な状況

　各学校の大方の教員に共有化され持続的に根付いている「ものの見方や考え方，行動様式」が学校文化です。そして，学校文化は，児童生徒観や指導観といった教育の方向性を決めるカリキュラム文化と教員同士の人間関係の在り方や働き方など，経営活動に直結する狭義の意味での組織文化があります（田村，2020）。そう考えると，特別支援学校における学校文化は，ティーム・ティーチング（T-T）に代表される日々の教育活動における協働場面を通して学校文化が築かれていると考えられます。学級・学年単位の小さな協働を校内全体に広げ，自校の学校文化とすることが重要です。

2. "仕掛け" のポイント

- **Point1**　一人一人の教員の気付きを日々の教育活動の改善に生かす【共有化】
- **Point2**　その日の教員の気付きを可視化し，即時改善につなげる【見える化】
- **Point3**　協働で解決に当たる場面を設定し，継続的に実施する【システム化】

3. "仕掛け" の内容

　多忙化が指摘される学校現場において，教員同士が話し合う時間を見出すことは容易ではありません。また，ティーム・ティーチング（T-T）においては，事前にいくら共通理解を図ったとしても，実際の授業場面における個々の教員の判断は異なります。そこで，下校指導後すぐに10分間だけ，その日，それぞれが気付いたこと交流する場（例えば，「放課後10分間ミーティング」等）を設け，各自の気付きを出し合います。そうすることで即時の授業改善につなげることが可能となります。その際，教職経験の違いに関係なく意見を出せる仕組み（例えば，付せん紙の活用等）も大切です。

4. "仕掛け" の効果

　「放課後10分間ミーティング」のような取組が毎日行われ，即時改善の効果が教員に実感されると，「気付きを交流することが授業改善につながる」という学校文化が生まれます。授業ごとの課題だけでなく様々な教育実践上の課題が取り上げられるようになると，この "仕掛け" が機能し，「協働性」の基盤となります。

仕掛け⑩

7つの要素	エ．学校文化	ポジティブな学校文化の醸成

「よい授業」のイメージを共有化する

1．"仕掛け"が必要な状況

　ティーム・アプローチが基本となる特別支援学校においては，通常の学校以上に学校文化がカリキュラム・マネジメントに大きな影響を与えます。障害の重度・重複化，多様化が進む特別支援学校にあっては，今，自分たちが行っている教育活動が本当にこれで良いのか，確信がもてない状況の中で日々の授業を展開しています。そのような状況で求められるのは，「目の前の不確定な状況をチームとしての学校で乗り越えよう」というポジティブな学校文化です。そして，このポジティブな学校文化を醸成するためには，日常的にお互いの授業を見合い，アイディアを出し合うことのできる学校文化が校内にあることが前提条件となります。

2．"仕掛け"のポイント

Point1　互いの授業を見合う中で，「よい授業」のイメージを共有する【共有化】
Point2　授業観察の観点など，校内における「共通の指標」を示す【見える化】
Point3　「共通の指標」から「よい授業」を校内に広げる【システム化】

3．"仕掛け"の内容

　日常的にお互いの授業を見合うという学校文化は，自然発生的には生まれません。「他の授業を見たい」という気持ちはあっても，指導体制の都合上などの理由から難しくなっていることも多いはずです。また，単に授業を見るだけでは，そこから得た気付きを学校知として蓄積していくことはできません。そこで，「校内視察研修」「授業ビデオ視聴会」など，意図的に学級・学年・学部を越えて授業を見る機会を設けます。その際に，学校としての授業観察の観点を設定しておいて，授業参観者の気付きを全校に周知していくことで，その学校の「よい授業」のイメージが共有されます。

4．"仕掛け"の効果

　互いに授業を見る中で自校の教育課程，すなわち教育内容の小・中・高等部の連続性や独自性について考えることができるようになります。また，授業観察時の「共通の指標」は，授業研究会等で協議をしやすくするための"仕掛け"となります。

サーバントリーダーシップによる学校経営

1．"仕掛け"が必要な状況

　一般に管理職をリーダー，学部・学年，校務分掌等を束ねる役目を担う教員をミドルリーダーと捉えることが多いと思います。カリキュラム・マネジメントにおいて，校長がリーダーシップを発揮することは，当然のことですが，ミドルリーダーがその方針を十分に理解していなくては，歯車はかみ合いません。一方，現在，ミドルリーダークラスとなる人材は，教員採用者数が少なかった年代であることなどを背景に，どこの学校においても不足しがちです。また，業務が一部の教員にばかり偏っている学校運営では，長期的な視野で見ると学校としての組織力を低下させてしまいます。

2．"仕掛け"のポイント

Point1　リーダーの役割を全教員が共通理解し，リーダーを支える【共有化】
Point2　リーダーとして機能を発揮できるための仕組みの構築【システム化】
Point3　リーダーを分散することで，全教員の職能成長を促す【人材の活用】

3．"仕掛け"の内容

　リーダーシップにも，次のような2つのタイプがあります。

【タイプA】 従来型のリーダーシップ	組織構造はピラミッド型。メンバーとのコミュニケーションは，指示伝達型で，リーダーには，強いけん引力が必要。
【タイプB】 サーバントリーダーシップ	組織構造は逆ピラミッド型。メンバーとの意見交換を通したコミュニケーションが中心で，リーダーには，共感力が必要。

　学校におけるリーダーシップには，【タイプB】が求められます。メンバー全員の職能成長という視点をもち，組織を下支えしつつ，学校課題を解決し，教育の質的向上というゴールを目指すリーダー像となります。また，そのようなリーダー像を示しつつ，リーダーを分散化することは，教員各自の役割と責任の自覚を促します。

4．"仕掛け"の効果

　リーダーの意識が変われば，メンバーの行動も変わり，学校文化に変化が表れます。教員同士のコミュニケーションが活発化し，教員一人一人が能動的に学校運営に参画するようになります。自律型の人材育成のための"仕掛け"が重要です。

仕掛け⑫

7つの要素 | カ. 家庭・地域社会等 | 地域社会の教育力

特別支援学校のコミュニティ・スクール化構想

1. “仕掛け”が必要な状況

　通常の学校においては，「社会に開かれた教育課程」を実現するためにコミュニティ・スクール（学校運営協議会制度）の機能を活用しながら成果を上げている学校が数多く存在します。一方で，特別支援学校は，その存在を地域に向けて十分に発信できているとは言いがたい状況ではないでしょうか。児童生徒の現状からのボトムアップ的思考ばかりではなく，将来的を展望し，「まずは，参加」というICFの理念を生かした授業づくりが特別支援学校においても強く求められます。そして，それを実現するためには，人的・物的資源を含む「地域社会の教育力」を活用することが必要です。

2. “仕掛け”のポイント

Point1 「社会に開かれた教育課程」を具現化するため方策の検討【共有化】
Point2 多様な外部の目を通した自校に求められる教育の明確化【システム化】
Point3 地域資源の積極的活用により学校の弱点を強みに変える【人材の活用】

3. “仕掛け”の内容

　「地域社会の教育力」の活用と言っても，地域に買物学習に行くことやゲストティーチャーに地域の人を招く程度では，「地域社会の教育力」を生かしているとは言えません。まず，障害者支援の専門家，卒業後の進路先や障害者団体等の関係者など，厳しい視点で学校の現状を見極め，意見をもらえる外部の人材を見つけることが必要です。そして，そこで明らかになった学校課題に対し，地域にはどんな人的・物的資源があるのかを調査し，必要であれば教員が一丸となって地域資源を開拓します。その積み重ねにより，学校の内外と互いに顔の見える関係が生まれ，真の意味でのコミュニティ・スクールとなっていきます。

4. “仕掛け”の効果

　コミュニティ・スクールの推進は，生活年齢に応じた教育内容や自校のキャリア教育の在り方など，自校の教育課程を見直す契機となります。また，地域資源と学校の教育力をつなげるためには，校内組織の見直し等の“仕掛け”も必要です。

仕掛け⑬

学校を教育課程行政がエンパワーメントする

1．"仕掛け"が必要な状況

　学校のカリキュラム・マネジメントを実現させるためには，県・政令指定都市レベルでの学校支援が必要です。それは，カリキュラム・マネジメントを委ねられた学校が，この権限と責任を遂行する力には，大きなばらつきがあり（常盤，2021），学校裁量が大きい特別支援学校にあっては，学校間格差がより顕著になると考えられるからです。教育委員会は，各学校が置かれた現状や教員の力量を把握し，学校の組織力や教員の資質能力を向上させるための手立てを講じる必要があります。また，研修機能を担う教育センターは，カリキュラム・マネジメントを促進させるための校内研修プログラムの開発等が求められます。

2．"仕掛け"のポイント

- **Point1**　各校の取組の成果を教育委員等が集約・発信し，共有化する【共有化】
- **Point2**　教育委員会・教育センター連携の学校支援体制の構築【システム化】
- **Point3**　外部専門家の活用等により学校をエンパワーメントする【人材の活用】

3．"仕掛け"の内容

　学校の教員が，他校でのカリキュラム・マネジメントの取組を知る機会は，多くはありません。また，校長会レベルでの交流も，情報交換に留まっていることも考えられます。そこで，教育委員会は，学校の目指すべきカリキュラム・マネジメントの方向性やゴールを明確に示すととともに，全国的な動向や他校の状況などの情報提供や助言できる専門家の派遣等を積極的に行わなければなりません。また，教育センターは，校内研修を活性化させるためのリーダー育成研修を実施し，学校の枠組みを越えて活用・運用が可能なカリキュラム・マネジメントに必要なツールを提供します。

4．"仕掛け"の効果

　学校と教育課程行政が目指すビジョンを共有し，カリキュラム・マネジメントを推進することで，各学校に共通性と特色が生まれます。それが，三位一体で全ての学校を底上げし，学校をエンパワーメントする"仕掛け"となります。

仕掛け⑭

7つの要素 | その他 | 学校全体の活性化

グランドデザインを通して学校全体を俯瞰する

1．"仕掛け" が必要な状況

　年度始め，学校においては，校長から学校経営計画が示されます。しかし，校内にカリキュラム・マネジメントの考え方が根付いていなければ，教員一人一人は，自分がどこに，どのように参画するのかといったことが不明確なまま，1年を過ごしてしまいます。また，「全員参画」ということを掲げていても，それが標語と化している場合も少なくはありません。学校経営計画を自校のカリキュラム・マネジメントモデルに照らし，全教員がその意味を理解し，取り組む必要があります。

2．"仕掛け" のポイント

Point1 全教員がグランドデザイン作成に関わっているという意識【共有化】
Point2 自校の現状を分析的に捉え，モデル図を通して可視化する【見える化】
Point3 授業と教育課程・学校課題をつなげるための仕組み【システム化】

3．"仕掛け" の内容

　最終的なグランドデザインを示すのは，もちろん校長です。しかし，自分たちが参画したという意識がないままに示されたグランドデザインでは，学校改革が他人事になってしまいます。そこで，学年単位等で田村のモデル（本書：様式1）のグランドデザインを作成するといった取組等で「自分も参画した」という意識を高めます。ただ，情報量ばかりが多くなってしまっても思考は拡散してしまいます。そこで，喫緊に取り組まなければなられいことは何かを焦点化します。また，ICT を活用して全員で付せん紙を一斉に貼るような協働学習支援アプリを使うことなどで時間短縮を図ることも可能な時代です。これらを校長が集約し，参考としながらグランドデザインを構築することで，学校の全教員で作り上げたグランドデザインとなります。

4．"仕掛け" の効果

　管理職や校務分掌の中心を担うミドルリーダー以外の教員が，学校全体を俯瞰して考える機会となります。学校全体を俯瞰して見ることで，日々の教育活動と学校全体とのつながりを常に考えて授業づくりを行うための "仕掛け" となります。

仕掛け⑮

チェックリストによる学校評価で次年度へつなぐ

1. "仕掛け"が必要な状況

　各学校では，年度末に保護者や教員を対象に学校評価（経営評価）を行っています。また，学校評議委員等による外部評価を受けています。しかし，この評価が次年度の学校の教育活動の質的向上や学校組織の見直しにつながっていると実感している教員は，どの程度いるでしょうか。あまり実感しない原因としては，学校評価項目が，抽象的でグランドデザインや学校課題と対応していないこと等が挙げられます。学校としての"総合力（実績）"を評価することが，カリキュラム・マネジメントにおける評価であると捉えると，具体的なチェックリストによる数値評価が必要となります。

2. "仕掛け"のポイント

- **Point1**　教員間で学校評価の目的を再確認し，改善を促進させる【共有化】
- **Point2**　具体的な評価項目の数値評価による成果と課題の可視化【見える化】
- **Point3**　職務に応じた評価項目の設定による個人の役割の明確化【見える化】

3. "仕掛け"の内容

　まず，学校評価を年１度だけではなく，定期的に（少なくとも中間評価と年度末を実施することが望ましい）行います。日々の業務に追われる中，つい評価は後回しになりがちです。だからこそ，定期的に評価を行うことで，自校の学校改革の進捗状況を全教員で確認する必要があります。また，学校評価の項目は，田村のモデル（図1-1）に対応させることで，より具体的な評価項目を考えることができます。教員に対する評価項目を全校統一にするのではなく，それぞれの職務に応じて異なるものにすることで（例えば，本書：様式3），自分がすべき役割が明確になります。

4. "仕掛け"の効果

　学校評価は，学校における教育活動の質の改善が目的ですが，一方で教員が意欲的に指導の改善や学校の改革を進められるようにするツールでもあります。評価項目を具体的にすることで，自分たちの取組の成果と課題をはっきりと確認できます。また，学校評価をポジティブな学校文化の醸成につなげるための"仕掛け"にもなります。

第5章

特別支援学校の
カリキュラム・マネジメント
の実際

実践 1 名古屋市立西養護学校の取組

1．学校紹介

　本校は，名古屋市の西部に位置している小学部・中学部・高等部からなる知的障害特別支援学校です。昭和48年に名古屋市初の特別支援学校として開校し，平成2年に現在の場所に新築移転しました。学校の周辺は住宅街ですが，近隣の小学校との学校間交流や地域の方が学校行事に参加するといった機会もあり，地域の理解と温かい見守りがあります。

　令和3年度は44学級235名の児童生徒が学んでおり，約120名の教員等で児童生徒の学校生活を支えています。近年は高等部の生徒数が増加しています。

　令和2年度から，これまで教育課程の中核だった"各教科等を合わせた指導"から"教科別の指導"へと変換しました。また，GIGAスクール構想により，小・中学部の児童生徒に一人一台のタブレットが配置されたことから，学校全体でICT教育の充実に取り組んでいます。

2．本校が実践するカリキュラム・マネジメントとは

　名古屋市では，令和元年度から教育委員会主導による「名古屋市立特別支援学校の学校改革」が始まりました。その一つに『特別支援学校アドバイザー派遣事業』があります。これにより各特別支援学校では，年間22回程度，特別支援教育の専門家（大学教員，弁護士，心理士，就労関係者等）が学校訪問するようになり，学校運営，授業改善，進路指導など様々な見地から，課題解決のための指導・助言を受けています。

　専門家からの指摘は，学校の体制や教育課程，授業づくり等，多岐にわたる課題があるという厳しいものでした。中でも新学習指導要領で強調されたカリキュラム・マネジメントの充実が大きな課題となりました。

　当初，カリキュラム・マネジメントの充実に必要なことは，新たな教育課程の編成であると捉え，これまでの教育課程の見直しに着手しました。しかし，カリキュラム・マネジメントとは，「社会に開かれた教育課程の理念の実現に向けて，学校教育に関わる様々な取組を，教育課程を中心に据えながら，組織的かつ計画的に実施し，教育活動の質の向上につなげていくこと」と示されているように，教育課程を軸に学校の教育活動の質の向上を図ることが重要となります。本校の現状は，新たな教育課程を編成し実践するだけでは教育の質の向上は難しく，本当の意味での「学校改革」を推

し進めなければ質の向上を達成することができないと考えさせられました。

　教育の質を向上させるためには，学校の課題を一つ一つ解決していくような取組を実践することだと考えました。本書で示されているカリキュラム・マネジメントの7つの要素（ア．教育目標の具現化，イ．カリキュラムのPDCA，ウ．組織構造，エ．学校文化，オ．リーダー，カ．家庭・地域社会等，キ．教育課程行政）は，いずれも本校では見直しが必要であると特別支援学校アドバイザーから指摘を受けたポイントでもあります。

　本校では，カリキュラム・マネジメントの充実が実現すれば，「学校改革」が行われたということになります。したがって，7つの要素について何をどのように取り組んでいくのかを検討しました。課題には，すぐに解決できるものと時間を掛ける必要があるものとがあります。また，カリキュラム・マネジメントは，いくつもの要素を同時並行的に進めていく必要があります。そこで，表5-1のように実践のスケジュールを決めました。

表5-1　カリキュラム・マネジメント年間スケジュール

	学校行事等	教育目標の具現化	カリキュラムのPDCA	組織構造	学校文化	リーダー	家庭・地域社会等	教育課程行政
4月	入学式 学級懇談会 PTA総会	グランドデザインの提示と説明	児童生徒の実態把握 教育課程の提示	分掌の委嘱 分掌ごとの年間活動計画の作成	教員の指導力，職務遂行能力の把握 校内研修会開催の推進	学校運営方針の丁寧な説明 校長，教頭，教務との情報共有（適宜）	年間活動計画の提示 PTA総会 教育支援計画の確認	アドバイザー訪問の日程調整
5月		学校評議員会	1学期分の単元に基づいた個別の指導計画の作成	分掌主任を中心とした活動の開始	児童生徒の家庭の状況の把握・整理 校内研修会	校長だより	地域役員との懇談	アドバイザー派遣開始
6月	宿泊学習 授業参観				校長面談による個々の教員の目標の確認	校長から個々の教員の目標への助言	近隣小中学校との交流及び共同学習	指導主事訪問，管理主事訪問による助言
7月	個人懇談会	進捗状況の確認	1学期の単元の評価	1学期の活動の振り返り・見直し	校内研修会	校長だより	保護者と児童生徒の評価の確認	教育センターの指導主事による校内研修の実施
8月			2学期の個別の指導計画の作成		校内研修会	学年主任，分掌主任との課題共有		
9月	避難訓練				校内研修会			学校経営評価会議
10月	運動会		学校行事アンケートの実施		校内研修会			指導主事訪問，管理主事訪問による助言
11月	修学旅行 授業公開		3学期の個別の指導計画の作成		校内研修会			授業公開及び研究会
12月	作品展示会 個人懇談会	進捗状況の確認	学校行事アンケートの実施 1学期の単元の評価	2学期の活動の振り返り・見直し	校内研修会	校長だより	保護者と児童生徒による評価の確認	
1月	作業製品バザー				校内研修会		地域の人を招いての学校行事	
2月	個人懇談会	学校評議員会 学校評価の分析	3学期の単元の評価	1年間の活動の振り返り・見直し	校長面談による個々の教員の目標達成の評価	学年主任，分掌主任との年度末反省の分析	保護者と児童生徒による評価の確認	学校経営評価会議
3月	卒業式	次年度のグランドデザインの作成	次年度に向けての教育課程の修正	次年度の分掌割り当ての検討・作成	次年度に取り組む課題の明確化	校長だより		アドバイザー派遣の総括

3．カリキュラム・マネジメントの実践

ア．教育目標の具現化

　学校運営に当たっては，設定した教育目標に対する校長の考えや具体的に何に取り組むのかを教員が理解できるように示さなければなりません。よく見られるのは，その要素を A4 判 1 枚の用紙に図式化するものです。多くの学校のホームページ等で見受けられる様式です。これは一見分かりやすいように思えますが，課題の具体性に欠け，本校では様々な考えをもつ教員との共通理解が難しいように感じました。

　そこで，『様式 1　カリキュラム・マネジメント　グランドデザイン』（学校経営方針の構造図）を教員に配布して説明することが大切だと考えました。このグランドデザインは，図 5-1 に示しました。本校では 4 月 1 日に年度最初の教員会議を行いますので，新年度の初日に示すことが良いと考えました。そして，丁寧な説明を行うことが必要です。

　グランドデザインの作成に当たっては，教員の意見集約と協働が重要となります。校長が重要と考える課題と教員が重要と考える課題は必ずしも一致しているとは限りません。自分の置かれた立場や状況によって，課題の捉え方は当然異なります。特に本校のように教員が多い職場では正反対の意見や考えが常にあります。したがって，グランドデザイン（学校経営方針の構造図）は，学校の良さを生かすという視点も大切にしながら，時間をかけて構築すると良いでしょう。

イ．カリキュラムの PDCA

　カリキュラム・マネジメントの根幹は教育課程ですが，今回の学習指導要領の改訂で重視された"教科別の指導"を充実させるために，"各教科等を合わせた指導"を行わない新たな教育課程の編成をしました。これらは，校長のトップダウンだけでは実施が難しく，全ての教員の理解が不可欠であり，全員で教育課程を編成していくという体制が重要だと考えます。

　本校も今回の学習指導要領以前は，"各教科等を合わせた指導"を重視した教育課程を編成していました。今回の改訂に際しても，当初は新たな教育課程を構築しようという意識や動きは，ほとんどありませんでした。しかし，より良い学校の在り方を考えたときに，「活動ありき」が先行していた教育課程や授業づくりを大きく改革しないことには，何も変わらないと感じました。つまり，教育委員会の方針でもある「特別支援学校改革」を推進するには，思い切ったことをしない限り，より良い学校を実現することは難しいということです。もちろん，校長がそういった判断ができた背景には，『特別支援学校アドバイザー』（専門家）の助言が大きいと言えます。理論面での後押しがあることで，新たな教育課程編成の必要性を教員が納得できるように説明することができました。

　次に，新たな教育課程の実施に当たっては，個別の 3 計画の作成と実施・活用が重

要です。個別の教育支援計画は，本校独自の様式を継続して使用していますが，個別の指導計画は教科学習中心の教育課程に合わせて全単元で 3 観点の評価を必ず記入する様式に変更しました。また，自立活動の個別の指導計画は，『本人参画型の「自立活動の個別の指導計画」』（三浦ら，2020）を参考にその様式を使用しています。

　学部主任が年度当初に様式（データ）と作成の手順を担任・担当に示します。個別の指導計画は，単元が終了するたびに 3 観点の評価を記入し授業を振り返るため，授業改善にも役立ちます。そして，教育課程が児童生徒の実態に合っているかを学期ごとに振り返り，必要に応じて修正を行います。年度末には次年度に向けて全体を見直します。この積み重ねにより指導内容の充実と系統性が明確になると考えます。

ウ．組織構造

　学校をより良い組織にするには割り当てられた分掌の職責を理解し，確実に遂行してもらう必要があります。校務分掌ごとに適材・適所の人材を，と言われますが，ただ個人で取り組むだけでは組織は活性化しないと考えます。

　教員は，任命された校務分掌にそれぞれ取り組みますが，チームという意識が乏しいのが本校の大きな課題でした。そこで，校務分掌の見直しとして，最初に取り組んだのは "ICT 教育推進チーム" を位置付けたことです。小・中学部における一人一台のタブレットの配置により，ICT 教育の推進が特別支援学校でも必須の課題となりました。教員一人一人が自身のスキルアップを図る必要があるため，新たに「ICT 総括主任」を置き，ICT 総括主任がその業務に専念する体制にしました。

　ICT 教育推進チームのメンバーは，ICT 機器について高い知識と技術をもっており，学部を越えて苦手な教員のサポートを行う「お助けチーム」の働きをします。そうすることで，苦手な教員も ICT を使った授業に取り組むことができるようになりました。

　また，ICT 教育推進チームは機器のサポートや機器の使い方だけでなく，ICT 機器を活用した授業の提案や校内研修会の企画も行いました。授業を考え，実際に見せることで，他の教員もどのように授業をするのかというイメージをもちやすくなり，一気に校内全体で ICT 機器を活用した授業実践が推進されました。校内研修会には自由参加にもかかわらずほとんどの教員が参加し，知識や技術を皆で向上させました。

エ．学校文化

　良くも悪くも学校で長年にわたって同じように取り組まれてきたことを変えていくのは容易ではありません。特に本校では，決して授業づくりや校内研究に熱心に取り組んできたとは言えない状況でした。これまでの授業研究は，各担任がお互いに授業を見合うという機会はかなり限定されており，学校全体での学び合いが乏しいのが課題でした。そこで，年度当初に，研究主任が『特別支援学校アドバイザー』（専門家）から校内研究や授業研究の方法について指導・助言をいただきました。そして，『特別支援学校アドバイザー』（専門家）に授業参観をしていただき，客観的な評価を得

るようにしました。

　授業研究会は，各学部の研究推進委員が中心となって学部全体で実施したり隣接学年で開催したりするようになりました。授業研究会や授業参観において専門家からの助言を得るという機会がほとんどなかった本校においては，『特別支援学校アドバイザー』（専門家）からの指導・助言は厳しいと感じ，抵抗感をもつ教員も少なくありませんでした。しかし，研究主任をはじめ，「自ら学びたい」という思いのある教員が中心となって，専門家から得る指導・助言はより良い授業づくりには欠かせないものであることを徐々に広めていきました。授業改善は，一気に解決する問題ではありません。だからこそ，授業研究会を充実させ，教員一人一人の学びへの意欲を高める必要があります。

オ．リーダー

　校長，教頭，学部主任（本校では「教務主任」の名称）が常に何をどのようにするかを確認し，教員が校長，教頭，学部主任のいずれかに尋ねても，その考えや指示がブレないことが重要です。校長は学校運営全般のリーダーですが，立場によって担う役割があり，それぞれが役割に応じたリーダーシップを発揮することも必要となります。例えば，服務や教員・施設の管理は教頭がリーダーであり，教育課程の見直し・編成については，基本的に学部主任がリーダーとなって行います。

　また，学年主任，校務分掌の主任は管理職の意向を踏まえつつ，リーダーシップを発揮して，それぞれの役割や職責を果たす必要があります。ミドルリーダーと言われる存在です。しかし，ミドルリーダーの役割が果たせる人材が不足している現状もあります。そのため，管理職からミドルリーダーへ，その役割を理解してもらうための働き掛けや支援を行う必要があります。経験させながら育て，活躍できるミドルリーダーを増やすことで組織の活性化を図っていきます。

カ．家庭・地域社会等

　「社会に開かれた学校」にするためには，保護者や地域に積極的に学校の取組を知らせていく必要があります。行事参観や学校だより，ホームページ等はもちろんですが，PTA役員や地域の役員との懇談会や意見交換会も積極的に行うと活性化されます。

　本校では，保護者，地域，近隣の小・中学校を対象に授業公開及び研究会を実施しました。「ICT機器を活用した授業づくり」というテーマで全学級を公開することで，最新の課題に全教員で取り組んでいる様子を伝えることができました。教育委員会や県外からの教員の参加もあり，日頃の授業参観とは異なる様子や全学級がICT機器を使った授業を行うといったことに統一感を感じた保護者からも高い評価を得ることができました。

　また，児童生徒間においては，近隣の小・中学校との交流及び共同学習を定期的に行い，障害のある児童生徒と障害のない児童生徒が共に学ぶ機会を大切にしたいと考えます。

キ．教育課程行政

　カリキュラム・マネジメントの実践は，効果があったのかをできるだけ客観的に確かめることが重要となります。教員は名古屋市教育委員会が示した『評価シート（A4判1枚）』の中に，「今年度の目標」と「目標達成に向けての課題と行動計画」を記載し，それについて「達成状況について」を文章で書く形式の自己評価をします。そのため，「学校全体がなんとなく良くなった」「児童生徒ができるようになった」「体制ができつつある」などという曖昧な記述が見られました。また，4領域（学校経営，学校教育，指導・助言，施設管理）19項目の職務状況は，3段階（◎○△）による自己評価を基準や明確な根拠が示せないまま記入した項目もありました。

　そこで，新たに『様式2　特別支援学校用カリキュラム・マネジメント　チェックシート』と『様式3　特別支援学校用カリキュラム・マネジメント　学校経営実績評価シート』の2つを活用して，できるだけ客観的に評価をすることにしました。表5-2には，『様式2　特別支援学校用カリキュラム・マネジメント　チェックシート』を示しました。この様式2のチェックシートは，様式1のグランドデザイン（学校経営方針の構造図）を評価するものです。また，表5-3には，『様式3－①　特別支援学校用カリキュラム・マジメント　学校経営実績評価シート（管理職）』を示しました。様式3は，役職・校務分掌ごとに学校経営評価が分かれていますが，ここでは，管理職用を載せました。この2つの様式で教育委員会が主催する学校評価会議（年2回）において学校評価を行った結果，理論的なエビデンスト・ベーストができ，正確な学校評価につなげることができたと考えます。また，これらの項目を意識することで，結果を出したいという意欲をもつことができました。年度当初，中間，最終と実践結果を記入するため，その進捗状況を把握できます。こういった意識がPDCAに沿った学校運営につながると考えます。

4．今後の課題

　「学校を良くしたい」という漠然とした思いは誰しももっていると思います。しかし，具体的に「いつ，どこで，だれが，何を，なぜ，どのように」といったことが明確になっていない状態や教員に協働という意識がないままでは，学校改革は進まないと実感しました。今後は，このカリキュラム・マネジメントのシステムをいかに継承していくか，引継ぎの在り方をどうするかが課題だと考えます。

　毎年，管理職をはじめ教員の異動があります。人が変わると改革が止まってしまうことは少なくありません。このカリキュラム・マネジメントの考え方を基に，教員間で学び合える環境づくりや継承する人材であるミドルリーダー育成にも力を注いでいくことが急務です。

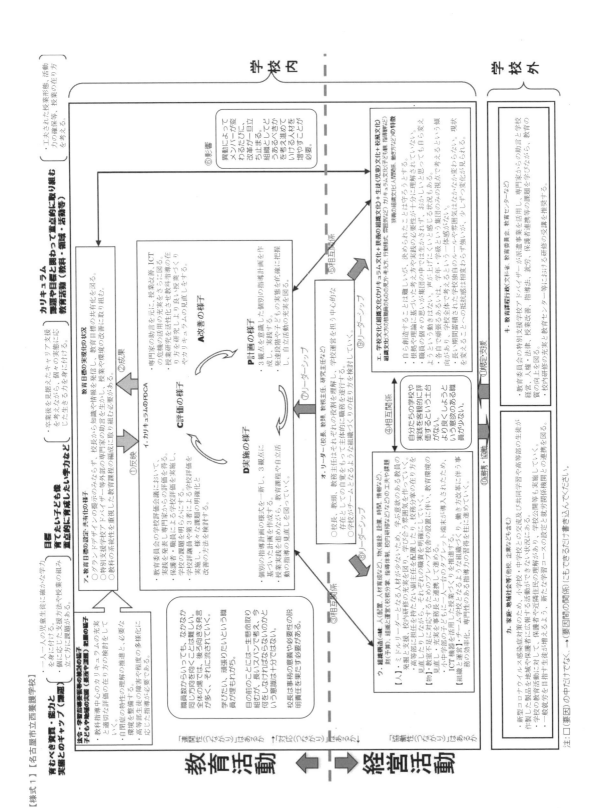

図 5-1 『様式1 カリキュラム・マネジメント グランドデザイン』（学校経営方針の構造図）

表5-2 『様式2　特別支援学校用カリキュラム・マネジメント　チェックシート』

様式2	特別支援学校用カリキュラム・マネジメント　チェックシート	（計100項目）

*下記の項目に関する学校としての達成度について，以下のように評価します。
（非常に当てはまる4，だいたい当てはまる3，あまり当てはまらない2，全く当てはまらない1）

Ⅰ．学校・学部の教育目標について（ア．教育目標の設定・共有化＝P段階に対応）

NO	質問項目	非常に当てはまる	だいたい当てはまる	あまり当てはまらない	全く当てはまらない	モデルへの位置付け
Ⅰ-1	法令や学習指導要領が示す目標を十分に検討して，児童生徒の障害特性や実態を踏まえながら学校・学部の教育目標に反映させている。	4	③	2	1	ア
Ⅰ-2	児童生徒の障害特性や実態及びニーズを具体的に把握（情報収集，測定，データ化など）して，学校として取り組むべき課題を明らかにしている。	4	3	②	1	ア
Ⅰ-3	学校全体の障害特性や実態及び知的能力，その他の課題について，全教員の間で共有している。	4	3	②	1	ア
Ⅰ-4	学校・学部の教育目標や重点目標は，児童生徒の障害特性や実態及び地域の実情を踏まえて，バランス（知・徳・体）よく設定されたものである。	④	3	△2	1	ア
Ⅰ-5	学校・学部の教育目標や重点目標は，「児童生徒に身に付けさせたい力」「目指す児童生徒像」「将来の自立に向かう力」として具体的に記述されている。	④	3	△2	1	ア
Ⅰ-6	学校・学部の教育目標や重点目標は，達成度の測定や評価が可能な形式で表現されている。	4	3	②	1	ア
Ⅰ-7	学校・学部の教育目標について，児童生徒にも，折に触れ分かりやすく理解を促している。	4	3	②	1	ア
Ⅰ-8	学校・学部の教育目標や重点目標は，「個別の教育支援計画」と「個別の指導計画」の目標に反映されている。	4	③	2	1	ア

Ⅱ．教育課程の編成・実施・評価の様子について（イ．カリキュラムのPCDA）

NO	質問項目	非常に当てはまる	だいたい当てはまる	あまり当てはまらない	全く当てはまらない	モデルへの位置付け
Ⅱ-1	総じて言えば，特色かつ創造的な教育課程を編成している。	4	3	②	1	イ-全体
Ⅱ-2	単位時間の弾力的運用や週時程の工夫をしている。	4	③	2	1	イ-全体
Ⅱ-3	学校経営計画，学部経営案，学年経営案，学級経営案は，それぞれの目標や内容が連動しているように作成されている。	4	③	△2	1	イ-P
Ⅱ-4	教育課程表（全体計画，年間指導計画，指導内容表等）を見れば，学校・学部全体の指導内容が一目で分かるようになっている。	4	③	2	△1	イ-P
Ⅱ-5	教育課程は，学校・学部の教育目標や重点目標を踏まえた教科横断的な視点で，目標の達成に必要な教育の内容が組織的に配列されている。	4	3	②	1	イ-P
Ⅱ-6	各教科等の指導目標や指導内容の相互関連が一目で分かるような教育課程表（全体計画，年間指導計画，指導内容表等）が作成されている。	4	③	2	△1	イ-P
Ⅱ-7	指導事項の系統性が一目で分かるような教育課程表（全体計画，年間指導計画，指導内容表等）が作成されている。	4	3	②	1	イ-P
Ⅱ-8	年度当初に教育課程を計画する際は，前年度踏襲ではなく，児童生徒の特性や実態等の変化に合わせて，指導内容，指導方法，評価規準，時期などを考えながら計画している。	4	3	②	1	イ-P（C）

		4	3	2	1	
II-9	各教科等を合わせた指導で特別な教育課程（日常生活の指導，遊びの指導，生活単元学習，作業学習など）を設定する際には，その根拠を明確に示しながら教育課程を編成している。	4	③	2	1	イ -P(C)
II-10	自立活動において，「教育活動全体を通した指導」と「時間における指導」の根拠を明確に示しながら教育課程を編成している。	4	③	2	1	イ -P(C)
II-11	知的障害がある児童生徒に対して外国語活動（英語）を小学部から設定する際には，その根拠を明確に示しながら教育課程を編成している。	4	③	2	1	イ -P(C)
II-12	重複障害がある児童生徒に各教科等の一部又は全部を「自立活動」に替える際には，その根拠を明確に示しながら教育課程を編成している。	4	③	2	1	イ -P(C)
II-13	教員は，学校・学部の年間指導計画を活用して指導を行っている。	4	③	2	1	イ -D(P)
II-14	教員は，学校・学部の年間指導計画を，児童生徒の障害特性や実態に応じて，柔軟に変更しながら実施している。	④	3	△2	1	イ -D(P)
II-15	教員は，学校・学部の教育目標や重点目標及び個別目標を意識して授業や行事に取り組んでいる。	4	③	2	1	イ -D(ｱ)
II-16	教科書や指導書に沿って授業を行うのに手一杯な教員が多い。（逆転項目）	4	③	2	1	イ -D
II-17	児童生徒の障害特性や実態に合わせて自分で授業を考えたり，教材・教具を開発して授業を行うのに手一杯な教員が多い。（逆転項目）	4	③	2	1	イ -D
II-18	教員は，各教科等の教育目標や内容の相互関連を意識して，日々の授業を行っている。	4	3	②	1	イ -D
II-19	教員は，既習事項や，先の学年で学ぶ内容との関連（系統性）を意識して指導している。	4	3	②	1	イ -D
II-20	教員は，学校・学部の年間指導計画の改善に役立つような記録（メモ）を残している。	4	③	△2	1	イ -D(c)
II-21	少なくとも年に一度は，学校・学部の教育目標や重点目標及び個別目標の達成度を測っている。	4	③	2	1	イ -C(ｱ)
II-22	学校・学部には，実践の良さや成果を記録・蓄積・共有化・継続するための仕組みがある。	4	3	②	1	イ -A(ｳ)
II-23	児童生徒の学習成果の評価だけでなく，教育課程や授業の評価も行っている。	4	3	②	1	イ -C
II-24	教育課程の評価を，確実に次年度に向けた改善活動につなげている。	4	3	②	1	イ -A
II-25	標準化された個別検査（知能・発達・作業能力等）の分析結果を参考に，児童生徒の指導計画や個別目標を見直し，指導内容・方法の改善をしている。	4	3	2	①	イ -A
II-26	標準化された個別検査（知能・発達・作業能力等）の分析結果を参考に，対象の児童生徒だけでなく，学年学部の指導計画や個別目標を見直し，指導内容・方法の改善をしている。	4	3	2	①	イ -A
II-27	教科指導において，個々の授業における個別の知識・技能だけでなく，単元を通して重要な概念やプロセス，原理などを深く理解させるなど，長期的な指導に力を入れている。	4	3	②	1	イ -D
II-28	パフォーマンス評価など，思考力・判断量・表現力などを評価する方法の開発や実施に取り組んでいる。	4	3	②	1	イ -D(C)
II-29	総合的な学習（探究）の時間において，課題の設定からまとめ・表現に至る探究の過程を意識した指導をしている。	4	3	2	①	イ -D
II-30	自立活動において，課題選定，指導内容，指導方法，実際の指導，評価に至る一連の過程について，個別の指導計画に基づいて指導をしている。	4	3	②	1	イ -D
II-31	特別な教育課程（日常生活の指導，遊びの指導，生活単元学習，作業学習など）を設定している場合には，教科の目標が含まれ，その評価も明確にしている。	4	③	2	△1	イ -D
II-32	全員の児童生徒に対して，「個別の教育支援計画」と「個別の指導計画」を作成しており，PDCA サイクルとして機能している。	④	3	△2	1	イ -D

120

Ⅱ-33	各教科等の授業において，児童生徒の主体的・対話的な学習が取り入れられている。	4	3	②	1	イ-D
Ⅱ-34	各教科等の授業において，児童生徒の深い学びにせまるような学習が取り入れられている。	4	3	②	1	イ-D
Ⅱ-35	各教科等の学習内容は，将来の自立を目指し，実生活や社会での出来事に関連付けて指導するよう心掛けられている。	4	③	2	△1	ア
Ⅱ-36	学校の研究主題は，学校・学部の教育課題と連動している。	4	③	2	1	イ-D
Ⅱ-37	教員は，学校・学部の研究主題を意識して日々の授業を行っている。	4	③	2	1	イ-D
Ⅱ-38	教員は，学校・学部の授業研究の成果を日常の授業に積極的に生かしている。	4	3	②	1	イ-D(A)
Ⅱ-39	学校・学部として取り組んでいる授業研究が学校・学部の課題解決に役立っているかについて評価している。	4	3	②	1	イ-C
Ⅱ-40	総合的な学習（探究）の時間では，地域や社会で起こっている問題の解決に取り組むことで，児童生徒が地域の一員として生活していくことや社会貢献につながっていることを意識するような学習が行われている。	4	3	2	①	イ-D(カ)
Ⅱ-41	自立活動では，障害の改善・克服の内容に取り組むことで，児童生徒が将来の自立に向かっていることを意識するような学習が行われている。	4	3	②	1	イ-D(カ)
Ⅱ-42	地域の人材や素材を積極的に活用する教員が多い。	4	3	②	1	イ-D(カ)
Ⅱ-43	目標の達成度は，保護者・地域等に公表している。	4	3	②	1	イ-C(カ)
Ⅱ-44	学校・学部の教育の成果と課題を保護者・地域と共有し，共に解決策を考えたりする機会がある。	4	3	②	1	イ-A(カ)
Ⅱ-45	児童生徒のアイディアや意見を取り入れ，児童生徒と共に教育活動を創り出している。	4	3	②	1	イ-D
Ⅱ-46	授業の進め方や学習スキルを児童生徒も知っており，教員と児童生徒が協力しながら授業を進めている。	4	3	2	①	イ-D
Ⅱ-47	教育課程の評価や計画に当たって，児童生徒や保護者の意見も参考にしながら取り組んでいる。	4	3	2	①	イ-C
Ⅱ-48	総じて判断すると，カリキュラムに関するPDCAサイクルは上手く機能している。	4	3	2	①	イ-全体

Ⅲ．教育課程の編成、・実施・評価活動への支援活動（経営）の様子について（ウ．組織構造，オ．リーダー，カ．家庭・地域社会等，キ．教育課程行政）

Ⅲ-1	校長は，教育と経営の全体を見通し，ビジョンや方針を明確に示している。	④	△3	2	1	オ
Ⅲ-2	校長の経営方針に，児童生徒の障害の改善・克服や将来の自立に向けた教員の力量形成方策が明確に位置付けられている。	4	③	2	1	オ
Ⅲ-3	副校長・教頭は，ビジョンの具体化を図るために，学校として協働して取り組む体制や雰囲気づくりに尽力している。	4	③	2	1	オ
Ⅲ-4	主事や主任は，ビジョンを基にカリキュラムの工夫や研究推進の具体策を示して実行している。	4	③	2	1	オ
Ⅲ-5	全ての教員が，立場や役割に応じてリーダーシップを発揮している。	4	3	2	①	オ
Ⅲ-6	役割を担った教員に対する管理職の支援が手厚く，主事や主任のミドルリーダー層はリーダーシップを発揮しやすい。	4	3	②	1	オ
Ⅲ-7	教育課程の編成，評価や改善には，全教員が関わっている。	4	3	②	1	ウ
Ⅲ-8	目指す教育活動を行うために，必要な組織体制（校務分掌）がつくられている。	4	③	2	1	ウ

Ⅲ-9	目指す教育活動を行うために，施設・設備の有効活用の工夫や環境整備をしている。	4	3	②	1	ウ
Ⅲ-10	目指す教育活動を行うために，ICT機器が有効に利用されている。	4	③	2	1	ウ
Ⅲ-11	目指す教育活動を行うために，公共施設（運動施設，娯楽施設，図書館，科学館，美術館など）を積極的に利用している。	4	3	②	1	ウ
Ⅲ-12	目指す教育活動を行うために必要な予算確保の工夫や努力がなされている。	④	3	△2	1	ウ
Ⅲ-13	目指す教育活動を行うために必要な研究・研修ができるよう時間確保への配慮がなされている。	4	③	2	1	ウ
Ⅲ-14	目指す教育活動を行うために必要な資料が用意されている。	4	③	△2	1	ウ
Ⅲ-15	目指す教育活動を行うために必要な情報収集がなされている。	4	③	2	1	ウ
Ⅲ-16	目指す教育活動を行うために必要な地域人材・資源（教材など）の発掘や維持・管理の努力をしている。	4	3	2	①	ウ（カ）
Ⅲ-17	目指す教育活動を行うために，教員以外の専門職スタッフ（医師，OT，PT，ST，臨床心理士，管理栄養士など）と連携協力している。	4	③	2	1	ウ
Ⅲ-18	目指す教育活動を行うために，教員以外のスタッフ（教育支援員，学習指導員，学校図書館司書，調理員，事務員など）と連携協力している。	4	③	2	1	ウ
Ⅲ-19	教員が国や都道府県，市町村の教育委員会が開催する教育研修（悉皆，経験年数，職務など）に参加できるように支援されている。	4	③	2	1	ウ（キ）
Ⅲ-20	教員が希望する教育研修（自主研修）について，参加しやすい雰囲気がある。	4	③	2	1	ウ
Ⅲ-21	教員が所属する学会や研究会等での発表等について，参加しやすい雰囲気がある。	4	3	②	1	ウ
Ⅲ-22	研究会・研修会等で公表している資料を有効に活用している。	4	③	△2	1	ウ
Ⅲ-23	目指す学習活動を実現するために，児童生徒の組織（係，委員会）があり，役割を果たしている。	4	3	②	1	ウ
Ⅲ-24	インクルーシブ教育の推進に向けて，障害のない児童生徒との交流及び共同学習が用意されている。	4	3	2	①	ウ（カ）
Ⅲ-25	地域での生活を送るために，地域住民との交流の活動が用意されている。	4	3	2	①	ウ（カ）

Ⅳ．教員の全体的な雰囲気について（エ．学校文化（組織文化））

Ⅳ-1	教員は，学校・学部の教育目標や重点目標及び個別目標について，その意味を具体的に説明できる。	4	3	②	1	エ（ｱ）
Ⅳ-2	教員は，学校・学部が力を入れている実践（特色）を具体的に説明できる。	4	3	②	1	エ（ｱ）
Ⅳ-3	教員には，自己の知識や技能，実践内容を相互に提供し合う姿勢がある。	4	3	②	1	エ（ｱ）
Ⅳ-4	教員には，新しい実践に対して前向きに取り組む姿勢がある。	4	3	②	1	エ（ｱ）
Ⅳ-5	学習指導要領改訂など，教育政策の動向に関心を寄せ，積極的に学ぶ教員が多い。	4	③	2	△1	エ（キ）
Ⅳ-6	教員の間に，それぞれの個性や仕事ぶりを認め合う信頼関係がある。	4	3	②	1	エ
Ⅳ-7	挑戦が推奨され，挑戦の結果失敗しても，個人が責められない安心感がある。	4	3	②	1	エ
Ⅳ-8	教員は，学級・学年や学部だけでなく，学校全体のことを考えて行動している。	4	3	②	1	エ

Ⅳ-9	教員は，自ら役割を担って自主的に行動している。	4	3	②	1	エ
Ⅳ-10	教員は，目指す教育活動のためには，時には厳しい相互批評もいとわず議論する。	4	3	2	①	エ
Ⅳ-11	教員は，学級・学年や学部を越えて，児童生徒の成長を伝え合い，喜びを共有している。	4	③	△2	1	エ
Ⅳ-12	日々多忙な割には，負担感よりも充実感を口にする教員が多い。	4	3	2	①	エ
Ⅳ-13	教員の多忙感が強いため，今以上の役割分担の依頼や新しい実践の開始にためらいを感じる。（逆転項目）	④	3	2	1	エ
Ⅳ-14	T-T 授業において特定の教員（担任・担当）が休暇を取るために，仕事の負担感が多いことを口にする教員が多い。（逆転項目）	④	3	2	1	エ
Ⅳ-15	どちらかというと，教科等の授業よりも，生徒指導や進路指導，部活動や放課後活動にエネルギーを使う教員が多い。（逆転項目）	4	△3	2	①	エ
Ⅳ-16	教員の中には，各教科等を合わせた指導（日常生活の指導，遊びの指導，生活単元学習，作業学習など）よりも教科の指導に力を入れるべきだという意見が強い。（逆転項目）	4	3	②	1	エ
Ⅳ-17	総合的な学習（探究）の時間の実施について，教員の中に熱量や力量の差があり，指導にバラツキが生じている。（逆転項目）	4	③	2	1	エ
Ⅳ-18	自立活動の実施について，教員の中に熱量や力量の差があり，指導にバラツキが生じている。（逆転項目）	④	3	2	1	エ
Ⅳ-19	教員には，自分が授業を行う学年・教科等及び主担当（T1）だけでなく，学校・学部の教育課程全体で組織的に児童生徒を育てていくという意識が強い。	4	3	②	△1	エ

※　○：今年度，△：昨年度。網掛けになっている NO は，昨年度から数値が上がった項目。

表5-3 『様式3-① 特別支援学校用カリキュラム・マネジメント　学校経営実績評価シート（管理職）』

様式3-① 特別支援学校用カリキュラム・マネジメント　学校経営実績評価シート（管理職）

【記入の仕方】

- ・今年度目標及び今年度実績については，学校全体数（各学部・各学級の合計）を数字で記入する。
- ・達成状況については，特記事項（児童生徒名，名称など）を簡潔に記入する。
- ・評価は5段階で記入する。（5：大幅に目標達成，4：目標以上に達成，3：目標通り達成，2：目標に達しない，1：大幅に目標に達しない）
- ・「別紙に記載」については，別紙に具体的な対応を記入する。
- ・「共通」の欄に示されている項目は，校内の校務分掌（学部主任，養護教諭，研究主任，進路指導主事，地域支援担当）と重複する。

【記入例】

担当	項目	実績の内容	昨年度実績	今年度目標	中間実績	今年度実績	達成状況（特記事項）	評価
学部主任	学校紹介（報道機関）	テレビ，ラジオ，新聞等の紹介数	TV 0 ラジオ0 新聞2 他 0	TV 1 ラジオ0 新聞2 他 0	TV0 ラジオ0 新聞1 他 0	TV 2 ラジオ0 新聞2 他 0	公開授業参観と作品展がTVと新聞で紹介された。	4

【学校全体の実績評価】

担当	項目	実績の内容	昨年度実績	今年度目標	中間実績	今年度実績	達成状況（特記事項）	評価

Ⅰ．学校全体に関すること

担当	項目	実績の内容	昨年度実績	今年度目標	中間実績	今年度実績	達成状況（特記事項）	評価
	教育目標（学校表彰）	教育目標（知徳体）に関する学校学部功績の応募数と表彰数　例：体力づくり優秀校，花壇推進校　例：歯の健康優良校，伝統文化継承　注：研究表彰は「教育研究」へ	応募0 表彰2	応募1 表彰2	応募1 表彰2	応募1 表彰4	青少年赤十字銀杯歯の健康教育推進校健康教育推進校優良校・優秀賞	5
	教育目標（講話公表）	管理職（校長・教頭）が児童生徒に授業した講話数，保護者に設定した講話数，外部向けの公表数　例：道徳「障害とは」　例：親「スマホの取扱い」　注：朝会や行事の挨拶は除く	全校1 小学0 中学0 高等0 父母0 他	全校1 小学0 中学0 高等0 父母0 他	全校1 小学0 中学0 高等0 父母0 他	全校1 小学0 中学0 高等0 父母0 他		3
学部主任	実態調査（障害診断）	診断名の種別と人数（学校要覧等の記載通りで可）　注：学校要覧に合わせる。障害が重複している場合は主障害又は第1障害を記載　注：人数は重複しない　例：知的＋ダウンの場合はダウンに	児童生徒総数（253）人知的ダウン自閉他			児童生徒総数（253）人知的ダウン自閉他		
学部主任	福祉（手帳）	障害者手帳の取得数　注：1人で2種目の場合には別々に	療育身体精神	療育250身体34精神11	療育250身体34精神11	療育250身体34精神11		
学部主任	実態調査（発達検査）	学校で実施している知能・発達検査，学力検査，体力テスト，作業能力テスト等の実施数（種類数）　例：ビネー，S-M能力，津守式　注：種類で記載，何種類か	知発学テ体力作業他70	知発学テ体力作業他60	知発学テ体力作業他	知発学テ体力作業他40	S-M能力入学者数の減少	3
	専門性（教員免許）	教員の特別支援学校免許状保有者数（種別ごとに記載）　注：見込は「なし」の中で今年度中に取得予定数を記載　注：自立は「自立活動」の免許状保有数を記載　注：介助員等は除く	総数88専修0 1種50 2種34なし4見込2自立0	総数91専修0 1種54 2種31なし6見込2自立0	総数91専修0 1種54 2種32なし5見込1自立0	総数91専修0 1種54 2種33なし4見込0自立0		3

担当	項目	内容					備考	
教務主任 学部主任	学校紹介（通信）	学校だより，学部だよりの発行，及び，その他校務分掌（保健だより，給食だより等）の発行数　注：学級だよりは除く	学校9 小学9 中学9 高等26 訪問- 保健9 給食9 他	学校11 小学11 中学11 高等26 訪問11 保健9 給食11 他	学校5 小学5 中学6 高等16 訪問- 保健5 給食5 他	学校11 小学11 中学11 高等30 訪問- 保健11 給食11 他		3
	学校紹介（ホームページ）	ホームページの更新数と閲覧数　例：月1回更新で年12回　注：HP上に開設した閲覧数	更新7 閲覧	更新10 閲覧	更新5 閲覧	更新20 閲覧		5
学部主任	学校紹介（授業参観）	全校授業参観の実施数　注：指定された参観のみ　注：日常は除く	小学0 中学0 高等0 他	小学3 中学3 高等4 他	小学0 中学0 高等0 他	小学2 中学2 高等2 他		3
学部主任	学校紹介（報道機関）	テレビ，ラジオ，新聞等の紹介数	TV 0 ラジオ0 新聞0 他	TV 0 ラジオ0 新聞0 他	TV 0 ラジオ0 新聞0 他	TV 0 ラジオ0 新聞0 他		
	学校紹介（学校公開）	学校公開（地域や対外向け）の実施数　注：公開研究会，研究授業は「教育研究」の項目へ	公開0	公開2	公開0	公開0	新型コロナウイルスまん延防止措置期間	
学部主任	地域交流（交流学習）	地域の保幼園，小学校，中学校，高等学校との交流学習及び共同学習の実施数	保幼0 小学0 中学0 高等0 他	保幼0 小学0 中学0 高等0 他	保幼0 小学0 中学0 高等0 他	保幼0 小学0 中学0 高等0 他	新型コロナウイルス感染症予防のため中止	
学部主任	地域交流（施設訪問）	地域の幼児施設，学校，福祉施設等への訪問数	幼児0 学校0 福祉0 他	幼児0 学校0 福祉0 他	幼児0 学校0 福祉0 他	幼児0 学校0 福祉0 他	新型コロナウイルス感染症予防のため中止	
地域支援主任	地域支援（相談事業）	地域の児童生徒を対象とした教育相談，就学相談等の受入数　例：障害等の悩み相談　例：進学相談，就学相談	障害0 就学170 進路0 他	障害0 就学120 進路0 他	障害0 就学80 進路0 他	障害0 就学85 進路0 他		2
地域支援主任	地域支援（派遣依頼）	地域の保幼園・小学校・中学校・高等学校等への派遣依頼数　例：巡回相談の派遣　例：個別検査の実施	相談86 研修 検査 他	相談80 研修 検査 他	相談53 研修1 検査 他	相談90 研修1 検査 他		4
地域支援主任	教育支援（通級指導）	地域の児童生徒を対象とした「通級による指導」の受入数　例：発達障害児への個別指導	通級0	通級0	通級0	通級0	制度なし	
学部主任	教育支援（ボランティア）	ボランティアの受入数＜登録＞（学生，地域住民，保護者等）　例：保護者の読み聞かせ　例：学生ボランティア	学生3 地域0 保護0	学生2 地域0 保護0	学生1 地域0 保護0	学生2 地域0 保護0		3
学部主任	大学連携（実習体験）	教育実習，介護等体験の受入数　例：大学の教育実習　例：大学の介護等体験	実習3 介護40	実習4 介護40	実習4 介護0	実習4 介護40		3
研究主任	教育研究（研究会議）	学校研究の全体会議数　例：研究全体会	全体2	全体3	全体1	全体4		4
研究主任	教育研究（講師招へい）	学校研究に関わる講師の招へい数　例：外部講師の招へい	招へい3	招へい3	招へい3	招へい5		4
研究主任	教育研究（授業研究）	校内の授業研究の実施数　注：担任が30人いて，そのうち28人実施すると総数3人，実施2人と記載　例：3人担任が合同で実施すれば3人とカウント　例：担任1人が4回実施しても1人とカウント	総数(96)人 実施(20)人	総数(98)人 実施(20)人	総数(98)人 実施(16)人	総数(98)人 実施(26)人		3

研究主任	教育研究（公開研究）	学校研究の公開研究会，研究授業公開の開催数 注：地域への学校公開は除く	公開0	公開1	公開1	公開1		4
研究主任	教育研究（報告まとめ）	学校研究（実践）報告書の発行数 例：研究紀要第2号 例：実践のまとめ第3集	発行1	発行1	発行1	発行1		3
研究主任	教育研究（研究表彰）	学校研究の表彰数 例：共同研究優良賞 例：研究奨励賞	表彰0	表彰0	表彰0	表彰0		
	学校安全（校舎内）	校舎全体（体育館，プール，校庭等を含む）の安全点検の定期的な確認数	確認12	確認12	確認6	確認12		3
	学校安全（不審者マニュアル）	不審者対策マニュアルの配備（作成・修正）と点検確認数 例：学期ごとの場合は年3回 例：毎月の場合は年12回	点検3	点検3	点検1	点検3		3
	学校安全（不審者防護）	不審者対策の防犯機器・道具（カメラ，センサー，さすまた，ブザー，防護盾等）の点検確認数	点検3	点検3	点検1	点検3		3
	学校安全（不審者訓練）	不審者対策の防犯訓練，防犯教室の実施数	訓練0	訓練0	訓練0	訓練0		
	学校安全（災害マニュアル）	災害時対策マニュアル（地震，火災，津波，洪水等）の配備（作成・修正）と点検確認数 例：学期ごとの場合は年3回 例：毎月の場合は年12回	火災1 地震1 津波1 洪水1 他	火災1 地震1 津波1 洪水1 他	火災1 地震1 津波1 洪水1 他	火災1 地震1 津波1 洪水1 他		
	学校安全（災害防護）	災害時対策の機器・道具（消火器，消火栓，プールの水，ボート，拡声器，ヘルメット，ラジオ等）の点検確認数	点検3	点検3	点検1	点検3		3
	学校安全（災害救護）	非常時の避難経路，避難場所及び救助，（救助袋，ハシゴ，階段，スロープ等）の点検確認数	点検1	点検1	点検1	点検1		3
	学校安全（避難訓練）	非難訓練（火災，地震，津波＜洪水＞，不審者侵入等）の実施数	火災2 地震2 津波1 他	火災3 地震5 津波1 他	火災1 地震2 津波1 他	火災3 地震5 津波1 他		3
	学校安全（避難所備蓄）	非常時の避難場所及び備蓄保管（非常食，寝具，薬品等）の点検確認数	点検1	点検1	点検1	点検1		3
	学校安全（交通安全）	交通安全教室の実施数	交通0	交通0	交通0	交通0		
	学校安全（通学路）	登下校にかかわる通学（バス，電車，地下鉄，歩行）の指導数 例：通学指導回数（常時除く）	通学1	通学1	通学1	通学1		3
保健主事	学校給食（食中毒）	給食での食中毒予防のための定期的な確認数 例：毎月の場合には12回	確認48	確認48	確認24	確認48		3
	学校運営（会議）	職員会議，運営会議等の実施数	職員9 運営0	職員9 運営0	職員4 運営0	職員9 運営0		3
	学校運営（評議員）	学校評議員会の実施数	評議2	評議2	評議1	評議2	書面開催	3
	学校運営（保護者）	PTA総会の実施数 PTA役員会の実施数	総会1 役員3	総会1 役員3	総会0 役員2	総会0 役員3	新型コロナウイルス感染症予防のため総会は中止	3
	服務管理（講話）	服務についての管理職の講話数 例：職員会議の中での講話 例：議題や設定した講話 注：講話と研修を区別	講話10	講話12	講話6	講話10		3
	服務管理（研修）	服務についての教員研修の実施数，そのうち外部講師の招へい数 注：研修は時間設定したもの 例：子供理解研修会，人権	研修2 招へい0	研修1 招へい0	研修1 招へい0	研修1 招へい1		3

担当	項目	内容						
	学校評価調査（保護者）	保護者の学校評価アンケート調査による総合評価点（最高４点中）　←○の中に記載	平均 3.65	平均 3.65	╱	平均 3.70		3
	学校評価調査（評議員）	学校評議員の学校評価アンケート調査による総合評価点（最高○点中）　←○の中に記載	平均	平均	╱	平均	意見集約	3
別紙	学校評価対応（評議員）	保護者の学校評価アンケート調査結果による対応内容	別紙に記載	別紙に記載	別紙に記載	別紙に記載	別紙に記載	
別紙	学校評価対応（評議員）	学校評議員の学校評価アンケート調査結果による対応内容	別紙に記載	別紙に記載	別紙に記載	別紙に記載	別紙に記載	

Ⅱ．児童生徒に関すること

担当	項目	内容						
学部主任	表彰（5教科）	5教科に関する応募数と表彰数（全国レベル，市県レベル）　例：作文，感想文，標語，理数　注：書道を含む（国語）	国応0 市応2 国賞0 市賞2	国応0 市応2 国賞0 市賞1	国応0 市応1 国賞0 市賞1	国応0 市応1 国賞0 市賞1		3
学部主任	表彰（音楽）	音楽等に関する出場数と表彰数（全国レベル）（市県レベル）　例：音楽祭，部クラブ活動	国出0 市出0 国賞0 市賞0	国出0 市出0 国賞0 市賞0	国出0 市出0 国賞0 市賞0	国出0 市出0 国賞0 市賞0		3
学部主任	表彰（図工美術）	図工・美術等に関する応募数と表彰数（全国レベル）（市県レベル）　例：作品展，美術展，絵画展	国応0 市応0 国賞0 市賞0	国応0 市応2 国賞0 市賞0	国応0 市応2 国賞0 市賞2	国応0 市応2 国賞0 市賞2		3
学部主任	表彰（体育）	スポーツ・運動に関する出場数と表彰数（全国レベル）（市県レベル）　例：障害者スポーツ，体育，陸上	国出0 市出0 国賞0 市賞0	国出0 市出0 国賞0 市賞0	国出0 市出0 国賞0 市賞0	国出0 市出0 国賞0 市賞0		
学部主任	表彰（健康保健）	体育・体力・健康に関する児童生徒の功績に対する応募数と表彰数　例：健康優良児，歯科優良賞	応募4 表彰4	応募4 表彰4	応募4 表彰4	応募4 表彰4		3
学部主任	表彰（徳育）	徳育に関する児童生徒の功績に対する応募数と表彰数　例：防犯協力，救助の感謝状　例：ボランティア活動	応募0 表彰0	応募0 表彰0	応募0 表彰0	応募0 表彰0		
学部主任	受験（検定）	検定に関する受験数と合格数　例：漢字，英語，書写	受験40 合格31	受験60 合格55	受験 合格	受験92 合格92		4
学部主任	受験（免許）	免許に関する受験数と合格数　例：原付，自動車	受験0 合格0	受験0 合格0	受験0 合格0	受験0 合格0		
学部主任	受験（資格）	資格に関する受験数と合格数　例：介護，クリーニング	受験0 合格0	受験0 合格0	受験0 合格0	受験0 合格0		
学部主任	受験（技能職能）	技能・職能に関する出場数と表彰数　例：アビリンピック	出場0 表彰0	出場0 表彰0	出場0 表彰0	出場0 表彰0		
生徒指導主事	いじめ（児童生徒調査）	（児童生徒用）いじめ等アンケート調査の実施数と認知数	実施0 認知0	実施0 認知0	╱	実施0 認知0		
生徒指導主事	いじめ（保護者調査）	（保護者用）いじめ等アンケート調査の実施数と認知数	実施253 認知0	実施253 認知0	╱	実施253 認知0		3
生徒指導主事	いじめ（児童生徒対応）	（児童生徒用）いじめ等アンケート調査結果による対応内容	╱	╱		別紙に記載	別紙記載	
生徒指導主事	いじめ（保護者対応）	（保護者用）いじめ等アンケート調査結果による対応内容	╱	╱		別紙に記載	別紙記載	
生徒指導主事	生徒指導（不良行為）	不良少年行為（喫煙，飲酒等）の補導歴数，軽犯罪行為（窃盗，恐喝，暴行等）の検挙数	不良 犯罪 他	不良 犯罪 他	不良 犯罪 他	不良 犯罪 他	非公開	

学部主任	学校不適応（不登校）	不登校数（30日以上総数）　例：怠学，親都合，拒否　注：病欠・入院等を除く	不登校総数	不登校総数	不登校総数	不登校総数	非公開	
学部主任	学校不適応（不登校傾向）	不登校傾向数（総数）（内訳：8日～29日の微欠）（内訳：30日以上別室登校）（内訳：平均週2回以上遅刻）	総数 微欠 別室 遅刻	総数 微欠 別室 遅刻	総数 微欠 別室 遅刻	総数 微欠 別室 遅刻	非公開	
養護教諭	保健管理（保健室利用）	保健室の利用数（内訳：内科的処置）（内訳：外科的処置）（内訳：その他）	総数953 内科325 外科628 他	総数900 内科300 外科600 他	総数 内科 外科 他	総数982 内科397 外科585 他		3
養護教諭	保健管理（入院事故）	病気等の入院数　事故等の入院数	病気0 事故0 他	病気0 事故0 他	病気1 事故0 他	病気1 事故0 他		3
養護教諭	保健管理（感染症）	感染症等の罹患数（第1種：ポリオ，ジフテリア等）（第2種：インフルエンザ，麻疹，風疹，水痘，耳下腺炎等）（第3種：コレラ，赤痢等）	1種 2種 3種 他	1種 2種 3種 他	1種 2種 3種 他	1種 2種 3種 他	非公開	
養護教諭	保健管理（出席停止）	出席停止の総数（感染症等）	出停	出停	出停	出停	非公開	
進路指導主事	進路（中3進路先）	中学3年の進学数，進路先数（内訳：A校高等部進学）（内訳：他の特別支援学校）（内訳：高等学校等）（内訳：その他，自宅）	総数11 A校 他校 高校 他	総数11 A校 他校 高校 他	総数11 A校 他校 高校 他	総数11 A校 他校 高校 他		3
進路指導主事	進路（高3進路先）	高3年の進学数，進路先数（内訳：一般企業就職，A型等）（内訳：訓練，トライアル，B型等）（内訳：福祉作業所等）（内訳：大学専門学校等の進学）（内訳：自宅等）	総数44 一般8 訓練 福祉36 進学 他	総数45 一般8 訓練2 福祉35 進学 他	総数 一般 訓練 福祉 進学 他	総数45 一般8 訓練2 福祉32 進学 他 3		3

Ⅲ．教員個人の教育活動に関すること

	勤続（勤続表彰）	教育活動に関する，勲章，永年勤続，功労者などの推薦数と表彰数　例：永年勤続賞，勤務優秀賞　例：芸術選奨，指導者賞	推薦0 表彰0 永年6 他	推薦0 表彰0 永年1 他	推薦0 表彰0 永年0 他	推薦0 表彰0 永年1 他		3
	現職教育（年数研修）	初任者，5年目及び10年目等における教職経験者研修の参加数	初任4 5年3 10年7 他	初任2 5年5 10年6 他	初任2 5年5 10年6 他	初任2 5年5 10年6 他		3
	現職教育（専門研修）	教育センター等における専門研修の参加講座数と参加数　注：悉皆，担当者研修を除く　注：個人的な研修を除く	講座2 参加10	講座3 参加15	講座2 参加3	講座2 参加2		2
	現職教育（研修派遣）	教職大学院，センター等長期短期研修，出向等の派遣数　注：長期研修と教職大学院を区別	教職0 長短0 出向0	教職0 長短1 出向0	教職0 長短1 出向0	教職0 長短1 出向0		3
	教育研究（研究表彰）	共同・個人研究の表彰数　例：○○賞　例：研究奨励賞	共同0 個人0	共同0 個人2	共同0 個人1	共同0 個人2		3
	教育研究（研究発表）	校外での共同・個人研究等の発表数　例：学会等での発表　例：研究会・研修会での発表　例：シンポジウム等での発表　例：著書の執筆（共著含む）　例：雑誌等の実践を投稿　例：学会等への論文を投稿	学会0 研修0 シンポ0 著書3 雑誌3 論文0 他	学会0 研修0 シンポ8 著書1 雑誌0 論文0 他	学会0 研修0 シンポ0 著書5 雑誌0 論文0 他	学会0 研修0 シンポ0 著書5 雑誌0 論文1 他		3

教育研究 (講師依頼)	校外での研修会講師等の依頼数 　例：○○研究会講師	依頼2	依頼5	依頼1	依頼4		3
教育研究 (助成金)	教育団体，教育基金，研究会等 からの競争的資金の共同・個人 の獲得数 　例：博報賞等の研究助成 　例：科研費の研究助成	共同0 個人3	共同0 個人2	共同0 個人1	共同0 個人1		3
教育研究 (自主研修)	校内での自己自主研修の実施数 （目的をもって取り組んだもの） 　注：人数記載，授業研究除く 　例：教材研修，指導案研修	自研6	自研8	自研6	自研11		4
資格認定 (資格)	国家資格や学会認定資格等の取 得数（教員免許状以外） 　例：公認心理師 　例：認定心理士（認心） 　例：臨床心理士（臨心） 　例：学校心理士（学心） 　例：学校臨床心理士（学臨） 　例：特別支援教育士（特教） 　例：自閉症スペクトラム士（自閉） 　例：言語聴覚士（言語） 　例：作業療法士（作業） 　例：理学療法士（理学） 　例：教育カウンセラー（教カ） 　例：K-ABC検査者	公心1 認心 臨心 学心1 学臨 特教1 自閉 言語 作業 理学 教カ1 KABC 他	公心1 認心 臨心 学心1 学臨 特教1 自閉 言語 作業 理学 教カ1 KABC 他	公心1 認心 臨心 学心1 学臨 特教1 自閉 言語 作業 理学 教カ1 KABC 他	公心1 認心 臨心 学心1 学臨 特教1 自閉 言語 作業 理学 教カ1 KABC 他		3

Ⅳ．教員個人の服務に関すること

*以下の項目は，公表・提出しません。参考にしてください。

服務管理 (事件)	窃盗，盗撮，淫行等の刑事事件 の件数・報告数	事件	事件	事件	事件		
服務管理 (事故)	交通事故等の件数・報告数 　例：飲酒，スピード超過	事故	事故	事故	事故		
服務管理 (子供へ暴力)	児童生徒への暴力，暴行等の件 数・報告数	暴力	暴力	暴力	暴力		
服務管理 (ハラスメント)	パワハラ，セクハラ等の件数・ 報告数 　例：パワハラ行為 　例：セクハラ行為	パワ セク 他	パワ セク 他	パワ セク 他	パワ セク 他		
服務管理 (管理職へ苦情)	教員の言動等に対する管理職へ の苦情件数・報告数 　注：名指し，特定される案件 　　（内訳：保護者，住民等，同僚）	保護 住民 同僚 他	保護 住民 同僚 他	保護 住民 同僚 他	保護 住民 同僚 他		
服務管理 (教委へ苦情)	教員の言動に対する教育委員会 への苦情件数・報告数 　注：名指し，特定される案件	苦情	苦情	苦情	苦情		
健康管理 (体調不良)	教員の健康状況 　例：欠勤多少（年休20日未満） 　例：欠勤多い（年休20日以上） 　例：常態化（年休40日以上） 　注：けが，事故等を除く	欠少 欠多い 常態	欠少 欠多い 常態	欠少 欠多い 常態	欠少 欠多い 常態		
健康管理 (長期休暇)	教員の長期休暇状況 　例：病気（心身以外） 　例：心身 　例：出産・育児休暇 　例：介護等休暇	病気 心身 産育 介護 他	病気 心身 産育 介護 他	病気 心身 産育 介護 他	病気 心身 産育 介護 他		
健康管理 (年休)	教員の年休ゼロ日の回数 　（病休，特休等を除く）	年休	年休	年休	年休		

実践 2 沖縄県立美咲特別支援学校の取組

1．学校紹介

　本校は，沖縄本島の中部地区に位置し，幼稚部・小学部・中学部・高等部が設置された知的障害特別支援学校です。昭和47年に創立し，平成8年には校舎の全面改築が行われました。当時は，珍しいオープンスクール形式が取り入れられ，中庭も多く，明るい雰囲気の校舎です。

　本校の現状は，幼児児童生徒数増による過密の状況です。平成26年に分校が設置され，一時在籍数は減ったものの，現在は300数名の幼児児童生徒が在籍数しており，大規模校となっています。教室不足，授業展開場所不足が顕著となり，大きな学校課題となっています。

　本校のキャッチフレーズである校歌の一節「きれいに咲こうよ，咲かそうよ」を合い言葉に約200名の教員が一つとなって日々頑張っています。

2．本校が実践するカリキュラム・マネジメントとは

　本校では，教育課程に基づき，組織的かつ計画的に学校の教育活動の質の向上を図ることを意識し，PDCAサイクルをキーワードに実践しています。個別の指導計画や年間指導計画の作成等については，管理職が日々授業観察を行い，担任と面談し，次の授業へと向かえるように校内体制を整えています。

　本校の大きな取組としては，"各教科等を合わせた指導"から"教科別の指導"への転換があります。教育課程を改革し，その実践に取り組んでいます。沖縄県においては，いち早く"教科別の指導"への転換を図った学校でもあります。この取組の成否は，"各教科等を合わせた指導"の授業を長年実施している教員の意識改革が進むかにかかっています。

　最初に取り組んだのは，研修や講話を通して，学習指導要領改訂に伴う知的障害者への教科の学びの大切さの理解を深めたことです。そして，教育課程を変える趣旨を説明，"各教科等を合わせた指導"の課題となっていることを指摘，"教科別の指導"の効果を説明し，障害の重い幼児児童生徒の「教科の指導事例集」を提示などをしながら，実践を積み上げることにしました。

　どんなに校長が丁寧に説明しても教育を実践するのは，担任や担当者です。意識改革が進むのをじっと待つわけにもいきません。当初は，「分かりたくない，変わりた

くない」と感じる教員もいました。そこで，校内研修体制の充実を図りました。中央教育審議会で提言された「カリキュラム・マネジメントは，全ての教員が参加することによって，学校の特色を作り上げていく営み」を理解しながら，組織体制を見直し，研修のアドバイザーとして主幹教諭を配置しました。また，外部講師による全体研修会を設定しながら，"教科別の指導"への転換の意義を説明し，授業改善へと取り組みました。さらに，公開授業の後で，教員同士でディスカッションし，次の授業へとつなげていきました。大人数の教員集団では，全員の考えを把握するのは難しいのですが，全教員が本校の教育が進むべき方向を理解し，組織的に授業改善に取り組む努力をしました。

　次に，自立活動の充実に取り組みました。"教科別の指導"に転換を図る取組は4年目ですが，その中で自立活動への取組の弱さを感じました。「自立活動は，教科の下支え」ということは，言葉では知っていますが，どうしても幼児児童生徒一人一人の自立活動の目標，指導内容に疑問が出てきました。このことについては，学部間でも問題の大きさに差があるということも分かり，なかなか難しい取組だと感じました。そこで，日々の授業観察を通してのアドバイスや少人数のディスカッションを取り入れ，幼児児童生徒の実態の把握や目標の妥当性について助言し，自立活動についての悩み相談，自立活動と教科指導の関係性等について担任・担当者と対話を継続していきました。全体の研修計画では，教員一人一人の問題を吸い上げることが難しいと感じ，対話を通して教員の自立活動への理解度を把握し，担任・担当者が所属する学級・学年の問題を把握しながらピンポイントでアプローチしてきました。このような取組から，自立活動の問題は，少しずつ改善しつつあります。

　最後に，学校教育目標を達成する上で，少なからず影響のある過密化へのマネジメントがあります。これは，学校独自では，なかなか解決できない問題です。令和2年度から，課題解決に絞った沖縄県教育委員会や教育委員会事務局の訪問等を設定し，ヒヤリングを重ねています。教育委員会には，課題解決に向けての願いだけではなく，いち早く教育課程の改善に取り組む先生方の努力をアピールし，幼児児童生徒の成長も報告しています。教員や保護者がチームとして，様々な課題解決に向けて連携協力を深めています。

　このようなカリキュラム・マネジメントの取組をさらに充実させるために本校では，カリキュラム・マネジメントの7つの要素（ア．教育目標の具現化，イ．カリキュラムのPDCA，ウ．組織構造，エ．学校文化，オ．リーダー，カ．家庭・地域社会等，キ．教育課程行政）について検討しました。そして，表5-4のように実践のスケジュールを決めました。

表 5-4　カリキュラム・マネジメント年間スケジュール

	学校行事等	教育目標の具現化	カリキュラムのPDCA	組織構造	学校文化	リーダー	家庭・地域社会等	教育課程行政
4月	入学式 発足集会 家庭訪問	グランドデザインの提示と説明 ビジョンの計画	児童生徒の実態把握 教育課程の提示	主任の任命分掌の委嘱 学部経営案, 学級経営案作成	各学部リーダーたちとの懇談ビジョンの説明	学校運営方針の丁寧な説明 校長, 副校長, 教頭, 教務との情報共有（適宜）	年間活動計画の提示 教育支援計画の確認	授業改善アドバイザー, 算数アドバイザー調整
5月	PTA総会	年間指導計画提出	年間指導計画チェック	分掌主任を中心とした活動の開始	児童生徒の家庭の状況の把握・整理	組織の点検	PTA総会 前期現場実習	過密化対策におけるワーキングチーム開催
6月	火災避難訓練		行事の反省その都度 研修の反省の都度	各学部問題集約及び個別対応一年通して	評価者面談による個々の目標の確認目標鉄製の手立てへの助言	校長から個々の教員の目標への助言	近隣小中学校との交流及び共同学習	
7月	交流学習 前期現場実習	進捗状況の確認	1学期の授業改善について	1学期の活動の振り返り・見直し		会議, 終礼等での光る実践の紹介その都度	保護者面談指導の説明, 評価の説明	
8月	学校閉庁日 旧盆		週案のチェック毎月	ミドルリーダー育成年間通して		校長主催座談会公開キャリア教育について		過密化対策におけるワーキングチーム開催
9月	入試説明会		公開授業研究会			学校間密化への対応適宜		
10月	修学旅行 後期現場実習		教育課程実施状況調査 公開授業研究会	各学部問題集約及び個別対応一年とおして	公開授業	教育支援部, 研修係への助言適宜	後期現場実習	初任者研修主事招へい
11月	宿泊学習, 修学旅行						学校評議員会	
12月	校内マラソン	進捗状況の確認		2学期の活動の振り返り・見直し		校長主催研修自立活動1	保護者面談指導の説明, 評価の説明	過密化対策におけるワーキングチーム開催
1月	作業製品バザー		教育課程の評価	校務分掌検討		校長主催研修自立活動2		教育支援システム改訂
2月	駅伝大会	学校評価の分析	学校評価に対する意見へ回答	1年間の活動の振り返り・見直し	評価者面談による個々の教員の目標達成の評価	次年度の教育, 校務分掌体制構築, 主任の任命	学校評議員会	
3月	入試 卒業式	次年度のグランドデザインの作成	次年度に向けての教育課程の修正	次年度の分掌割り当ての検討・作成	次年度に取り組む課題の明確化		保護者と児童生徒による評価の確認	アドバイザー派遣の総括

3．カリキュラム・マネジメントの実践

ア．教育目標の具現化

　校長は，4月当初に本校の教育目標，本年度の重点目標等を説明するために，図5-2に示した『様式1　カリキュラムマネジメント・グランドデザイン』（学校経営方針の構造図）を作成し，説明しています。これが，学校経営の実現に向けて効果的な実践につなげる教育課程の改善であり，自立活動の指導の充実へとつなげる基本となるものです。

　このグランドデザインには，今までの学校が取り組んできた歴史や歴代校長の思いなども意識しながら，教員一丸となって取り組める内容を検討しています。そして，何より，地域の実情も考慮して作成しています。また，地域の特別支援教育のセンター校として，地域に積極的に関われる学校運営を目指しています。しかし，この2年間

は，新型コロナウイルス感染症により，「今，本校で何ができるのか」を模索する毎日でした。

　教員からの意見がなかなか校長まで届かないことも少なからずあったと思いますが，面談，学期の反省，学校評価等を通して，教育目標の実現に向け，課題等を見極めようと努力しています。

イ．カリキュラムの PDCA

　"各教科等を合わせた指導" から "教科別の指導" への転換という教育課程編成の取組では，年度末から年度当初にかけて，個別の指導計画や年指導計画の作成の中で，明確に "教科別の指導" を位置付けています。各学部等で温度差があるので，評価システムの面談を利用しながら，教員自身の指導の在り方にも助言し，面談の中から問題点を把握して共に考えるようにしています。自己申告書の研修に対する取組の項目でも，目標達成の手立ての中で，具体的研修や教材作成について助言しています。そして，日々の授業観察や公開授業などで助言をし，教員の「光る実践」を紹介し，明日の授業のヒントになることを話しています。授業研究会での質問や，毎学期の反省，学校評価等，教員一人一人の意見に耳を傾けながら助言しています。さらに，外部人材の活用等も積極的に行い，県外大学講師招へい，専門性の高い退職教員を活用した授業改善アドバイザーの導入等行っています。その他，"教科別の指導" と自立活動の充実については，評価システム，学校評価，学期の反省，研修の反省等利用工夫しながら，学校教育目標の達成，教育課程の改善，大集団の意識改革，授業改善などに取り組んでいます。

　次に，大きな課題の一つである過密化の解消では，長期的なサイクルをイメージしています。令和2年度からの2年間は，沖縄県教育委員会との課題の共有に取り組みました。教育委員会とのマネジメントを通して，令和4年度から本校の分教室として，「美咲特別支援学校教育センター分教室」や「美咲特別支援学校美里高校分教室」の2分教室が同時にスタートします。児童生徒や保護者の皆様に分教室ができて良かったと思っていただけるよう努力していきたいと考えます。

　令和3年度から，表5-5に示した『様式2　特別支援学校用カリキュラム・マネジメント　チェックシート』と表5-6の『様式3-①　特別支援学校用カリキュラム・マネジメント　学校経営実績評価シート（管理職）』の2つに取り組んでいます。これまで漠然とした評価の部分がとても具体的で分かりやすくなったと感じています。

ウ．組織構造

　多人数の教員集団になると，やはり，主幹教諭，教務主任，学部主事等の動きが重要となります。週に2回は，校長，副校長，教頭2人，主幹，教務主任，学部主事3人，各部の代表をメンバーとする連絡会を開催し，細かい問題を把握し，課題を整理し，管理職の考えを伝えています。管理職の指示が明確に学部に伝わり，改善したか

を確認し，必要なら校長主催の研修会をセッティングする場合もあります。

　学校の目標達成に向けて授業研究会，幼・小・中・高等部の学びの系統性，学びの履歴をディスカッションする拡大教科会（学部横断）など，主幹教諭を中心に行っています。拡大教科会では，他学部の実践に触れ，疑問点があればディスカッションし，各部の良い取組を紹介し合います。大きな組織で，教員同士がなかなか触れ合えない本校では，他学部の教員に刺激をもらえる良い機会となっているようです。

　過密化解消に向けては，人的資源として，教育委員会との連携の一環で教頭2人の他に副校長を配置しています。副校長が教育委員会の「過密解消ワーキングチーム」の一員として会議に参加し，今後の本校の在り方を模索しています。教育委員会と課題を共有し，現場の意見も聞いていただきながら解決策を検討し，安心安全な学校運営を進めていけたらと考えています。

エ．学校文化

　大きな教員集団がゆえに，大きな変革を実施するには難しい面のある学校だと感じています。しかし，県内でいち早く教育課程の転換に取り組んだのも本校です。各部の核になる教員の存在が変革する上での要となっています。ミドルリーダーを育て，教員を孤立させるのではなく，明確な管理職のビジョンの下，改善点を話し合い，各部会に下ろし，課題を吸い上げ，組織としての方向性の維持に努めています。

　課題として，障害の重い児童生徒への“教科別の指導”に対する迷い，自立活動の取組のマンネリ化が挙げられます。大集団になると教員一人一人の取組の目標を確認して助言するのに苦労があります。課題を各部ごとに整理し，その改善を学校全体で取り組めるよう工夫しています。

　PTAについては，協力的で学校運営への協力に日々感謝しています。

オ．リーダー

　“各教科等を合わせた指導”から“教科別の指導”への転換といっても長年の指導を変えることは，大きな試みです。校長としては，ビジョンを語り，学校経営目標，目標達成の手立て，グランドデザインを説明し，本校の教育の方向性を示しました。“教科別の指導”に転換する際，これまでの自分たちのしてきたことを否定されたと感じる教員もいたかもしれません。そんな中で，当然校長一人が情熱をもって語っても教員全員が理解し，課題を把握し，授業改善に取り組むわけではありません。しかし，講師を招へいしての校長主催のシンポジウム，座談会，研修会等を実施し，課題となっていることへアプローチする工夫を行い，本校が目指す教育への実践を充実させようとしてきました。

　現在は，ミドルリーダーの育成活用，組織的に行う授業アドバイスの工夫，教科の目標設定の妥当性の検討，自立活動の適切な目標設定と指導内容の工夫などへの取り

組みを模索しています。

カ．家庭・地域社会等

　本校では，保護者面談を年3回全学年で行い，学校での学びの様子，学習目標，指導内容，今どの段階を学んでいるのか等を説明しています。学校評価においては，明確に保護者から"教科別の指導"についてのご意見はなかったので，おおむね学校の取り組みの理解が進んだと感じています。地域連携については，教育支援部，高等部進路指導部の努力により，地域住民が児童生徒の理解が進んだと考えます。しかし，自治会との交流は，コロナ禍で中断しています。また，地域の小・中・高等学校との交流もリモート実施が2年続き，次年度に向けて状況の改善を期待しているところです。

キ．教育課程行政

　教育委員会が教育課程の点検調査を年1回実施して，その指摘事項を共有しているため，他の特別支援学校の取組状況等を知ることができ，沖縄県全体の動きや本校の課題も明確となります。そこで，他の特別支援学校の指摘事項も参考にしながら次年度の教育課程を作成し提出しています。教育委員会とは，積極的連携を心掛け，沖縄県でいち早く"教科別の指導"に取り組んだ本校の取組を報告・連絡し，教員の努力をアピールし，課題があれば相談しています。また，学校訪問等を複数回実施していただき，指導・助言をいただいております。

　教育委員会は，新学習指導要領に沿って，特別支援学校の教育支援システムを改革しています（3観点での目標設定と評価等）。

4．今後の課題

　今後，さらなる教育課程の改善，授業の改善が必要です。教員との面談を通して，"教科別の指導"の成果の報告を聞く反面，幼児児童生徒一人一人の学びの実態の違いに悩んでいるのも見聞きします。障害の実態に応じた授業の工夫，教材教具の工夫も行われていますが，指導事例の積み上げ，学部横断的な学びの有効活用等が課題となっています。組織的にカリキュラム・マネジメントに取り組み，課題解決に向けて，全教員で取り組んでいけたらと感じています。

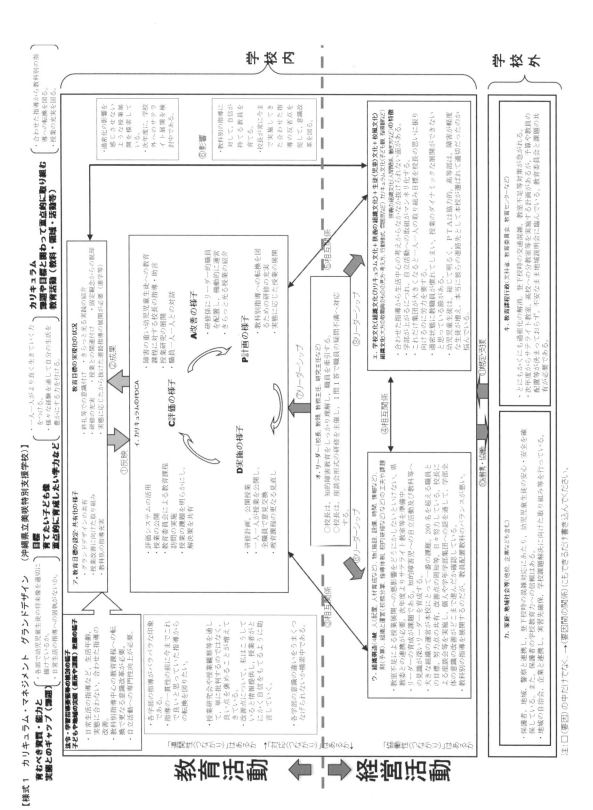

図 5-2 『様式 1　カリキュラム・マネジメント　グランドデザイン』（学校経営方針の構造図）

表 5-5　『様式 2　特別支援学校用カリキュラム・マネジメント　チェックシート』

様式 2	特別支援学校用カリキュラム・マネジメント　チェックシート	（計 100 項目）

＊下記の項目に関する学校としての達成度について，以下のように評価します。
（非常に当てはまる 4，だいたい当てはまる 3，あまり当てはまらない 2，全く当てはまらない 1）

Ⅰ．学校・学部の教育目標について（ア．教育目標の設定・共有化＝ P 段階に対応）

NO	質　問　項　目	非常に当てはまる	だいたい当てはまる	あまり当てはまらない	全く当てはまらない	モデルへの位置付け
Ⅰ-1	法令や学習指導要領が示す目標を十分に検討して，児童生徒の障害特性や実態を踏まえながら学校・学部の教育目標に反映させている。	4	☑3	○2	1	ア
Ⅰ-2	児童生徒の障害特性や実態及びニーズを具体的に把握（情報収集，測定，データ化など）して，学校として取り組むべき課題を明らかにしている。	4	☑3	○2	1	ア
Ⅰ-3	学校全体の障害特性や実態及び知的能力，その他の課題について，全教員の間で共有している。	4	3	○2	1	ア
Ⅰ-4	学校・学部の教育目標や重点目標は，児童生徒の障害特性や実態及び地域の実情を踏まえて，バランス（知・徳・体）よく設定されたものである。	4	☑3	○2	1	ア
Ⅰ-5	学校・学部の教育目標や重点目標は，「児童生徒に身に付けさせたい力」「目指す児童生徒像」「将来の自立に向かう力」として具体的に記述されている。	4	☑3	○2	1	ア
Ⅰ-6	学校・学部の教育目標や重点目標は，達成度の測定や評価が可能な形式で表現されている。	4	3	○2	1	ア
Ⅰ-7	学校・学部の教育目標について，児童生徒にも，折に触れ分かりやすく理解を促している。	4	3	☑2	○1	ア
Ⅰ-8	学校・学部の教育目標や重点目標は，「個別の教育支援計画」と「個別の指導計画」の目標に反映されている。	4	☑3	○2	1	ア

Ⅱ．教育課程の編成・実施・評価の様子について（イ．カリキュラムの PCDA）

NO	質　問　項　目	非常に当てはまる	だいたい当てはまる	あまり当てはまらない	全く当てはまらない	モデルへの位置付け
Ⅱ-1	総じて言えば，特色かつ創造的な教育課程を編成している。	☑4	○3	2	1	イ-全体
Ⅱ-2	単位時間の弾力的運用や週時程の工夫をしている。	4	☑3	○2	1	イ-全体
Ⅱ-3	学校経営計画，学部経営案，学年経営案，学級経営案は，それぞれの目標や内容が連動しているように作成されている。	4	☑3	○2	1	イ-P
Ⅱ-4	教育課程表（全体計画，年間指導計画，指導内容表等）を見れば，学校・学部全体の指導内容が一目で分かるようになっている。	4	☑3	○2	1	イ-P
Ⅱ-5	教育課程は，学校・学部の教育目標や重点目標を踏まえた教科横断的な視点で，目標の達成に必要な教育の内容が組織的に配列されている。	4	☑3	○2	1	イ-P
Ⅱ-6	各教科等の指導目標や指導内容の相互関連が一目で分かるような教育課程表（全体計画，年間指導計画，指導内容表等）が作成されている。	4	☑3	○2	1	イ-P
Ⅱ-7	指導事項の系統性が一目で分かるような教育課程表（全体計画，年間指導計画，指導内容表等）が作成されている。	4	☑3	○2	1	イ-P
Ⅱ-8	年度当初に教育課程を計画する際は，前年度踏襲ではなく，児童生徒の特性や実態等の変化に合わせて，指導内容，指導方法，評価規準，時期などを考えながら計画している。	4	☑3	○2	1	イ-P（C）

II-9	各教科等を合わせた指導で特別な教育課程（日常生活の指導，遊びの指導，生活単元学習，作業学習など）を設定する際には，その根拠を明確に示しながら教育課程を編成している。	4	3	②(丸)	1	イ-P（C）
II-10	自立活動において，「教育活動全体を通した指導」と「時間における指導」の根拠を明確に示しながら，教育課程を編成している。	4	3	②(丸)	1	イ-P（C）
II-11	知的障害がある児童生徒に対して外国語活動（英語）を小学部から設定する際には，その根拠を明確に示しながら教育課程を編成している。	4	③(四角)	②(丸)	1	イ-P（C）
II-12	重複障害がある児童生徒に各教科等の一部又は全部を「自立活動」に替える際には，その根拠を明確に示しながら教育課程を編成している。	4	3	2	①(丸)	イ-P（C）
II-13	教員は，学校・学部の年間指導計画を活用して指導を行っている。	④(四角)	3	②(丸)	1	イ-D（P）
II-14	教員は，学校・学部の年間指導計画を，児童生徒の障害特性や実態に応じて，柔軟に変更しながら実施している。	④(四角)	③(丸)	2	1	イ-D（P）
II-15	教員は，学校・学部の教育目標や重点目標及び個別目標を意識して授業や行事に取り組んでいる。	4	③(四角)	②(丸)	1	イ-D（ア）
II-16	教科書等に沿って授業を行うのに手一杯な教員が多い。（逆転項目）	4	3	②(丸)	1	イ-D
II-17	児童生徒の障害特性や実態に合わせて自分で授業を考えたり，教材・教具を開発して授業を行うのに手一杯な教員が多い。（逆転項目）	4	③(丸)	2	1	イ-D
II-18	教員は，各教科等の教育目標や内容の相互関連を意識して，日々の授業を行っている。	4	③(四角)	②(丸)	1	イ-D
II-19	教員は，既習事項や，先の学年で学ぶ内容との関連（系統性）を意識して指導している。	4	3	②(四角)	①(丸)	イ-D
II-20	教員は，学校・学部の年間指導計画の改善に役立つような記録（メモ）を残している。	4	③(四角)	②(丸)	1	イ-D（c）
II-21	少なくとも年に一度は，学校・学部の教育目標や重点目標及び個別目標の達成度を測っている。	4	③(四角)	②(丸)	1	イ-C（ア）
II-22	学校・学部には，実践の良さや成果を記録・蓄積・共有化・継続するための仕組みがある。	4	③(四角)	②(丸)	1	イ-A（ウ）
II-23	児童生徒の学習成果の評価だけでなく教育課程や授業の評価も行っている。	4	3	②(四角)	1	イ-C
II-24	教育課程の評価を，確実に次年度に向けた改善活動につなげている。	4	③(四角)	②(丸)	1	イ-A
II-25	標準化された個別検査（知能・発達・作業能力等）の分析結果を参考に，児童生徒の指導計画や個別目標を見直し，指導内容・方法の改善をしている。	4	③(四角)	2	①(丸)	イ-A
II-26	標準化された個別検査（知能・発達・作業能力等）の分析結果を参考に，対象の児童生徒だけでなく，学年学部の指導計画や個別目標を見直し，指導内容・方法の改善をしている。	4	③(四角)	②(丸)	1	イ-A
II-27	教科指導において，個々の授業における個別の知識・技能だけでなく，単元を通して重要な概念やプロセス，原理などを深く理解させるなど，長期的な指導に力を入れている。	4	③(四角)	②(丸)	1	イ-D
II-28	パフォーマンス評価など，思考力・判断量・表現力などを評価する方法の開発や実施に取り組んでいる。	4	3	②(四角)	1	イ-D（C）
II-29	総合的な学習（探究）の時間において，課題の設定からまとめ・表現に至る探究の過程を意識した指導をしている。	4	3	②(四角)	①(丸)	イ-D
II-30	自立活動において，課題選定，指導内容，指導方法，実際の指導，評価に至る一連の過程について，個別の指導計画に基づいて指導をしている。	4	③(四角)	②(丸)	1	イ-D
II-31	特別な教育課程（日常生活の指導，遊びの指導，生活単元学習，作業学習）を設定している場合には，教科の目標が含まれ，その評価も明確にしている。	4	③(四角)	②(丸)	1	イ-D

		4	3	2	1	
II-32	全員の児童生徒に対して，「個別の教育支援計画」と「個別の指導計画」を作成しており，PDCA サイクルとして機能している。	4	③	②	1	イ-D
II-33	各教科等の授業において，児童生徒の主体的・対話的な学習が取り入れられている。	4	③	②	1	イ-D
II-34	各教科等の授業において，児童生徒の深い学びにせまるような学習が取り入れられている。	4	③	②	1	イ-D
II-35	各教科等の学習内容は，将来の自立を目指し，実生活や社会での出来事に関連付けて指導するよう心掛けられている。	4	③	②	1	ア
II-36	学校の研究主題は，学校・学部の教育課題と連動している。	4	③	②	1	イ-D
II-37	教員は，学校・学部の研究主題を意識して日々の授業を行っている。	4	③	2	①	イ-D
II-38	教員は学校・学部の授業研究の成果を日常の授業に積極的に生かしている。	4	③	②	1	イ-D（A）
II-39	学校・学部として取り組んでいる授業研究が学校・学部の課題解決に役立っているかについて評価している。	4	③	②	1	イ-C
II-40	総合的な学習（探究）の時間では，地域や社会で起こっている問題の解決に取り組むことで，児童生徒が地域の一員として生活していくことや社会貢献につながっていることを意識するような学習が行われている。	4	③	2	①	イ-D（カ）
II-41	自立活動では，障害の改善・克服の内容に取り組むことで，児童生徒が将来の自立に向かっていることを意識するような学習が行われている。	4	③	②	1	イ-D（カ）
II-42	地域の人材や素材を積極的に活用する教員が多い。	4	3	②	①	イ-D（カ）
II-43	目標の達成度は，保護者・地域等に公表している。	4	3	⦿	1	イ-C（カ）
II-44	学校・学部の教育の成果と課題を保護者・地域と共有し，共に解決策を考えたりする機会がある。	4	3	⦿	1	イ-A（カ）
II-45	児童生徒のアイディアや意見を取り入れ，児童生徒と共に教育活動を創り出している。	4	3	⦿	1	イ-D
II-46	授業の進め方や学習スキルを児童生徒も知っており，教員と児童生徒が協力しながら授業を進めている。	4	③	②	1	イ-D
II-47	教育課程の評価や計画に当たって，児童生徒や保護者の意見も参考にしながら取り組んでいる。	4	③	②	1	イ-C
II-48	総じて判断すると，カリキュラムに関する PDCA サイクルは上手く機能している。	4	③	②	1	イ-全体

III．教育課程の編成・実施・評価活動への支援活動（経営）の様子について
（ウ．組織構造，オ．リーダー，カ．家庭・地域社会，キ．教育課程行政）

		4	3	2	1	
III-1	校長は，教育と経営の全体を見通し，ビジョンや方針を明確に示している。	4	③	②	1	オ
III-2	校長の経営方針に，児童生徒の障害の改善・克服や将来の自立に向けた教員の力量形成方策が明確に位置付けられている。	4	③	②	1	オ
III-3	副校長・教頭は，ビジョンの具体化を図るために，学校として協働して取り組む体制や雰囲気づくりに尽力している。	4	③	2	1	オ
III-4	主事や主任は，ビジョンを基にカリキュラムの工夫や研究推進の具体策を示して実行している。	4	③	②	1	オ
III-5	全ての教員が，立場や役割に応じてリーダーシップを発揮している。	4	③	②	1	オ
III-6	役割を担った教員に対する管理職の支援が手厚く，主事や主任のミドルリーダー層はリーダーシップを発揮しやすい。	4	③	②	1	オ

		4	3	2	1	
Ⅲ-7	教育課程の編成，評価や改善には，全教員が関わっている。	4	[3]	(2)	1	ウ
Ⅲ-8	目指す教育活動を行うために必要な組織体制（校務分掌）がつくられている。	4	[3]	(2)	1	ウ
Ⅲ-9	目指す教育活動を行うために，施設・設備の有効活用の工夫や環境整備をしている。	[4]	3	(2)	1	ウ
Ⅲ-10	目指す教育活動を行うために，ICT機器が有効に利用されている。	4	[3]	(2)	1	ウ
Ⅲ-11	目指す教育活動を行うために，公共施設（運動施設，娯楽施設，図書館，科学館，美術館など）を積極的に利用している。	4	[3]	2	(1)	ウ
Ⅲ-12	目指す教育活動を行うために必要な予算確保の工夫や努力がされている。	4	[3]	2	(1)	ウ
Ⅲ-13	目指す教育活動を行うために必要な研究・研修ができるよう時間確保への配慮がなされている。	4	[3]	(2)	1	ウ
Ⅲ-14	目指す教育活動を行うために必要な資料が用意されている。	4	3	[2]	(1)	ウ
Ⅲ-15	目指す教育活動を行うために必要な情報収集がなされている。	4	[3]	2	(1)	ウ
Ⅲ-16	目指す教育活動を行うために必要な地域人材・資源（教材など）の発掘や維持・管理の努力をしている。	4	3	[2]	(1)	ウ（カ）
Ⅲ-17	目指す教育活動を行うために，教員以外の専門職スタッフ（医師，OT, PT, ST, 臨床心理士，管理栄養士など）と連携協力している。	4	[3]	(2)	1	ウ
Ⅲ-18	目指す教育活動を行うために，教員以外のスタッフ（教育支援員，学習指導員，学校図書館司書，調理員，事務員など）と連携協力している。	4	[3]	(2)	1	ウ
Ⅲ-19	教員が国や都道府県，市町村の教育委員会が開催する教育研修（悉皆，経験年数，職務など）に参加できるように支援されている。	4	(3)	2	1	ウ（キ）
Ⅲ-20	教員が希望する教育研修（自主研修）について，参加しやすい雰囲気がある。	4	[3]	(2)	1	ウ
Ⅲ-21	教員が所属する学会や研究会等での発表等について，参加しやすい雰囲気がある。	4	[3]	(2)	1	ウ
Ⅲ-22	研究会・研修会等で公表している資料を有効に活用している。	4	[3]	(2)	1	ウ
Ⅲ-23	目指す学習活動を実現するために，児童生徒の組織（係，委員会）があり，役割を果たしている。	4	3	(2)	1	ウ
Ⅲ-24	インクルーシブ教育の推進に向けて，障害のない児童生徒との交流及び共同学習が用意されている。	4	[3]	(2)	1	ウ（カ）
Ⅲ-25	地域での生活を送るために，地域住民との交流の活動が用意されている。	4	3	2	(1)	ウ（カ）

Ⅳ．教員の全体的な雰囲気について （エ．学校文化（組織文化））

		4	3	2	1	
Ⅳ-1	教員は，学校・学部の教育目標や重点目標及び個別目標について，その意味を具体的に説明できる。	4	[3]	(2)	1	エ（ｱ）
Ⅳ-2	教員は，学校・学部が力を入れている実践（特色）を具体的に説明できる。	4	[3]	(2)	1	エ（P）
Ⅳ-3	教員には，自己の知識や技能，実践内容を相互に提供し合う姿勢がある。	4	[3]	(2)	1	エ（D）
Ⅳ-4	教員には，新しい実践に対して前向きに取り組む姿勢がある。	4	[3]	(2)	1	エ（D）
Ⅳ-5	学習指導要領改訂など，教育政策の動向に関心を寄せ，積極的に学ぶ教員が多い。	4	[3]	(2)	1	エ（ｷ）
Ⅳ-6	教員の間に，それぞれの個性や仕事ぶりを認め合う信頼関係がある。	4	[3]	(2)	1	エ

IV-7	挑戦が推奨され，挑戦の結果失敗しても，個人が責められない安心感がある。	4	☐3	2	◯1	エ
IV-8	教員は，学級・学年や学部だけでなく，学校全体のことを考えて行動している。	4	☐3	◯2	1	エ
IV-9	教員は，自ら役割を担って自主的に行動している。	4	☐3	◯2	1	エ
IV-10	教員は，目指す教育活動のためには，時には厳しい相互批評もいとわず議論する。	4	3	⬚◯2	1	エ
IV-11	教員は，学級・学年や学部を越えて，児童生徒の成長を伝え合い，喜びを共有している。	4	☐3	◯2	1	エ
IV-12	日々多忙な割には，負担感よりも充実感を口にする教員が多い。	4	☐3	◯2	1	エ
IV-13	教員の多忙感が強いため，今以上の役割分担の依頼や新しい実践の開始にためらいを感じる。（逆転項目）	4	◯3	2	1	エ
IV-14	T-T授業において特定の教員（担任・担当）が休暇を取るために，仕事の負担感が多いことを口にする教員が多い。（逆転項目）	4	◯3	☐2	1	エ
IV-15	どちらかというと，教科等の授業よりも，生徒指導や進路指導，部活動や放課後活動にエネルギーを使う教員が多い。（逆転項目）	4	3	⬚◯2	1	エ
IV-16	教員の中には，各教科等を合わせた指導（日常生活の指導，遊びの指導，生活単元学習，作業学習など）よりも教科の指導に力を入れるべきだという意見が強い。（逆転項目）	4	☐3	◯2	1	エ
IV-17	総合的な学習（探究）の時間の実施について，教員の中に熱量や力量の差があり，指導にバラツキが生じている。（逆転項目）	4	◯3	2	1	エ
IV-18	自立活動の実施について，教員の中に熱量や力量の差があり，指導にバラツキが生じている。（逆転項目）	◯4	3	2	1	エ
IV-19	教員には，自分が授業を行う学年・教科等及び主担当（T1）だけでなく，学校・学部の教育課程全体で組織的に児童生徒を育てていく意識が強い。	4	3	☐◯2	1	エ

※　☐：取組後，◯：取組前の評価

表 5-6　『様式 3- ①　特別支援学校用カリキュラム・マネジメント　学校経営実績評価シート（管理職)』

様式 3- ①　特別支援学校用カリキュラム・マネジメント　学校経営実績評価シート（管理職）

・今年度目標及び今年度実績については，学校全体数（各学部・各学級の合計）を数字で記入する。
・達成状況につては，特記事項（児童生徒名，名称など）を簡潔に記入する。
・評価は 4 段階で記入する。（＊印は評価できない）
　（4：目標以上に達成した，3：目標通り達成した，2：やや目標に達しない，1：大幅に目標に達しない）
・「別紙」に記載については，別紙を参照するか，別紙に具体的な対応を記入する。
・実績には，小学部・中学部・高等部等の総計を記入し，校務分掌（研究・進路・養護・給食）の数値を転記する。

共通	領　域	項　　　　目	昨年度実績	今年度目標	中間実績	今年度実績	達成状況（特記事項）	評価
管理	教育目標（講話）	管理職が児童生徒及び保護者等に実施した講話数 　　例：道徳「障害とは」	全校3 父母0 他 0	全校3 父母1 他 0	全校0 父母0 他 0	全校5 父母1 他 0	高等部・道徳「働くとは」	4

【管理職（校長・教頭・教務主任）】

共通	領　域	項　　　　目	昨年度実績	今年度目標	中間実績	今年度実績	達成状況（特記事項）	評価

学校全体に関すること

共通	領　域	項　　　　目	昨年度実績	今年度目標	中間実績	今年度実績	達成状況（特記事項）	評価
別紙	学校構成（児生）	全校の児童生徒数					学校要覧参照	＊
別紙	学校構成（学級）	全校の学級数					学校要覧参照	＊
別紙	学校構成（教員）	全校の教員数					学校要覧参照	＊
別紙	教育課程（時数）	学部学年の年間授業時数					学校要覧参照	＊
別紙	実態把握（診断）	児童生徒の診断名の種別と人数					学校要覧参照	＊
学部39	実態把握（手帳）	障害者手帳の取得数 　注：1人で2種目取得の場合は別々に記載	療育 身体 精神	療育 身体 精神	療育 身体 精神	療育 身体 精神		3
学部2	実態把握（知能等）	知能・発達検査，学力検査，体力テスト，作業能力テスト等の実施数（種類数） 　注：種類で記載，何種類か 　例：ビネー，S-M 能力，津守式	知能1 発達1 学力0 体力13 作業0 他0	知能1 発達1 学力0 体力13 作業0 他0	知能 発達 学力 体力 作業 他	知発2 学テ0 体力13 作業0 他0		3
学部3	教育功績（表彰）	教育目標（知徳体）に関する学校学部功績の応募数と表彰数 　例：花壇づくり運動推進校 　例：歯の健康優良校 　注：研究表彰は「教育研究」へ	応募0 表彰0	応募1 表彰1	応募 表彰	応募0 表彰0	コロナ禍による	2
管理1	教育専門（免許）	教員の特別支援学校免許状保有者数（種別ごとに記載） 　注：見込は「なし」の中で今年度中に取得予定数を記載 　注：自立は「自立活動」の免許状保有数を記載 　注：介助員等は除く	総数 専修1 1種 2種 なし 見込38 自立	総数142 専修1 1種167 2種0 なし 見込12 自立	総数 専修 1種 2種 なし 見込 自立	総数154 専修1 1種169 2種0 なし26 見込12 自立0		3

142

管理2	教育目標（講話）	管理職が児童生徒及び保護者等に実施した講話数 　例：道徳「障害とは」 　注：朝会や行事の挨拶は除く	全校12 父母3 他	全校12 父母3 他	全校 父母 他	全校12 父母3 他		3
管理3	学校紹介（インターネット）	ホームページの更新数と閲覧数 　例：月1回更新で年12回 　注：閲覧はHP上に開設して閲覧数をチェック	更新12 閲覧－	更新12 閲覧－	更新 閲覧	更新12 閲覧		3
管理4	学校紹介（入試）	入試説明会の実施数	入試1	入試1	入試	入試1		3
研究7	学校紹介（公開）	学校公開の実施数と参加者数 　注：公開研究会・公開授業参観の抱き合わせは重複可	公開0 参加0	公開2 参加0	公開 参加	公開1 参加200		2
学部4	学校紹介（報道）	テレビ，ラジオ，新聞等の紹介数	TV1 ラジオ0 新聞0 他0	TV1 ラジオ1 新聞2 他0	TV ラジオ 新聞 他	TV1 ラジオ0 新聞3 他		3
学部5など	学校紹介（通信）	学校・学部・学年だより，及び保健・給食等，その他校務分掌だより	学校0 学部0 学年0 学級144 保健12 給食12 他0	学校6 学部6 学年0 学級144 保健12 給食12 他0	学校 学部 学年 学級 保健 給食 他	学校4 学部0 学年0 学級144 保健12 給食12 他		3
管理5	学校紹介（参観）	全校一斉授業参観の実施数 　注：単独は学部など 　注：日常は除く	全校 単独0	全校 単独18	全校 単独	全校 単独2		1
管理6	地域支援（相談）	地域の児童生徒を対象とした教育相談，就学相談等の実施数 　例：障害等の悩み相談 　例：進学相談，就学相談	相談154 検査0 他0	相談154 検査0 他0	相談 検査 他	相談165 検査0 他0		3
管理7	地域支援（指導）	地域の児童生徒を対象とした「通級による指導」の指導数 　例：発達障害児への個別指導	通級0	通級0	通級	通級0		3
管理8	地域支援（派遣）	地域の保幼園，小学校・中学校・高等学校等への派遣数 　例：巡回指導の派遣 　例：個別検査の実施	相談9 研修0 検査0 他0	相談12 研修0 検査0 他0	相談 研修 検査 他	相談8 研修0 検査0 他0		3
学部6	地域交流（学習）	地域の保幼園，小学校・中学校・高等学校との交流学習及び共同　学習の実施数 　例：市内合同交流会 　例：市内音楽祭	保幼0 小学5 中学1 高等1	保幼0 小学5 中学1 高等1	保幼 小学 中学 高等	保幼0 小学5 中学1 高等1		3
学部7	地域交流（訪問）	地域の幼児施設，学校，福祉施設等への訪問数	幼児0 学校0 福祉0 他0	幼児0 学校1 福祉1 他1	幼児 学校 福祉 他	幼児0 学校0 福祉0 他0	コロナ禍による	2
学部8	教育支援（ボランティア）	ボランティアの受入数＜登録＞（学生，地域住民，保護者等） 　例：保護者の読み聞かせ 　例：学生ボランティア	学生0 地域0 保護0	学生0 地域0 保護0	学生 地域 保護	学生34 地域0 保護0	琉球大学学生	3
学部9	教育連携（実習）	教育実習，介護等体験の受入数 　例：大学の教育実習 　例：大学の介護等体験	実習10 介護0	実習9 介護0	実習 介護	実習9 介護0		4
管理9	学校安全（校舎内）	校舎全体（体育館，プール等を含む）の安全点検の定期的な確認数	確認12	確認12	確認	確認12		3
管理10	学校安全（不審者マニュアル）	不審者対策マニュアルの装備（作成・修正）と点検確認数 　例：学期ごとの場合は年3回 　例：毎月の場合は年12回	点検 年1回	点検 年1回	点検	点検 年1回		3
管理11	学校安全（不審者防護）	不審者対策の防犯機器・道具（カメラ，センサー，さすまた，ブザー，防護盾等）の点検確認数	点検12	点検12	点検	点検12		3

ID	項目	内容					備考	評価
学部10	学校安全（不審者訓練）	不審者対策の防犯訓練，防犯教室の実施数	訓練1	訓練1	訓練	訓練1		3
管理12	学校安全（災害マニュアル）	災害時対策マニュアル（地震，火災，津波，洪水等）の装備（作成・修正）と点検確認数　例：学期ごとの場合は年3回　例：毎月の場合は年12回	火災年1回 地震年1回 津波年1回 洪水0 他0	火災年1回 地震年1回 津波年1回 洪水0 他0	火災 地震 津波 洪水 他	火災年1回 地震年1回 津波年1回 洪水0 他0		3
管理13	学校安全（災害防護）	非常時対策の機器・道具（消火器，消火栓，プールの水，ゴムボート，拡声器，ヘルメット，ラジオ等）の点検確認数	点検12	点検12	点検	点検12		3
管理14	学校安全（災害救護）	非常時の避難経路，避難場所及び救助（救助袋，ハシゴ，階段，スロープ等）の点検確認数	点検12	点検12	点検	点検12		3
学部11	学校安全（災害訓練）	非難訓練（火災，地震，津波，洪水，不審者侵入等）の実施数	火災2 地震1 津波1 洪水0 他0	火災2 地震1 津波1 洪水0 他0	火災 地震 津波 洪水 他	火災2 地震1 津波1 洪水0 他0		3
管理15	学校安全（災害備蓄）	非常時の公共避難所及び備蓄保管（非常食，寝具，薬品等）の点検確認数	点検3	点検3	点検	点検3		3
学部12	学校安全（交通安全）	交通安全教室の実施数	交通1	交通1	交通	交通1		3
学部13	学校安全（通学路）	登下校にかかわる通学（バス，電車，地下鉄，歩行）の指導数　例：通学指導回数，常時除く	通学15	通学15	通学	通学10		3
学部14	いじめ調査（児童生徒）	（児童生徒用）いじめ等アンケート調査の実施数と認知数	実施4 認知	実施3 認知		実施3 認知		3
学部15	いじめ調査（保護者）	（保護者用）いじめ等アンケート調査の実施数と認知数	実施1 認知	実施1 認知		実施1 認知		3
学部16	いじめ対応（児童生徒）	（児童生徒用）いじめ等アンケート調査結果による対応内容					別紙に記載	*
学部17	いじめ対応（保護者）	（保護者用）いじめ等アンケート調査結果による対応内容					別紙に記載	*
学部18	外部評価（保護者）	保護者の学校評価アンケート調査による総合評価点（最高5点）	平均3.6	平均4		平均3.8		3
管理16	外部評価（評議員）	学校評議員の学校評価アンケート調査による総合評価点（最高5点）	平均4.8	平均4.8		平均4.8		3
学部19	外部評価（保護者）	保護者の学校評価アンケート調査結果による対応内容					別紙に記載	*
管理17	外部評価（評議員）	学校評議員の学校評価アンケート調査結果による対応内容					別紙に記載	*
管理18	学校運営（職員会議）	職員会議，運営会議（役員会）の実施数	職員7 運営12	職員7 運営12	職員 運営	職員3 運営12	コロナ感染拡大防止のため	3
管理19	学校運営（評議員）	学校評議員会の実施数	評議3	評議3	評議	評議3		3
管理20	学校運営（PTA）	PTA総会の実施数 PTA役員会の実施数	総会1 役員11	総会1 役員11	総会 役員	総会1 役員12	総会は書面開催	3

管理21	服務管理（講話）	服務についての講話数 　例：職員会議の中での講話 　注：講話と研修を区別	講話12	講話12	講話	講話12		3
管理22	服務管理（研修）	服務の研修についての実施数，そのうち外部講師の招へい数 　注：研修は時間設定したもの	研修0 招へい0	研修1 招へい1	研修 招へい	研修0 招へい0		2

学部・学級の児童生徒に関すること

学部22	教育表彰（教科）	5教科に関する応募数と表彰数（全国レベル）（市県レベル） 　例：作文，感想文，書道，標語	国応0 市応32 国賞0 市賞13	国応1 市応32 国賞1 市賞13	国応 市応 国賞 市賞	国応0 市応32 国賞0 市賞12		3
学部23	教育表彰（音楽）	音楽等に関する出場数と表彰数（全国レベル）（市県レベル） 　例：音楽祭，部クラブ活動	国出 県出1 国賞 市賞	国出 市出 国賞 市賞	国出 市出 国賞 市賞	国出 県出1 国賞 市賞	全沖縄学校音楽発表会出場	3
学部24	教育表彰（美術）	図工・美術等に関する応募数と表彰数（全国レベル）（市県レベル） 　例：作品展，美術展，絵画展	国応0 県応56 国賞0 県賞15	国応0 県応10 国賞0 県賞20	国応 市応 国賞 市賞	国応4 県応55 国賞1 県賞55		3
学部25	教育表彰（体育）	スポーツ・運動に関する出場数と表彰数（全国レベル）（市県レベル） 　例：障害者スポーツ，体育，陸上	国出0 市出1 国賞0 市賞0	国出0 市出1 国賞0 市賞1	国出 市出 国賞 市賞	国出0 市出1 国賞0 市賞		3
学部26	教育表彰（健康）	体育・体力に関する児童生徒の功績に対する応募数と表彰数 　例：健康優良児，スポーツ功労賞	応募0 表彰0	応募2 表彰2	応募 表彰	応募0 表彰0		3
学部27	教育表彰（徳育）	徳育に関する児童生徒の功績に対する応募数と表彰数 　例：防犯協力，救助の感謝状 　例：ボランティア活動	応募0 表彰0	応募0 表彰0	応募 表彰	応募0 表彰0		3
学部28	資格取得（検定）	検定に関する受験数と合格数 　例：漢検，英検，書写検定	受験88 合格59	受験88 合格59	受験 合格	受験28 合格23	コロナ禍により不受検あり	2
学部29	資格取得（資格）	免許・資格に関する受験数と合格数 　例：介護，原付	受験0 合格0	受験1 合格1	受験 合格	受験0 合格0		2
学部30	技能取得（検定）	技能・職能に関する出場数と表彰数 　例：アビリンピック	出場0 表彰0	出場1 表彰	出場 表彰	出場0 表彰0		2
学部31	生徒指導（非行）	不良少年行為（喫煙，飲酒等）の補導歴数，軽犯罪行為（窃盗，恐喝，暴行等）の検挙数	不良 犯罪 他	不良 犯罪 他	不良 犯罪 他	不良 犯罪 他		3
学部32	健康管理（不登校）	不登校数（30日以上総数） 　例：怠学，親都合，拒否 　注：病欠・入院等を除く	不登校	不登校	不登校	不登校		3
学部33	健康管理（怠学）	不登校傾向数（総数） （内訳：8日～29日欠席） （内訳：30日以上別室登校） （内訳：平均週2回以上遅刻）	総数 欠席 別室 遅刻	総数 欠席 別室 遅刻	総数 欠席 別室 遅刻	総数 欠席 別室 遅刻		3

【分掌】研究に関すること

研究1	教育功績（表彰）	学校研究に関する表彰数 　例：研究奨励賞 　例：博報賞（共同研究部門）	表彰0	表彰1	表彰	表彰0		2
研究2	研究推進（会議）	学校研究の全体会議数，研究推進会議（研究担当者会議） 　例：研究全体会	全体7 推進1	全体7 推進1	全体 推進	全体7 推進1		3
研究3	研究推進（研修）	学校研究に関する研修会等の実施数 　例：校内研究について	研修8 学部8	研修11 学部8	研修	研修10 学部8		3
研究4	研究推進（招へい）	学校研究に関する外部講師の招へい数 　例：校内研究の講師招へい	招へい1	招へい1	招へい	招へい1		3

研究5	研究推進（視察）	学校研究に関する他校の見学・視察 　注：学校研究関連に限る	視察0	視察1	視察0	視察0		2
研究6	研究推進（授業）	学校研究に関する研究授業回数と授業実践者数 　注：授業1教科＝1件 　注：授業実践者数は延べ人数	授業0 実践0	授業0 実践0	授業 実践	授業0 実践0		3
研究7	研究成果（公開）	学校研究に関する公開研究会・授業公開等における授業数，ポスター発表数，個人発表数，外部参加者数 　注：授業1教科＝1件	授業0 ポスター0 個人2 外部	授業0 ポスター0 個人 外部	授業 ポスター 個人 外部	授業0 ポスター0 個人2 外部		3
研究8	研究成果（報告）	学校研究（実践）報告書の発行冊数，ページ数，執筆者数 　例：実践のまとめ第3集 　注：執筆者数は延べ人数	発行1 ページ 95 執筆9	発行1 ページ 150 執筆15	発行1 ページ 執筆	発行1 ページ 200 執筆15		3
研究9	研究成果（発表）	学校研究に関する学会・研修会等の発表数 （学会等での発表） （研究会・研修会等での発表），（シンポジウム等での発表）	学会0 研修0 シンポ0 他0	学会0 研修2 シンポ0 他0	学会0 研修 シンポ 他	学会0 研修3 シンポ0 他0	沖特研発表者3名	3
研究10	研究成果（依頼）	学校研究に関する他校からの研修会講師の依頼数 　例：○○研修会講師	依頼0	依頼0	依頼0	依頼0		3

【分掌】進路に関すること

進路1	教育功績（表彰）	教育目標に関するキャリア教育の功績に対する応募数と表彰数 　例：進路指導推進校	応募0 表彰0	応募0 表彰	応募 表彰	応募0 表彰0		2
進路2	福祉教育（手帳）	障害者手帳の取得数 　注：1人で2種目の場合には別々にカウント	療育 身体 精神	療育 身体 精神	療育 身体 精神	療育 身体 精神		
進路3	キャリア教育（中3年）	中学3年の進学数，進路先数 （内訳：本校高等部進学） （内訳：他の特別支援学校） （内訳：高等学校等） （内訳：その他，自宅）	総数27 本校27 他校0 高校0 他0	総数32 本校26 他校6 高校0 他0	総数 本校 他校 高校 他	総数32 本校27 他校4 高校0 他1		3
進路4	キャリア教育（高3年）	高等部3年生の進路先数 （内訳：一般企業就職） （内訳：訓練，トライアル） （内訳：福祉等就労） （内訳：進学） （内訳：自宅，その他）	全員38 一般 訓練 福祉 進学 他	全員38 一般5 福祉33 進学0 他0	全員 一般 福祉 進学 他	全員38 一般1 福祉33 進学0 他4	その他のうちトライアル3名	2
進路5	キャリア教育（通信）	進路だよりの発行数	発行12	発行12	発行12	発行12		3
進路6	キャリア教育（授業）	学部，高等部3年での授業数 　例：学部でキャリア教育授業 　例：高等部3年での進路指導 　注：高3は単独開催で記載	小学 中学 高等 高3	小学8 中学9 高等17 高3　17	小学 中学 高等 高3	小学8 中学9 高等17 高3　17		3
進路7	キャリア教育（面談）	本人・保護者との進路面談数 　例：本人面談，3者面談 　注：単なる相談は除く	面談	面談 134	面談	面談134		3
進路8	現場実習（外出）	現場実習や進路・就職先等に関する校外への外出総日数	外出20	外出20	外出	外出20		3
進路9	現場実習（訪問）	現場実習や進路・就職先等に関する事業所や福祉施設等への訪問総数 　注：複数回答可（総数）	事業 福祉 他	事業 福祉 他250	事業 福祉 他	事業 福祉 他250		3
進路10	現場実習（実習）	現場実習の受入れ先の事業所や福祉施設等の総数	事業34 福祉52 他	事業39 福祉57 他	事業 福祉 他	事業39 福祉57 他		3
進路11	現場実習（開拓）	新たな事業所や福祉施設等の開拓数	事業？ 福祉？ 他？	事業50 福祉10 他0	事業 福祉 他	事業50 福祉10 他0		3

進路12	キャリア研究（公開）	公開研究会，授業公開等におけるキャリア教育に関する授業数 ポスター発表数，個人発表数 　注：授業1教科＝1件	授業0 ポｽター0 個人0	授業0 ポｽター0 個人0	授業0 ポｽター 個人	授業0 ポｽター0 個人0		2
進路13	キャリア研究（報告）	研究（実践）報告書におけるキャリア教育に関する執筆数 　注：報告書1冊＝1件	執筆0	執筆0	執筆	執筆0		2
進路14	キャリア研修（研修）	キャリア教育に関する研修会等の実施数 　例：小学部からの進路相談	研修	研修3	研修	研修3		3
進路15	キャリア研修（招へい）	キャリア教育に関する外部講師の招へい数	招へい	招へい6	招へい	招へい6		3

【分掌】養護に関すること

養護1	教育功績（表彰）	教育目標に関する保健教育の功績に対する応募数と表彰数 　例：歯の健康優良校	応募0 表彰0	応募0 表彰0	応募 表彰	応募0 表彰0		3
養護2	健康管理（利用）	保健室の利用数 （内訳：内科的処置） （内訳：外科的処置） （内訳：その他）	総数2472 内科2240 外科232 他	総数 内科 外科 他	総数 内科 外科 他	総数3411 内科2488 外科923 他		3
		（内訳：小学部） （内訳：中学部） （内訳：高等部） （内訳：他）	小学 中学 高等 他	小学 中学 高等 他	小学 中学 高等 他	小学621 中学727 高等2053 他		3
養護3	健康管理（入院）	病気，事故等の入院数	病気0 事故0	病気0 事故0	病気 事故	病気0 事故0		3
養護4	健康管理（感染）	感染症等の罹患数 （第1種：ジフテリア，赤痢等） （第2種：インフルエンザ，耳下腺炎，麻疹，風疹，水痘等） （第3種：大腸菌，結膜炎等） （指定：コロナウイルス）	1種 2種 3種 コロナ 他	1種 2種 3種 コロナ 他	1種 2種 3種 コロナ 他	1種0 2種0 3種0 コロナ 他		3
養護5	健康管理（停止）	出席停止の総数 （感染症）	停止	停止	停止	停止		3
養護6	健康管理（健診）	健康診断の実施数（項目数）	小学7 中学7 高等8 他0	小学7 中学7 高等8 他0	小学7 中学7 高等 他	小学7 中学7 高等8 他0		3
養護7	健康管理（健診）	健康診断の拒否・拒絶数及び未検査項目数	拒否0 項目0	拒否0 項目0	拒否 項目	拒否0 項目0		3
養護8	健康管理（再検）	健康診断結果に対する治療・再検査拒否数及び未治療・再検査項目数	拒否 項目	拒否0 項目0	拒否 項目	拒否0 項目0		3
養護9	健康管理（公簿）	健康診断簿等の点検数 　例：学期に1度の点検は3回	3回	3回		3回		3
養護10	健康管理（救急）	救急車の要請・搬送数	搬送5	搬送0	搬送	搬送4		2
養護11	健康管理（付添）	病院等の付添い数 （救急で病院の付添い） （定期診察の付添い，連携） （家庭や施設等への付添い）	救急0 定期0 家庭0	救急0 定期0 家庭0	救急 定期 家庭	救急4 定期0 家庭0		3
養護12	健康管理（付添）	行事・宿泊・旅行での付添い数 （学部ごとの回数） 　例：2泊3日の旅行は1回 　例：校外学習は1回	全校 小学1 中学1 高等1 他	全校 小学2 中学1 高等1 他	全校 小学 中学 高等 他	全校6 小学2 中学2 高等2 他		3

養護13	健康管理（服薬）	服薬している児童生徒数 　　注：常時服用のみ	全校 小学 中学 高等 他	全校 小学 中学 高等 他	全校 小学 中学 高等 他	全校 小学 中学 高等 他			3
養護14	保健管理（薬品）	危険薬品等の管理・保管数	保管3	保管3	保管	保管3			3
養護15	保健管理（器具）	重要な医療器具の管理・保管数 　　例：ベッド	保管3	保管3	保管	保管3			3
養護16	保健管理（水質）	水質検査の点検数 　　例：プール 　　例：水道水	点検3	点検3	点検	点検3			3
養護17	保健管理（照度）	教室等の照度の点検項目数 　　例：教室の照度 　　例：防犯上の照度	点検3	点検3	点検	点検3			3
養護18	保健教育（通信）	保健だよりの年間発行数	発行12	発行12	発行	発行12			3
養護19	保健教育（講話）	全校学部学級での講話数 　　例：朝会，行事等での講話 　　注：授業を除く	全校0 小学 中学 高等 他	全校0 小学 中学 高等 他	全校0 小学 中学 高等 他	全校0 小学 中学 高等 他			3
養護20	保健教育（授業）	全校学部学級での授業実施数 　　例：学部での保健領域の授業 　　例：学級ごとの性教育	全校0 小学 中学 高等 他	全校0 小学 中学 高等 他	全校0 小学 中学 高等 他	全校0 小学 中学 高等 他			3
養護21	保健教育（相談）	保護者からの健康相談数 　　例：同一人の重複回数可 　　注：立ち話は除く	相談5	相談	相談	相談5			3
養護22	保健教育（公開）	公開研究会，授業公開等における保健教育に関する授業数 ポスター発表数，個人発表数 　　注：授業1教科＝1件	授業0 ポスター0 個人0	授業0 ポスター0 個人0	授業 ポスター 個人	授業0 ポスター0 個人0			3
養護23	保健教育（報告）	研究（実践）報告書における保健教育に関する執筆数 　　注：報告書1冊＝1件	執筆0	執筆0	執筆	執筆0			3
養護24	保健研修（企画）	保健教育に関わる研修会等の実施数	実施5	企画5	企画	企画5			3
養護25	保健研修（招へい）	保健教育に関わる外部講師の招へい数	招へい1	招へい	招へい	招へい1			3

【分掌】給食に関すること

給食1	教育功績（表彰）	教育目標に関する食育教育の功績に対する応募数と表彰数 　　例：給食優良校	応募0 表彰0	応募0 表彰0	応募 表彰	応募0 表彰0			3
給食2	学校給食（講話）	栄養教諭等が児童生徒及び保護者等に実施した講話数 　　例：「バランス良い食事」	全校0 父母0	全校1 父母1	全校 父母	全校0 父母1			2
給食3	学校給食（給食）	給食での食中毒予防のための定期的な確認数 　　例：毎月の場合には12回	確認12	確認12	確認	確認12			3
給食4	学校給食（検食）	当日の給食の検食の実施数 　　例：給食実施総数	検食 177	検食 192	検食	検食 192			3

給食5	学校給食（アレルギー）	食物性アレルギー反応者数とアナフィラキシー保持者 　例：そばアレルギー	卵6 乳製2 そば1 豆類1 甲殻19 他21 アナフィラ3	卵5 乳製3 そば2 豆類1 甲殻19 他18 アナフィラ3	卵 乳製 そば 豆類 甲殻 他 アナフィラ3	卵5 乳製3 そば2 豆類1 甲殻19 他18 アナフィラ3		*
服務1	服務管理（事故）	交通事故等の件数・報告数 　例：飲酒，スピード超過	事故0	事故0	事故	事故0		3
服務2	服務管理（ハラスメント）	パワハラ，セクハラ等の件数・報告数	パワ0 セク0 他0	パワ0 セク0 他0	パワ セク 他	パワ0 セク0 他0		2
服務3	服務管理（事件）	窃盗，盗撮，淫行等の刑事事件の件数・報告数	事件0	事件0	事件	事件0		3
服務4	服務管理（暴力）	児童生徒への暴力，暴行等の件数・報告数	暴力0	暴力0	暴力	暴力0		3
服務5	服務管理（苦情）	教員の言動等に対する管理職への苦情数 （内訳：保護者から） （内訳：住民等から） （内訳：同僚から） 　注：名指し，特定される案件	保護0 住民0 同僚0	保護0 住民0 他0	保護 住民 同僚 他	保護0 住民0 他0		2
服務6	服務管理（苦情）	教員の言動に対する教育委員会への苦情数 　注：名指し，特定される案件	苦情0	苦情0	苦情	苦情0		3
服務7	健康管理	教員の健康状況 （心身等の長期入院） （常時体調不良で欠勤多い） 　注：けが，事故等を除く	長期 常時	長期 常時0	長期 常時	長期 常時0		2
服務8	健康管理	教員の代替え （出産・育児休暇） （介護等休暇） （心身等の長期入院）	育児 介護 心身2 他0	育児0 介護0 心身0 他0	育児 介護 心身 他	育児0 介護0 心身0 他0		2

北海道真駒内養護学校の取組

1．学校紹介

　本校は，昭和20年代後半から30年代初頭，北海道で大流行したポリオの後遺症に悩む児童生徒のために昭和36年に開校した本道で初めての肢体不自由養護学校です。令和3年度は，135名（小学部64名，中学部33名，高等部38名，訪問学級含む）の児童生徒が在籍しています。また，寄宿舎を設置し，スクールバスも運行しています。

　在籍する児童生徒の障害の状況は多様化し，肢体不自由に他の障害を併せ有する児童生徒も多く在籍しています。このため本校では，児童生徒一人一人の教育的ニーズを把握して，その持てる力を高め，生活や学習上の困難を主体的に改善又は克服するための適切な指導や支援を行っています。また，自立活動の指導の充実を図るため，理学療法士，作業療法士，言語聴覚士の資格を有する自立活動教諭を1名ずつ配置するとともに，医療的ケアを必要とする児童生徒に対して看護師も配置しています。

2．本校が実践するカリキュラム・マネジメントとは

　本校では，令和元年度に学校教育目標の見直しを行い，新しい学校教育目標を設定しました。また，学校教育目標の達成に向けて児童生徒に育成を目指す資質・能力として，育てたい力「生きる力の五要素」を位置付け，児童生徒にもイメージできるように教員がキャラクターを制作し，校内に掲示しています。さらに，学校教育目標を具現化し，学部間の発展性と系統性を図るため，小学部「広げる」，中学部「高める」，高等部「発揮する」の段階を掲げ，「生きる力の五要素」ごとの具体的な目標を設定しています。

　令和2年度から，新しい学校教育目標の下，教育課程を編成し，教育活動を推進していますが，教育課程を軸に教育の質の向

校　訓

夢・愛・心　真駒内

学校教育目標

人とのつながりを大切にし、
自分の考えを持ち、自分の考えを伝え、
自分の考えをもとに行動できる人を育てる

本校の育てたい力
「生きる力の五要素」

見る、聞く、感じる力
（必要な情報を得る）

伝える力
（意思等を効果的に表現する）

決める力
（自ら考え判断する）

やる気、元気
（健康や体力・身体機能の維持向上）

つながる力
（人と協調する）

学校教育目標等

上を図るためには，学習指導要領で示されたカリキュラム・マネジメントの取組が重要となります。本校では，平成 28 年度から「社会とのつながりを大切にした教育課程を目指して」を研究主題とし，3 か年計画でカリキュラム・マネジメントの仕組みを構築するための実践研究に取り組みました。そこでは，個別の指導計画と年間指導計画を連動させ，根拠のある授業設計を行うことで，日々の授業づくりと教育課程改善の PDCA サイクルの好循環が生まれ，教育の質の向上を図ることにつながると考えました。この取組を通して，個別の指導計画や年間指導計画の改善が図られ，協働による授業設計の必要性を示すことができたものの，カリキュラム・マネジメントの仕組みとして学校全体で共通理解され，十分に機能するまでには至っていない現状にあります。

　そこで，令和 3 年度のカリキュラム・マネジメントの取組について，7 つの要素（ア.

表 5-7　カリキュラム・マネジメント年間スケジュール

月	学校行事等	教育目標の具現化	カリキュラムのPDCA	組織構造	組織文化	リーダー	家庭・地域社会等	教育課程行政
4月	入学式 全体懇・学部説明会 PTA総会	学校経営方針の提示と説明	児童生徒の実態把握	分掌等の委嘱 新年度計画の作成	教員の職務遂行能力の把握 校内研究の計画	校長, 副校長, 教頭, 事務長との情報共有	年間行事予定の提示	教育課程編成届の提出
5月			年間指導計画, 個別の指導計画及び教育支援計画の作成 個別の年間指導内容表作成	分掌部長等を中心とした活動の開始	校内研究の推進（年間）	スタッフ・ミーティングによる情報共有 校長通信	保護者との個別懇談	局指導主事による観点別学習評価の研修会
6月	小・体育発表会 中・記録会 高・体育大会		単元指導計画の作成 行事等の反省（その都度）			管理職面談等による個々の教員への指導助言		
7月					専門性向上セミナー	学部主事, 分掌部長との課題共有	学校評議員会①	
8月				中間反省			保護者との個別懇談	
9月	見学旅行	中間反省			肢体不自由教育ベーシック講座		小・中学校との交流及び共同学習	教育指導監の学校経営訪問指導
10月	小・学習発表会 中・文化祭 見学旅行							指導主事の学校訪問指導
11月	60周年感謝のつどい 宿泊研修						学校評議員会②	
12月	高等部祭 宿泊研修	学校評価中間まとめ	年間指導計画の評価		全校研究報告会①②			
1月	北肢研大会		次年度年間指導計画案作成 個別の教育課程検討会議	年度末反省	全校研究報告会③ 北肢研公開授業			北肢研公開授業への指導主事による助言
2月		学校評価のまとめ 年度末反省 次年度の学校経営方針案の作成	個別の指導計画及び教育支援計画の評価	次年度の計画の検討			保護者との個別懇談 学校評議員会③	
3月	卒業式		次年度に向けての教育課程の修正	次年度の分掌等の割り当て	次年度校内研究計画の検討			

教育目標の具現化，イ．カリキュラムのPDCA，ウ．組織構造，エ．学校文化，オ．リーダー，カ．家庭・地域社会等，キ．教育課程行政）に基づいて現状と課題を整理し，今後の取組の方向性を検討することにしました。表5-7には，カリキュラム・マネジメントの年間スケジュールの概要を示しました。

3．カリキュラム・マネジメントの実践

ア．教育目標の具現化

　校長は，4月の最初の職員会議の際に，令和3年度の学校経営方針を教員に配付して説明しました。その方針では，年度の重点目標を「新たな学びの文化の構築を目指す」こととし，経営の重点の中で，①ICT活用に関わる様々なノウハウの充実及び技能の向上，②医療的ケア体制の更なる充実及び安定化，③働き方改革の更なる進展，④開校60周年を取り入れた教育活動の推進などを示しました。また，指導の重点の中では，①コロナ禍での各種行事等の在り方の検討及び最適化，②ICTを活用した学習機会の拡充，③観点別評価の適切な導入及び実施などを示しました。

　この学校経営方針について，カリキュラム・マネジメントの7つの要素から検討するために，『様式1　カリキュラム・マネジメント　グランドデザイン』（学校経営方針の構造図）を活用して整理したものを図5-4に示しました。様式1のように図式化することで，本校のカリキュラムのPDCAにおける課題がより明確化されるとともに，その課題に関連する他の要素の全体像を把握することができました。これにより，令和3年度のカリキュラムにおける中心的な課題は，指導の重点で示した「③観点別評価の適切な導入及び実施」であり，この課題の解決に向け，学校全体で組織的・計画的に実践研究や教員研修等の取組を進めることの重要性を改めて認識することができました。今後，この様式も教員に提示し，教育目標の具現化を図る必要があると考えています。

　学校経営方針に基づいた各学部・校務分掌等の取組については，中間反省・年度末反省を行うとともに，学校評価（教員評価，保護者評価，関係者評価）を行って課題や改善策を検討します。校長は，それらの結果を踏まえて次年度の学校経営方針を作成します。カリキュラム・マネジメントでは，教育課程の実施状況を評価してその改善を図ることが重要ですが，これまでの学校評価の形式では，項目ごとの4段階の評価で，集計して平均すると多くの項目で3〜3.5の数値となり，課題を把握することが難しい状況が見られます。そこで，表5-8『様式2　特別支援学校用カリキュラム・マネジメント　チェックシート』と『様式3　特別支援学校用カリキュラム・マネジメント　学校経営実績評価シート（管理職）』の2つによる評価を行いました。その結果，より的確にカリキュラム・マネジメントの課題を把握できることが分かり，今後，この様式も活用する必要があると考えています。

イ．カリキュラムの PDCA

　本校では，学習指導要領改訂で新たに示された内容等に対応した教育課程の整備を進めてきました。本校に在籍する多くの児童生徒は，重複障害があることから，学習指導要領で特に知的障害特別支援学校の各教科の内容の充実が図られたことを踏まえ，これまでの各教科等の年間指導計画や単元・題材の指導計画を見直し，その内容の改善を図りました。年間指導計画の様式では，学期や月別に単元・題材名と時数を記入することに加えて，学習指導要領の内容から取り扱う段階と３観点ごとのねらいを記入することで，単元・題材設定の根拠の明確化と各教科の指導の系統性を図るようにしています。この年間指導計画は，年度始めの４〜５月に作成し，２学期終了時点と年度末に学習状況や指導に関する評価を行い，それに基づいて次年度の年間指導計画案を作成する流れになっており，カリキュラムの PDCA の重要な取組の一つになっています。

　日々の授業に当たっては，単元・題材の指導計画を作成し，その上で学習指導案（略案）を作成して児童生徒への指導を行っています。学習指導要領では，知的障害特別支援学校の各教科の指導においても，３観点による観点別の学習評価を行うことが新たに示されました。このことを踏まえ，教務部と研究部が連携し，これまでの単元指導計画を見直し，観点別学習評価と授業改善の内容を盛り込んだ単元指導計画の様式を作成するとともに，この様式の活用について実践を通して検証するための校内研究に取り組んできました。令和元年度から２か年計画で「根拠のある学習評価を目指して」を研究主題として，１年目は各教科で取り扱う内容の整理（年間指導計画の改善・充実），２年目は授業改善のシステムの整理（単元指導計画に関する検討・整理）に取り組みました。単元指導計画については，「特に観点別評価を踏まえた目標や評価規準の立て方が分かりにくく作成に負担感がある」などの声が上げられました。そこで，１年延長し，令和３年度は単元指導計画を教務部で運用しつつ，研究部では各教科の研究グループ等を組織して，単元指導計画を活用した授業改善の実践研究に取り組みました。

　図5-3には，単元指導計画の様式を示しました。まず，年間指導計画に基づき，単元・題材名や学習指導要領との関連を記入するとともに，「生きる力の五要素」から重視する力を網掛けにします。次に，学習指導要領の内容を踏まえ，３観点による単元（題材）のねらいと評価規準を記入し，続いて単元の構成と評価の計画を記入します。児童生徒の学習評価は授業後に別紙に記入しますが，その下の授業評価の＜授業づくりの５つの視点＞は，これまでの実践研究を通して授業改善に効果的な視点として確かめられたものです。今後，この単元指導計画が活用・蓄積されることにより，次年度の年間指導計画等の改善の根拠となり，カリキュラムの PDCA の重要な取組に位置付けることができると考えています。

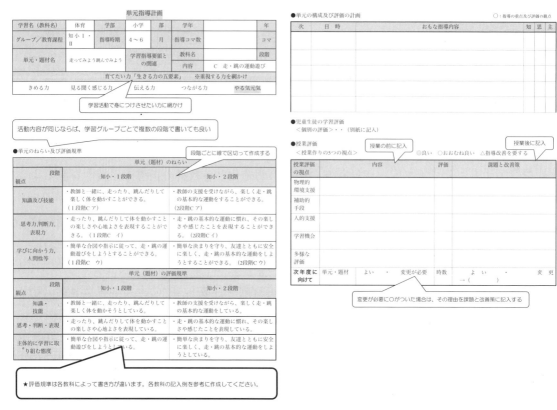

図 5-3　単元指導計画の様式

ウ．組織構図

　カリキュラムの PDCA と関連する校務分掌としては，教務部や研究部が中心となりますが，コロナ禍での学びの継続や GIGA スクール構想の実現などから，教育活動における ICT の活用を積極的に推進する必要があります。そこで，令和3年度は，経営の重点や指導の重点に ICT の活用を位置付けました。ICT の活用に関する業務については，ICT 機器の整備や教員研修など，情報教育推進部が担っていますが，学校全体での取組とするため，新たに"ICT活用プロジェクト"を設置しました。プロジェクトの始動が遅れたため，小・中学部に整備されたタブレット端末の活用促進や実践交流などは，次年度も継続して取り組むことにしました。

エ．学校文化

　カリキュラムの PDCA を進めるためには，個々の教員の授業改善に対する高い意識と協働性のある教員集団づくりが必要です。令和3年度は，指導の重点で示した観点別評価の適切な導入と実施に向けた校内研究に取り組み，北海道肢体不自由教育研究大会における公開授業担当校の役割もあり，授業研究を中心とした取組の充実が図られました。今後も，より良い教員集団づくりを進めるとともに，校内研究の成果や課題などについて，他校に情報発信する機会が必要と考えています。

オ．リーダー

　本校では，校長，副校長，教頭，事務長との情報共有を常時行うとともに，各学部主事等をメンバーとするスタッフ・ミーティング（週1回）において，学校運営に関する情報共有や課題等の協議を行っています。校内研究の推進に関しては，必要に応じて管理職と研究部等との協議を行い，進め方や改善点などについて指導・助言をしています。校長は，校長通信などを通して学校課題に対する考え方を発信するようにしていますが，今後はミドルリーダーの育成を意識した取組が必要と考えています。

カ．家庭・地域社会等

　本校では，個別の教育支援計画・個別の指導計画の作成と活用を通して，保護者や関係機関等と連携した取組の充実を図っています。その中で，個別の指導計画の作成の際に個別の年間指導内容表を作成することや，評価を基に次年度履修する教育課程（例，「知的I段階」等）を再検討するなどの特色ある取組を行っています。

　また，地域の協力を得ながら，地域資源を活用した教育活動や小・中学校等との交流及び共同学習などを積極的に推進しています。次年度，学校運営協議会を導入し，今後の地域と連携した取組のプランについて協議を行うことにしています。

キ．教育課程行政

　年度始めには，教育課程編成届を提出し，北海道教育庁教育指導監による学校経営訪問指導や指導主事による訪問指導において，学校経営や教育課程の改善等に関する指導・助言を受けています。その中で，カリキュラム・マネジメントは，教務部など一部の担当の課題ではなく，組織的な体制づくりが必要との指導があり，改善に向けた検討を進めているところです。

4．今後の課題

　今回，7つの要素に基づいて，カリキュラム・マネジメントの現状と課題の整理を行いました。本校では，各学部・校務分掌等で学校経営方針を踏まえた取組が進められているものの，教育課程に基づき組織的かつ計画的に教育活動の質の向上を図るためには，教員の参画意識を高め，協働的な取組を一層促進する必要があると考えています。今後，各学部・校務分掌等の業務を関連付け，カリキュラム・マネジメントの取組を「見える化」し，全教員の参画により推進する体制の構築を目指します。

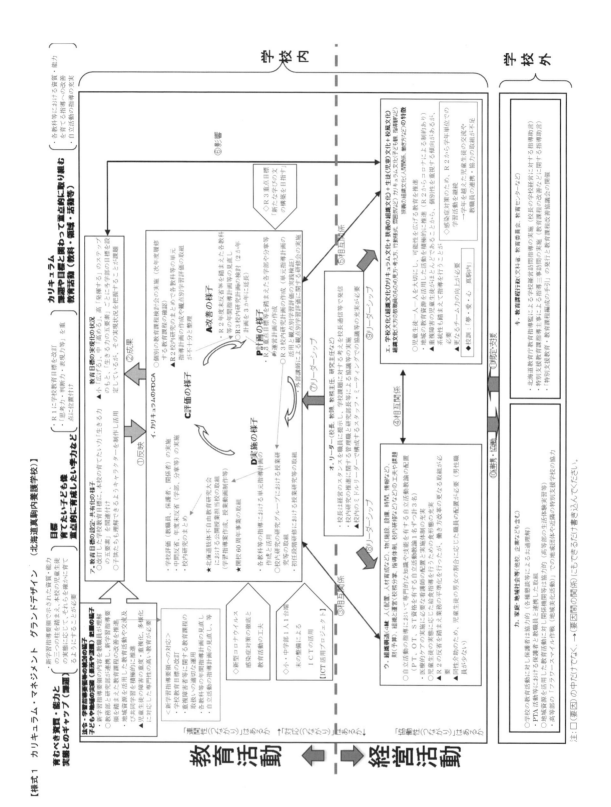

図5-4 『様式1 カリキュラム・マネジメント グランドデザイン』(学校経営方針の構造図)

表 5-8 『様式 2　特別支援学校用カリキュラム・マネジメント　チェックシート』（管理職）

様式2	特別支援学校用カリキュラム・マネジメント　チェックシート	
		(計100項目)

＊下記の項目に関する学校としての達成度について，以下のように評価します。
（非常に当てはまる4，だいたい当てはまる3，あまり当てはまらない2，全く当てはまらない1）

Ⅰ．学校・学部の教育目標について（ア．教育目標の設定・共有化＝ P 段階に対応）

NO	質　問　項　目	非常に当てはまる	だいたい当てはまる	あまり当てはまらない	全く当てはまらない	モデルへの位置付け
Ⅰ-1	法令や学習指導要領が示す目標を十分に検討して，児童生徒の障害特性や実態を踏まえながら学校・学部の教育目標に反映させている。	4	③	2	1	ア
Ⅰ-2	児童生徒の障害特性や実態及びニーズを具体的に把握（情報収集，測定，データ化など）して，学校として取り組むべき課題を明らかにしている。	4	③	2	1	ア
Ⅰ-3	学校全体の障害特性や実態及び知的能力，その他の課題について，全教員の間で共有している。	4	③	2	1	ア
Ⅰ-4	学校・学部の教育目標や重点目標は，児童生徒の障害特性や実態及び地域の実情を踏まえて，バランス（知・徳・体）よく設定されたものである。	4	③	2	1	ア
Ⅰ-5	学校・学部の教育目標や重点目標は，「児童生徒に身に付けさせたい力」「目指す児童生徒像」「将来の自立に向かう力」として具体的に記述されている。	4	③	2	1	ア
Ⅰ-6	学校・学部の教育目標や重点目標は，達成度の測定や評価が可能な形式で表現されている。	4	3	②	1	ア
Ⅰ-7	学校・学部の教育目標について，児童生徒にも，折に触れ分かりやすく理解を促している。	4	③	2	1	ア
Ⅰ-8	学校・学部の教育目標や重点目標は，「個別の教育支援計画」と「個別の指導計画」の目標に反映されている。	4	③	2	1	ア

Ⅱ．教育課程の編成・実施・評価の様子について（イ．カリキュラムの PCDA）

Ⅱ-1	総じて言えば，特色かつ創造的な教育課程を編成している。	4	③	2	1	イ-全体
Ⅱ-2	単位時間の弾力的運用や週時程の工夫をしている。	4	③	2	1	イ-全体
Ⅱ-3	学校経営計画，学部経営案，学年経営案，学級経営案は，それぞれの目標や内容が連動しているように作成されている。	4	③	2	1	イ-P
Ⅱ-4	教育課程表（全体計画，年間指導計画，指導内容表等）を見れば，学校・学部全体の指導内容が一目で分かるようになっている。	4	③	2	1	イ-P
Ⅱ-5	教育課程は，学校・学部の教育目標や重点目標を踏まえた教科横断的な視点で，目標の達成に必要な教育の内容が組織的に配列されている。	4	3	②	1	イ-P
Ⅱ-6	各教科等の指導目標や指導内容の相互関連が一目で分かるような教育課程表（全体計画，年間指導計画，指導内容表等）が作成されている。	4	3	②	1	イ-P
Ⅱ-7	指導事項の系統性が一目で分かるような教育課程表（全体計画，年間指導計画，指導内容表等）が作成されている。	4	3	②	1	イ-P
Ⅱ-8	年度当初に教育課程を計画する際は，前年度踏襲ではなく，児童生徒の特性や実態等の変化に合わせて，指導内容，指導方法，評価規準，時期などを考えながら計画している。	4	③	2	1	イ-P(C)

Ⅱ-9	各教科等を合わせた指導で特別な教育課程（日常生活の指導，遊びの指導，生活単元学習，作業学習など）を設定する際には，その根拠を明確に示しながら教育課程を編成している。	4	③	2	1	イ-P(C)
Ⅱ-10	自立活動において，「教育活動全体を通した指導」と「時間における指導」の根拠を明確に示しながら教育課程を編成している。	4	③	2	1	イ-P(C)
Ⅱ-11	知的障害がある児童生徒に対して外国語活動（英語）を小学部から設定する際には，その根拠を明確に示しながら教育課程を編成している。	4	③	2	1	イ-P(C)
Ⅱ-12	重複障害がある児童生徒に各教科等の一部又は全部を「自立活動」に替える際には，その根拠を明確に示しながら教育課程を編成している。	4	③	2	1	イ-P(C)
Ⅱ-13	教員は，学校・学部の年間指導計画を活用して指導を行っている。	4	③	2	1	イ-D(P)
Ⅱ-14	教員は，学校・学部の年間指導計画を，児童生徒の障害特性や実態に応じて，柔軟に変更しながら実施している。	4	③	2	1	イ-D(P)
Ⅱ-15	教員は，学校・学部の教育目標や重点目標及び個別目標を意識して授業や行事に取り組んでいる。	4	③	2	1	イ-D(ｱ)
Ⅱ-16	教科書や指導書に沿って授業を行うのに手一杯な教員が多い。（逆転項目）	4	3	②	1	イ-D
Ⅱ-17	児童生徒の障害特性や実態に合わせて自分で授業を考えたり，教材・教具を開発して授業を行うのに手一杯な教員が多い。（逆転項目）	4	3	②	1	イ-D
Ⅱ-18	教員は，各教科等の教育目標や内容の相互関連を意識して，日々の授業を行っている。	4	③	2	1	イ-D
Ⅱ-19	教員は，既習事項や，先の学年で学ぶ内容との関連（系統性）を意識して指導している。	4	③	2	1	イ-D
Ⅱ-20	教員は，学校・学部の年間指導計画の改善に役立つような記録（メモ）を残している。	4	③	2	1	イ-D(c)
Ⅱ-21	少なくとも年に一度は，学校・学部の教育目標や重点目標及び個別目標の達成度を測っている。	4	③	2	1	イ-C(ｱ)
Ⅱ-22	学校・学部には，実践の良さや成果を記録・蓄積・共有化・継続するための仕組みがある。	4	3	②	1	イ-A(ｳ)
Ⅱ-23	児童生徒の学習成果の評価だけでなく，教育課程や授業の評価も行っている。	4	◎	②	1	イ-C
Ⅱ-24	教育課程の評価を，確実に次年度に向けた改善活動につなげている。	4	◎	②	1	イ-A
Ⅱ-25	標準化された個別検査（知能・発達・作業能力等）の分析結果を参考に，児童生徒の指導計画や個別目標を見直し，指導内容・方法の改善をしている。	4	③	2	1	イ-A
Ⅱ-26	標準化された個別検査（知能・発達・作業能力等）の分析結果を参考に，対象の児童生徒だけでなく，学年学部の指導計画や個別目標を見直し，指導内容・方法の改善をしている。	4	3	②	1	イ-A
Ⅱ-27	教科指導において，個々の授業における個別の知識・技能だけでなく，単元を通して重要な概念やプロセス，原理などを深く理解させるなど，長期的な指導に力を入れている。	4	3	②	1	イ-D
Ⅱ-28	パフォーマンス評価など，思考力・判断量・表現力などを評価する方法の開発や実施に取り組んでいる。	4	3	②	1	イ-D(C)
Ⅱ-29	総合的な学習（探究）の時間において，課題の設定からまとめ・表現に至る探究の過程を意識した指導をしている。	4	3	②	1	イ-D
Ⅱ-30	自立活動において，課題選定，指導内容，指導方法，実際の指導，評価に至る一連の過程について，個別の指導計画に基づいて指導をしている。	4	③	2	1	イ-D
Ⅱ-31	特別な教育課程（日常生活の指導，遊びの指導，生活単元学習，作業学習など）を設定している場合には，教科の目標が含まれ，その評価も明確にしている。	4	③	2	1	イ-D

II-32	全員の児童生徒に対して，「個別の教育支援計画」と「個別の指導計画」を作成しており，PDCA サイクルとして機能している。	④	3	2	1	イ -D
II-33	各教科等の授業において，児童生徒の主体的・対話的な学習が取り入れられている。	4	③	2	1	イ -D
II-34	各教科等の授業において，児童生徒の深い学びにせまるような学習が取り入れられている。	4	3	②	1	イ -D
II-35	各教科等の学習内容は，将来の自立を目指し，実生活や社会での出来事に関連付けて指導するよう心掛けられている。	4	③	2	1	ア
II-36	学校の研究主題は，学校・学部の教育課題と連動している。	4	③	2	1	イ -D
II-37	教員は，学校・学部の研究主題を意識して日々の授業を行っている。	4	③	2	1	イ -D
II-38	教員は，学校・学部の授業研究の成果を日常の授業に積極的に生かしている。	4	◎	②	1	イ -D(A)
II-39	学校・学部として取り組んでいる授業研究が学校・学部の課題解決に役立っているかについて評価している。	4	3	②	1	イ -C
II-40	総合的な学習（探究）の時間では，地域や社会で起こっている問題の解決に取り組むことで，児童生徒が地域の一員として生活していくことや社会貢献につながっていることを意識するような学習が行われている。	4	3	②	1	イ -D(カ)
II-41	自立活動では，障害の改善・克服の内容に取り組むことで，児童生徒が将来の自立に向かっていることを意識するような学習が行われている。	4	③	2	1	イ -D(カ)
II-42	地域の人材や素材を積極的に活用する教員が多い。	4	③	2	1	イ -D(カ)
II-43	目標の達成度は，保護者・地域等に公表している。	4	3	②	1	イ -C(カ)
II-44	学校・学部の教育の成果と課題を保護者・地域と共有し，共に解決策を考えたりする機会がある。	4	3	②	1	イ -A(カ)
II-45	児童生徒のアイディアや意見を取り入れ，児童生徒と共に教育活動を創り出している。	4	3	②	1	イ -D
II-46	授業の進め方や学習スキルを児童生徒も知っており，教員と児童生徒が協力しながら授業を進めている。	4	3	②	1	イ -D
II-47	教育課程の評価や計画に当たって，児童生徒や保護者の意見も参考にしながら取り組んでいる。	4	③	2	1	イ -C
II-48	総じて判断すると，カリキュラムに関する PDCA サイクルは上手く機能している。	4	◎	②	1	イ -全体

III．教育課程の編成・実施・評価活動への支援活動（経営）の様子について
　　（ウ．組織構造，オ．リーダー，カ．家庭・地域社会，キ．教育課程行政）

III-1	校長は，教育と経営の全体を見通し，ビジョンや方針を明確に示している。	4	③	2	1	オ
III-2	校長の経営方針に，児童生徒の障害の改善・克服や将来の自立に向けた教員の力量形成方策が明確に位置付けられている。	4	③	2	1	オ
III-3	副校長・教頭は，ビジョンの具体化を図るために，学校として協働して取り組む体制や雰囲気づくりに尽力している。	4	③	2	1	オ
III-4	主事や主任は，ビジョンを基にカリキュラムの工夫や研究推進の具体策を示して実行している。	4	③	2	1	オ
III-5	全ての教員が，立場や役割に応じてリーダーシップを発揮している。	4	3	②	1	オ
III-6	役割を担った教員に対する管理職の支援が手厚く，主事や主任のミドルリーダー層はリーダーシップを発揮しやすい。	4	3	②	1	オ

Ⅲ-7	教育課程の編成，評価や改善には，全教員が関わっている。	4	③	2	1	ウ
Ⅲ-8	目指す教育活動を行うために，必要な組織体制（校務分掌）がつくられている。	4	③	2	1	ウ
Ⅲ-9	目指す教育活動を行うために，施設・設備の有効活用の工夫や環境整備をしている。	4	③	2	1	ウ
Ⅲ-10	目指す教育活動を行うために，ICT機器が有効に利用されている。	4	③	2	1	ウ
Ⅲ-11	目指す教育活動を行うために，公共施設（運動施設，娯楽施設，図書館，科学館，美術館など）を積極的に利用している。	4	③	2	1	ウ
Ⅲ-12	目指す教育活動を行うために必要な予算確保の工夫や努力がなされている。	4	③	2	1	ウ
Ⅲ-13	目指す教育活動を行うために必要な研究・研修ができるよう時間確保への配慮がなされている。	4	③	2	1	ウ
Ⅲ-14	目指す教育活動を行うために必要な資料が用意されている。	4	③	2	1	ウ
Ⅲ-15	目指す教育活動を行うために必要な情報収集がなされている。	4	③	2	1	ウ
Ⅲ-16	目指す教育活動を行うために必要な地域人材・資源（教材など）の発掘や維持・管理の努力をしている。	4	③	2	1	ウ（カ）
Ⅲ-17	目指す教育活動を行うために，教員以外の専門職スタッフ（医師，OT，PT，ST，臨床心理士，管理栄養士など）と連携協力している。	④	3	2	1	ウ
Ⅲ-18	目指す教育活動を行うために，教員以外のスタッフ（教育支援員，学習指導員，学校図書館司書，調理員，事務員など）と連携協力している。	4	③	2	1	ウ
Ⅲ-19	教員が国や都道府県，市町村の教育委員会が開催する教育研修（悉皆，経験年数，職務など）に参加できるように支援されている。	4	③	2	1	ウ（キ）
Ⅲ-20	教員が希望する教育研修（自主研修）について，参加しやすい雰囲気がある。	4	3	②	1	ウ
Ⅲ-21	教員が所属する学会や研究会等での発表等について，参加しやすい雰囲気がある。	4	3	②	1	ウ
Ⅲ-22	研究会・研修会等で公表している資料を有効に活用している。	4	3	②	1	ウ
Ⅲ-23	目指し学習活動を実現するために，児童生徒の組織（係，委員会）があり，役割を果たしている。	4	③	2	1	ウ
Ⅲ-24	インクルーシブ教育の推進に向けて，障害のない児童生徒との交流及び共同学習が用意されている。	4	③	2	1	ウ（カ）
Ⅲ-25	地域での生活を送るために，地域住民との交流の活動が用意されている。	4	◎	2	1	ウ（カ）

Ⅳ．教員の全体的な雰囲気について（エ．学校文化（組織文化））

Ⅳ-1	教員は，学校・学部の教育目標や重点目標及び個別目標について，その意味を具体的に説明できる。	4	③	2	1	エ（ア）
Ⅳ-2	教員は，学校・学部が力を入れている実践（特色）を具体的に説明できる。	4	③	2	1	エ（P）
Ⅳ-3	教員には，自己の知識や技能，実践内容を相互に提供し合う姿勢がある。	4	③	2	1	エ（D）
Ⅳ-4	教員には，新しい実践に対して前向きに取り組む姿勢がある。	4	◎	②	1	エ（D）
Ⅳ-5	学習指導要領改訂など，教育政策の動向に関心を寄せ，積極的に学ぶ教員が多い。	4	③	2	1	エ（キ）
Ⅳ-6	教員の間に，それぞれの個性や仕事ぶりを認め合う信頼関係がある。	4	③	2	1	エ

Ⅳ-7	挑戦が推奨され，挑戦の結果失敗しても，個人が責められない安心感がある。	4	3	②	1	エ
Ⅳ-8	教員は，学級・学年や学部だけでなく，学校全体のことを考えて行動している。	4	③	2	1	エ
Ⅳ-9	教員は，自ら役割を担って自主的に行動している。	4	3	②	1	エ
Ⅳ-10	教員は，目指す教育活動のためには，時には厳しい相互批評もいとわず議論する。	4	3	②	1	エ
Ⅳ-11	教員は，学級・学年や学部を越えて，児童生徒の成長を伝え合い，喜びを共有している。	4	③	2	1	エ
Ⅳ-12	日々多忙な割には，負担感よりも充実感を口にする教員が多い。	4	3	②	1	エ
Ⅳ-13	教員の多忙感が強いため，今以上の役割分担の依頼や新しい実践の開始にためらいを感じる。(逆転項目)	4	③	2	1	エ
Ⅳ-14	T-T授業において特定の教員（担任・担当）が休暇を取るために，仕事の負担感が多いことを口にする教員が多い。(逆転項目)	4	③	2	1	エ
Ⅳ-15	どちらかというと，教科等の授業よりも，生徒指導や進路指導，部活動や放課後活動にエネルギーを使う教員が多い。(逆転項目)	4	3	②	1	エ
Ⅳ-16	教員の中には，各教科等を合わせた指導（日常生活の指導，遊びの指導，生活単元学習，作業学習など）よりも教科の指導に力を入れるべきだという意見が強い。(逆転項目)	4	3	②	1	エ
Ⅳ-17	総合的な学習（探究）の時間の実施について，教員の中に熱量や力量の差があり，指導にバラツキが生じている。(逆転項目)	4	3	②	1	エ
Ⅳ-18	自立活動の実施について，教員の中に熱量や力量の差があり，指導にバラツキが生じている。(逆転項目)	4	3	②	1	エ
Ⅳ-19	教員には，自分が授業を行う学年・教科等及び主担当（T1）だけでなく，学校・学部の教育課程全体で組織的に児童生徒を育てていくという意識が強い。	4	◎	②	1	エ

※　○：取組前の評価，◎：取組後に評価が上がった項目

コラム 3 特別支援学級のカリキュラム・マネジメントの取組

校内における特別支援学級の意義と役割

　特別支援学級は、「知的障害」「肢体不自由」「身体虚弱」「弱視」「難聴」「言語障害」「自閉症・情緒障害」の7つの障害種が対象となっています。就学においては、本人や保護者の意向が尊重され、地域の小・中学校での教育を望むケースも少なくありません。特別支援学級内での学習・生活に限らず、通常の学級との交流の時間を設定しながら、障害に対する理解や特別支援学級に在籍する児童生徒自身の自立を目指したカリキュラム・マネジメントが求められています。また、特別支援学級担任が特別支援教育コーディネーターを兼務する場合も多く、通常の学級における特別な支援を必要としている児童生徒に対する指導や支援についての情報交換や連携など、教員の指導力向上にもつながっていると考えます。

学校全体のカリキュラム・マネジメントと特別支援学級のカリキュラム・マネジメント

　特別支援学級のカリキュラム・マネジメントは、学校全体のカリキュラム・マネジメントと連動させて考える必要があります。特別支援学級の中でも、知的障害の有無により、教育課程の構成内容に違いが生じます。しかし、インクルーシブ教育の視点から、障害のある子供とない子供が同じ場で共に学ぶことが求められており、授業だけでなく、行事や生活の中での交流場面を設定したり、個別指導の時間を確保したりすることで、障害のある子供自身の発達や適応の状態を教員が把握し、多様な学びの場で学習できる環境を整えることができます。

特別支援学級のカリキュラム・マネジメントの視点

　特別支援学級のカリキュラム・マネジメントの視点を以下に挙げます。

- ・校内教育支援委員会の開催
- ・教育相談体制や校内研修の充実
- ・特別支援学級在籍や転籍対象児童生徒の校内判断と通知
- ・特別支援学級授業担当者会の開催
- ・特別支援学級における個別の教育支援計画、個別の指導計画、自立活動の個別の指導計画の作成
- ・保護者への校内の特別支援教育体制の理解と啓発
- ・医師、心理士、スクールカウンセラー、相談支援事業所などとの多職種連携
- ・特別支援学級及び交流学級での授業公開及び授業参観
- ・特別支援学級担任（教科担当者）の研修の充実
- ・特別支援学級、交流学級担任、教科担当、学習支援員との情報交換及び連携
- ・通常学級との交流及び共同学習の検討と実施
- ・小学校、中学校の特別支援学級担任同士の連携や情報交換及び連携

カリキュラム・マネジメント促進のための7つの要素の取組

　現在、特別支援学級のカリキュラム・マネジメントで取り組んでいることを紹介します。

　ア．教育目標の具現化

　教育課程検討の時期に，本校の課題やリソースになる点について共有化を図ります。具体的な児童生徒の姿で振り返ることにより，目指す児童生徒の姿を浮き彫りにし，教員全員で目指す，次年度の児童生徒の姿について共通理解を目指します。教員一人一人の声が反映された教育目標につながることで，教員自身が学校づくりに参画しているという意識をもたせることが大前提にあります。

イ．カリキュラムの PDCA

　特別支援学級のカリキュラムの PDCA について，長期サイクルとは別に，単元ごとや日々の児童生徒の変容などの見取りの視点（短期，即時的）や，通常の学級との交流のあり方についての検討も必要になります。また，特別支援学級担任団による自立活動の指導に関わる研修会を導入し，多角的に児童生徒の発達段階や実態分析の機会をもつことで，授業づくりの改善を図ります。さらに，特別支援学校の巡回相談などを利用した専門的な助言を基に，課題を明確にしたり，改善の方法などについて検討したりする機会としています。

ウ．組織構造

　特別支援学級の担任が必ずしも特別支援学校教諭免許状を保有しているとは限らない現状があります。しかし，特別支援教育コーディネーターを兼務する場合は多くあり，特別支援教育に対する専門性を高めていくこと，そのための研修会の設定，研修の在り方の工夫など，学校が一つのチームとして向上していく必要があります。特別支援教育の視点が，通常の学級の児童生徒への指導や支援にも活かされるため，教員間の連携を密にしています。

エ．学校文化

　特別支援学級に留まらず，通常の学級にも在籍している発達障害など特別な支援を必要とする児童生徒一人一人の教育的ニーズを把握した適切な支援や指導をすることの重要性が指摘されています。学校研究の中で特別支援学級や交流学級での授業提供を計画的に位置付けていますが，専門的な助言を得る機会が少なく，特性に応じた支援の在り方を学び，教員の特別支援教育の視点をもった授業力の向上を図ることが急務であると考えます。

オ．リーダー

　校長，教頭，教務主任，学年主任と特別支援学級主任を位置付け，学校運営委員会や主任会などの会議にも参画し，学校運営方針を基に，特別支援教育を中心になって推進していきます。また，校内分掌においても特別支援教育の視点をもった働き掛けができるよう，人員配置を行い，特別支援教育に対する共通理解につながるようにしています。

カ．家庭・地域社会等

　「社会に開かれた教育課程」の考えの下，保護者や地域への情報発信（ホームページや学校だより等）を中心に進めています。コロナ禍の状況にあり，行事や授業の参観は難しさがありますが，行事や授業での発表の様子を動画配信するなど，ICT を活用した情報発信等，できることを模索しており，今後も ICT の活用を重要視していきます。

キ．教育課程行政

　初任者同様，特別支援学級担任については，教育センター主催の研修を受ける機会が確保されており，基本的なカリキュラムについて共通理解を図るシステムができています。今後は，市町村教育委員会と連携した，適切なカリキュラム・マネジメントが行われているかの評価や改善内容など，行政との連携を密に，より充実した支援体制を構築していきます。

通級指導教室のカリキュラム・マネジメントの取組

校内における通級指導教室の意義と役割

　小・中学校等の中にある通級指導教室は，言語障害や発達障害（LD，ADHD，ASD）等を対象として，校内の特別支援教育を推進していく上で中核的役割を担っていると言っても過言ではありません。通級指導教室のカリキュラム・マネジメントを実施する場合，校内の特別支援教育と連動させてカリキュラム・マネジメントを考えていく必要があります。通級指導教室のカリキュラム・マネジメントは，校内の特別支援教育を充実させることに直接的につながるのでとても重要な意味をもちます。

学校全体のカリキュラム・マネジメントと通級指導教室のカリキュラム・マネジメント

　通級指導教室のカリキュラム・マネジメントは，学校全体のカリキュラム・マネジメントと連動させて考える必要があります。通級指導教室に通う障害のある児童生徒一人一人の実態把握が適切に行われているのか，実態を基に指導内容や指導方法は適切であるのか，通級による指導によって何がどのように改善されてきたのかを個別の指導計画に基づき，適切に実施していくことが求められます。また，実際の通級による指導だけではなく，児童生徒が通級に至るまでの校内での流れが適切であるのか，といった学校全体の流れとの連動が適切かについても検討をする必要があります。学校全体と通級指導教室の両面から考えていく必要があります。

通級指導教室のカリキュラム・マネジメントの視点

　通級指導教室のカリキュラム・マネジメントの視点を以下に挙げます。

- ・校内教育支援委員会の開催
- ・通級対象児童生徒の校内判断と通知
- ・個別の教育支援計画及び指導計画の作成
- ・通級指導教室での自立活動の個別の指導計画の作成
- ・保護者への通級指導教室を含めた校内の特別支援教育体制の理解と啓発
- ・教育相談体制の充実
- ・通級に至るまでの校内の流れの確定
- ・医師，心理士，スクールカウンセラー等との多職種連携
- ・通級指導教室での授業公開及び授業参観
- ・通級指導教室担当者の研修の充実
- ・特別支援教育に特化した校内研修会の開催

　これらが適切な手順に基づいて，スムーズかつ適切に実施されているかを学校全体で常にチェックし，見直しを図っていくことが求められます。通級指導教室のことを通級指導教室担当者だけに任せる組織体制では課題があります。通級指導教室のカリキュラム・マネジメントを意識して，意図的に，継続して組織で取り組んでいくことが求められます。

カリキュラム・マネジメント促進のための７つの要素の取組

　現在，通級指導教室のカリキュラム・マネジメントで取り組んでいることを紹介します。

ア．教育目標の具現化

　通級指導教室での教育目標を職場の教員が共通理解する必要があります。教員の中には，通級指導教室の役割や意義を誤って理解している人が少なからずいます。通級指導教室の役割や意義，対象児童生徒の明確化，指導内容・方法等について常日頃から運営委員会，職員会議等にて情報発信を行い，共通理解を図っています。

イ．カリキュラムの PDCA

　通級指導教室では，主要な個別の３計画の作成と実施・活用，そして，評価が重要です。特に通級指導教室では，「自立活動の個別の指導計画」が重要になります。児童生徒の実態，指導内容・方法，評価，在籍学級との連携等を常に見直し，検討しています。

ウ．組織構造

　通級指導教室担当者はもちろんですが，校内の特別支援学級担当者，特別支援教育コーディネーター，対象児童生徒の在籍学級の担任，教務主任，管理職が通級指導教室のカリキュラム・マネジメントを行う必要があります。関係者が常日頃から連携を図り，通級指導教室が機能し，校内の特別支援教育推進の役割を果たしているかを把握しています。

エ．学校文化

　通級指導教室担当者の高い専門性及び長期の経験から担当者に任せていれば良いという雰囲気になってしまっている学校が少なからずあります。重要なことは，管理職，教務主任，学年主任，担任等が通級指導教室の取組に関わり，通級指導教室の役割や意義を十分に理解した上で，担当者だけでなく複数の視点で通級指導教室の運営をしていくことです。

オ．リーダー

　管理職のリーダーシップは言うまでもなく重要です。他にも教務主任，特別支援教育コーディネーターが通級指導教室の役割や意義を十分に理解した上で，関わることが求められます。管理職は，年度初めに通級指導教室担当者に今年度の方向性や重点的に取り組む事項を伝えます。管理職やミドルリーダーの役割を担う教員等の意図を組み入れながら教室経営に活かしています。

カ．家庭・地域社会等

　通級指導教室がどのような取組をしているのかを家庭や地域の学校に知っていただくことは，とても重要です。そのためには，通級指導教室での授業参観・授業公開，保護者への理解・啓発のための保護者向け特別支援教育セミナー，たより等による情報発信が有効です。通級指導教室と家庭及び地域社会が協働・連携していく体制づくりに努めています。

キ．教育課程行政

　今後，通級指導教室での取組が計画的かつ適切に行われているのかについて，教育委員会及び教育事務所が評価することになると予想され，評価項目と評価基準等の作成が必要になると考えます。学校と行政との協働・連携によって通級指導教室のカリキュラム・マネジメントを行うことで，通級による指導の充実を図る体制づくりに励んでいます。

資　料

　特別支援学校用カリキュラム・マネジメント　学校経営実績評価シート
（学部・学年主任／学級担任）

- 今年度目標及び今年度実績については，学校全体数（各学部・各学級の合計）を数字で記入する。
- 達成状況については，特記事項（児童生徒名，名称など）を簡潔に記入する。
- 評価は4段階で記入する。（＊印は評価できない）
  （4：目標以上に達成した，3：目標通り達成した，2：やや目標に達しない，1：大幅に目標に達しない）
- 「別紙」に記載については，別紙を参照するか，別紙に具体的な対応を記入する。
- 実績には，小学部・中学部・高等部等の総計を記入し，校務分掌（研究・進路・養護・給食）の数値を転記する。

共通	領域	項目	昨年度実績	今年度目標	中間実績	今年度実績	達成状況（特記事項）	評価
管理	教育目標（講話）	管理職が児童生徒及び保護者等に実施した講話数 例：道徳「障害とは」	全校3 父母0 他　0	全校3 父母1 他　0	全校0 父母0 他　0	全校5 父母1 他　0	高等部・道徳「働くとは」	4

【学部主任／学年主任／学級担任】

共通	領域	項目	昨年度実績	今年度目標	中間実績	今年度実績	達成状況（特記事項）	評価

学部の全体に関すること

共通	領域	項目	昨年度実績	今年度目標	中間実績	今年度実績	達成状況（特記事項）	評価
別紙	学部構成（児生）	学部の児童生徒数					学校要覧参照	＊
別紙	学部構成（学級）	学部の学級数					学校要覧参照	＊
別紙	学部構成（教員）	学部の教職員数					学校要覧参照	＊
別紙	教育課程（時数）	学部・学年の年間授業時数					学校要覧参照	＊
別紙	実態把握（診断）	児童生徒の診断名の種別と人数					学校要覧参照	＊
学部1	実態把握（手帳）	障害者手帳の取得数 注：1人で2種目取得の場合は別々に記載	療育 身体 精神	療育 身体 精神	療育 身体 精神	療育 身体 精神		
学部2	実態把握（知能等）	知能・発達検査，学力検査，体力テスト，作業能力テスト等の実施数（種類数） 注：種類で記載，何種類か 例：ビネー，S-M能力，津守式	知能 発達 学力 体力 作業 他	知能 発達 学力 体力 作業 他	知能 発達 学力 体力 作業 他	知能 発達 学力 体力 作業 他		
学部3	教育功績（表彰）	教育目標（知徳体）に関する学校・学部功績の応募数と表彰数 例：花壇づくり運動推進校 例：歯の健康優良校 注：研究表彰は「教育研究」へ	応募 表彰	応募 表彰	応募 表彰	応募 表彰		
学部4	学部紹介（報道）	テレビ，ラジオ，新聞等の紹介数	TV ラジオ 新聞 他	TV ラジオ 新聞 他	TV ラジオ 新聞 他	TV ラジオ 新聞 他		
学部5	学部紹介（通信）	学部・学年だよりの発行数	学部 学年 学級	学部 学年 学級	学部 学年 学級	学部 学年 学級		
学部6	地域交流（学習）	地域の保幼園，小学校，中学校，高等学校との交流及び共同学習の実施数 例：市内合同交流会 例：市内音楽祭	保幼 小学 中学 高等 他	保幼 小学 中学 高等 他	保幼 小学 中学 高等 他	保幼 小学 中学 高等 他		
学部7	地域交流（訪問）	地域の幼児施設，学校，福祉施設等への訪問数	幼児 学校 福祉 他	幼児 学校 福祉 他	幼児 学校 福祉 他	幼児 学校 福祉 他		

学部8	教育支援 (ボランティア)	ボランティアの受入数＜登録＞ （学生，地域住民，保護者等） 　　例：保護者の読み聞かせ 　　例：学生ボランティア	学生 地域 保護	学生 地域 保護	学生 地域 保護	学生 地域 保護		
学部9	教育連携 (実習)	教育実習，介護等体験の受入数 　　例：大学の教育実習 　　例：大学の介護等体験	実習 介護	実習 介護	実習 介護	実習 介護		
学部10	学校安全 (不審者訓練)	不審者対策の防犯訓練，防犯教室の実施数	訓練	訓練	訓練	訓練		
学部11	学校安全 (災害訓練)	非難訓練（火災，地震，津波，洪水等）の実施数	火災 地震 津波 洪水	火災 地震 津波 洪水 他	火災 地震 津波 洪水 他	火災 地震 津波 洪水 他		
学部12	学校安全 (交通安全)	交通安全教室の実施数	交通	交通	交通	交通		
学部13	学校安全 (通学路)	登下校にかかわる通学（バス，電車，地下鉄，歩行）の指導数 　　例：通学指導回数，常時除く	通学	通学	通学	通学		
学部14	いじめ調査 (児童生徒)	（児童生徒用） いじめ等アンケート調査の実施数と認知数	実施 認知	実施 認知		実施 認知		
学部15	いじめ調査 (保護者)	（保護者用） いじめ等アンケート調査の実施数と認知数	実施 認知	実施 認知		実施 認知		
学部16	いじめ対応 (児童生徒)	（児童生徒用） いじめ等アンケート調査結果による対応内容					別紙に記載	＊
学部17	いじめ対応 (保護者)	（保護者用） いじめ等アンケート調査結果による対応内容					別紙に記載	＊
学部18	外部評価 (保護者)	保護者の学校評価アンケート調査による総合評価点 （最高5点）	平均	平均		平均		
学部19	外部評価 (保護者)	保護者の学校評価アンケート調査結果による対応内容					別紙に記載	＊
学部20	学部運営 (会議)	学部・学年会議の実施数	学部 学年	学部 学年	学部 学年	学部 学年		
学部21	学校運営 (PTA)	学部・学級PTA会議の実施数	学部 学年	学部 学年	学部 学年	学部 学年		

学部の児童生徒に関すること

学部22	教育表彰 (教科)	5教科に関する応募数と表彰数 （全国レベル）（市県レベル） 　　例：作文，感想文，書道，標語	国応 市応 国賞 市賞	国応 市応 国賞 市賞	国応 市応 国賞 市賞	国応 市応 国賞 市賞		
学部23	教育表彰 (音楽)	音楽等に関する出場数と表彰数 （全国レベル）（市県レベル） 　　例：音楽祭，部クラブ活動	国出 市出 国賞 市賞	国出 市出 国賞 市賞	国出 市出 国賞 市賞	国出 市出 国賞 市賞		
学部24	教育表彰 (美術)	図工・美術等に関する応募数と表彰数 （全国レベル）（市県レベル） 　　例：作品展，美術展，絵画展	国応 市応 国賞 市賞	国応 市応 国賞 市賞	国応 市応 国賞 市賞	国応 市応 国賞 市賞		
学部25	教育表彰 (体育)	スポーツ・運動に関する出場数と表彰数 （全国レベル）（市県レベル） 　　例：障害者スポーツ，体育，陸上	国出 市出 国賞 市賞	国出 市出 国賞 市賞	国出 市出 国賞 市賞	国出 市出 国賞 市賞		
学部26	教育表彰 (健康)	体育・体力に関する児童生徒の功績に対する応募数と表彰数 　　例：健康優良児，スポーツ功労賞	応募 表彰	応募 表彰	応募 表彰	応募 表彰		

学部27	教育表彰 (徳育)	徳育に関する児童生徒の功績に対する応募数と表彰数 　例：防犯協力，救助の感謝状 　例：ボランティア活動	応募 表彰	応募 表彰	応募 表彰	応募 表彰		
学部28	資格取得 (検定)	検定に関する受験数と合格数 　例：漢検，英検，書写検定	受験 合格	受験 合格	受験 合格	受験 合格		
学部29	資格取得 (資格)	免許・資格に関する受験数と合格数 　例：介護，原付	受験 合格	受験 合格	受験 合格	受験 合格		
学部30	技能取得 (検定)	技能・職能に関する出場数と表彰数 　例：アビリンピック	出場 表彰	出場 表彰	出場 表彰	出場 表彰		
学部31	生徒指導 (非行)	不良少年行為（喫煙，飲酒等）の補導歴数，軽犯罪行為（窃盗，恐喝，暴行等）の検挙数	不良 犯罪 他	不良 犯罪 他	不良 犯罪 他	不良 犯罪 他		
学部32	健康管理 (不登校)	不登校数（30日以上総数） 　例：怠学，親都合，拒否 　注：病欠・入院等を除く	不登校	不登校	不登校	不登校		
学部33	健康管理 (怠学)	不登校傾向数　　　　　（総数） 　（内訳：8日～29日欠席） 　（内訳：30日以上別室登校） 　（内訳：平均週2回以上遅刻）	総数 欠席 別室 遅刻	総数 欠席 別室 遅刻	総数 欠席 別室 遅刻	総数 欠席 別室 遅刻		

学部の研究に関すること

学部34	研究推進 (会議)	学部研究の全体会議数 　例：学部研究会	全体 推進	全体 推進	全体 推進	全体 推進		
学部35	研究推進 (研修)	学部研究に関する研修会等の実施数 　例：校内研究について	研修	研修	研修	研修		
学部36	研究推進 (招へい)	学部研究に関する外部講師の招へい数 　例：学部研究の講師招へい	招へい	招へい	招へい	招へい		
学部37	研究推進 (視察)	学部研究に関する他校の見学・視察 　注：学校研究関連に限る	視察	視察	視察	視察		
学部38	研究推進 (授業)	学部研究に関する研究授業回数と授業実践者数 　注：授業1教科＝1件 　注：授業実践者数は延べ人数	授業 実践	授業 実践	授業 実践	授業 実践		

学部の進路に関すること

学部39	福祉教育 (手帳)	障害者手帳の取得数 　注：1人で2種目の場合には別々にカウント	療育 身体 精神	療育 身体 精神	療育 身体 精神	療育 身体 精神		
学部40	キャリア教育 (中3年)	中学3年の進学数，進路先数 　（内訳：本校高等部進学） 　（内訳：他の特別支援学校） 　（内訳：高等学校等） 　（内訳：その他，自宅）	総数 本校 他校 高校 他	総数 本校 他校 高校 他	総数 本校 他校 高校 他	総数 本校 他校 高校 他		
学部41	キャリア教育 (高3年)	高等部3年生の進路先数 　（内訳：一般企業就職） 　（内訳：訓練，トライアル） 　（内訳：福祉等就労） 　（内訳：進学） 　（内訳：自宅，その他）	全員 一般 訓練 福祉 進学 他	全員 一般 福祉 進学 他	全員 一般 福祉 進学 他	全員 一般 福祉 進学 他		
学部42	キャリア教育 (授業)	学部，高等部3年での授業数 　例：学部でキャリア教育授業 　例：高等部3年での進路指導 　注：高3は単独開催で記載	小学 中学 高等 高3	小学 中学 高等 高3	小学 中学 高等 高3	小学 中学 高等 高3		
学部43	キャリア教育 (面談)	本人・保護者との進路面談数 　例：本人面談，三者面談 　注：単なる相談は除く	面談	面談	面談	面談		
学部44	キャリア研修 (研修)	キャリア教育に関する研修会等の実施数 　例：小学部からの進路相談	研修	研修	研修	研修		

学部45	キャリア研修（招へい）	キャリア教育に関する外部講師の招へい数	招へい	招へい	招へい	招へい		

学部の養護に関すること

学部46	健康管理（利用）	保健室の利用数 （内訳：内科的処置） （内訳：外科的処置） （内訳：その他） （内訳：小学部） （内訳：中学部） （内訳：高等部） （内訳：他）	総数 内科 外科 他 小学 中学 高等 他	総数 内科 外科 他 小学 中学 高等 他	総数 内科 外科 他 小学 中学 高等 他	総数 内科 外科 他 小学 中学 高等 他		
学部47	健康管理（入院）	病気，事故等の入院数	病気 事故	病気 事故	病気 事故	病気 事故		
学部48	健康管理（感染）	感染症等の罹患数 （第1種：ジフテリア，赤痢等） （第2種：インフルエンザ，耳下腺炎，麻疹，風疹，水痘等） （第3種：大腸菌，結膜炎等） （指定：コロナウイルス）	1種 2種 3種 コロナ 他	1種 2種 3種 コロナ 他	1種 2種 3種 コロナ 他	1種 2種 3種 コロナ 他		
学部49	健康管理（停止）	出席停止の総数 （感染症）	停止	停止	停止	停止		
学部50	健康管理（健診）	健康診断の実施数（項目数）	小学 中学 高等 他	小学 中学 高等 他	小学 中学 高等 他	小学 中学 高等 他		
学部51	健康管理（健診）	健康診断の拒否・拒絶数及び未検査項目数	拒否 項目	拒否 項目	拒否 項目	拒否 項目		
学部52	健康管理（再検）	健康診断結果に対する治療・再検査拒否数及び未治療・再検査項目数	拒否 項目	拒否 項目	拒否 項目	拒否 項目		
学部53	健康管理（救急）	救急車の要請・搬送数	搬送	搬送	搬送	搬送		
学部54	健康管理（服薬）	服薬している児童生徒数 注：常時服用のみ	学部	学部	学部	学部		
学部55	保健教育（授業）	全校・学部・学級での授業実施数 例：学部での保健領域の授業 例：学級ごとの性教育	学部 学級	学部 学級	学部 学級	学部 学級		
学部56	保健教育（相談）	保護者からの健康相談数 例：同一人の重複回数可 注：立ち話は除く	相談	相談	相談	相談		
学部57	保健研修（企画）	保健教育に関わる研修会等の実施数	企画	企画	企画	企画		
学部58	保健研修（招へい）	保健教育に関わる外部講師の招へい数	招へい	招へい	招へい	招へい		

学部の給食に関すること

学部59	学校給食（講話）	栄養教諭等が児童生徒及び保護者等に実施した講話数 例：「バランス良い食事」	学部 父母	学部 父母	学部 父母	学部 父母		
学部60	学校給食（アレルギー）	食物性アレルギー反応者数とアナフィラキシー保持者 例：そばアレルギー	卵 乳製 そば 豆類 甲殻 他 アナフィラ	卵 乳製 そば 豆類 甲殻 他 アナフィラ	卵 乳製 そば 豆類 甲殻 他 アナフィラ	卵 乳製 そば 豆類 甲殻 他 アナフィラ		*

・今年度目標及び今年度実績については，学校全体数（各学部の合計）を数字で記入する。
・達成状況については，特記事項（児童生徒名，名称など）を簡潔に記入する。
・評価は4段階で記入する。
　（4：目標以上に達成，3：目標通り達成，2：やや目標に達しない，1：大幅に目標に達しない）
・「学校全体や児童生徒に関すること」の実績については，【管理職用】に転記する。

番号	領　域	項　　目	昨年度実績	今年度目標	中間実績	今年度実績	達成状況（特記事項）	評価
研究7	研究成果（公開）	学校研究に関する公開研究会・授業公開等における授業数，ポスター発表数，個人発表数，外部参加者数	授業0 ポスタ0 個人0 外部0	授業3 ポスタ5 個人3 外部67	授業 ポスタ 個人 外部	授業3 ポスタ5 個人6 外部86	10月29日 公開研究会「カリキュラム・マネジメントの構築」	3

【研究主任】

番号	領　域	項　　目	昨年度実績	今年度目標	中間実績	今年度実績	達成状況（特記事項）	評価
学校全体や児童生徒に関すること								
研究1	教育功績（表彰）	学校研究に関する表彰数　例：研究奨励賞　例：博報賞（共同研究部門）	表彰	表彰	表彰	表彰		
研究2	研究推進（会議）	学校研究の全体会議数，研究推進会議（研究担当者会議）　例：研究全体会	全体 推進	全体 推進	全体 推進	全体 推進		
研究3	研究推進（研修）	学校研究に関する研修会等の実施数　例：校内研究について	研修	研修	研修	研修		
研究4	研究推進（招へい）	学校研究に関する外部講師の招へい数　例：校内研究の講師招へい	招へい	招へい	招へい	招へい		
研究5	研究推進（視察）	学校研究に関する他校の見学・視察　注：学校研究関連に限る	視察	視察	視察	視察		
研究6	研究推進（授業）	学校研究に関する研究授業回数と授業実践者数　注：授業1教科＝1件　注：授業実践者数は延べ人数	授業 実践	授業 実践	授業 実践	授業 実践		
研究7	研究成果（公開）	学校研究に関する公開研究会・授業公開等における授業数，ポスター発表数，個人発表数，外部参加者数　注：授業1教科＝1件	授業 ポスタ 個人 外部	授業 ポスタ 個人 外部	授業 ポスタ 個人 外部	授業 ポスタ 個人 外部		
研究8	研究成果（報告）	学校研究（実践）報告書の発行冊数，ページ数，執筆者数　例：実践のまとめ第3集　注：執筆者数は延べ人数	発行 ページ 執筆	発行 ページ 執筆	発行 ページ 執筆	発行 ページ 執筆		
研究9	研究成果（発表）	学校研究に関する学会・研修会等の発表数　（学会等での発表）　（研究会・研修会等での発表）　（シンポジウム等での発表）	学会 研修 シンポ 他	学会 研修 シンポ 他	学会 研修 シンポ 他	学会 研修 シンポ 他		
研究10	研究成果（依頼）	学校研究に関する他校からの研修会講師の依頼数　例：○○研修会講師	依頼	依頼	依頼	依頼		
研究主任の個人に関すること								
研究ア	教育表彰（功労）	教育活動に関する永年勤続，功労者などの表彰数　例：永年勤続賞，勤務優秀賞　例：芸術選奨，指導者賞	勤続 優秀 他	勤続 優秀 他	勤続 優秀 他	勤続 優秀 他		

研究イ	教育表彰 （研究）	個人研究の表彰数 　例：○○賞 　例：研究奨励賞	個人 共同	個人 共同	個人 共同	個人 共同		
研究ウ	教育研修 （経験）	初任者，5年目及び10年目等における 教職経験者研修の参加数	初任 5年 10年 他	初任 5年 10年 他	初任 5年 10年 他	初任 5年 10年 他		
研究エ	教育研修 （専門）	教育センター・教育委員会等における研 修の参加数 　注：悉皆，担当者研修を含む 　注：個人研修除く	専門 一般	専門 一般	専門 一般	専門 一般		
研究オ	教育研修 （派遣）	教職大学院，センター等長期・短期研修 等の派遣数 　注：長期研修と大学院は区別 　注：3か月・6か月は短期	教職 長期 短期	教職 長期 短期	教職 長期 短期	教職 長期 短期		
研究カ	教育研究 （発表）	校外での個人研究等の発表数 　（学会等での発表） 　（研究会・研修会等での発表） 　（シンポジウム等での発表） 　（本の著書，共著の執筆） 　（教育雑誌等への実践投稿） 　（学会・研究会への投稿論文）	学会 研修 シンポ 著書 雑誌 論文 他	学会 研修 シンポ 著書 雑誌 論文 他	学会 研修 シンポ 著書 雑誌 論文 他	学会 研修 シンポ 著書 雑誌 論文 他		
研究キ	教育研究 （主催）	本人主催の学会研修会の実施数 　注：校内の研究会を除く 　例：教材教具の作成 　例：他傷行為予防の研究	学会 研修	学会 研修	学会 研修	学会 研修		
研究ク	教育研究 （依頼）	校外での研修会講師等の依頼数 　注：職務は除く 　例：○○研究会講師	依頼	依頼	依頼	依頼		
研究ケ	教育研究 （資金）	教育団体，教育基金，研究会等 からの競争的資金の獲得者数 　例：○○賞の研究助成 　例：○○生命の研究資金	個人 共同	個人 共同	個人 共同	個人 共同		
研究コ	資格取得 （資格）	国家資格や学会認定資格等の取 得数（教員免許状以外） 　例：公認心理師（認心） 　例：臨床心理士（臨心） 　例：学校心理士（学心） 　例：学校臨床心理士（学臨） 　例：特別支援教育士（特教） 　例：自閉症スペクトラム士（自閉） 　例：言語聴覚士（言語） 　例：作業療法士（作業） 　例：理学療法士（理学） 　例：教育カウンセラー（教カ） 　例：K-ABC検査者 　例：保育士	公心 臨心 学心 学臨 特教 自閉 言語 作業 理学 教カ KABC 保育 他	公心 臨心 学心 学臨 特教 自閉 言語 作業 理学 教カ KABC 保育 他	公心 臨心 学心 学臨 特教 自閉 言語 作業 理学 教カ KABC 保育 他	公心 臨心 学心 学臨 特教 自閉 言語 作業 理学 教カ KABC 保育 他		

・今年度目標及び今年度実績については，学校全体数（各学部の合計）を数字で記入する。
・達成状況については，特記事項（児童生徒名，名称など）を簡潔に記入する。
・評価は4段階で記入する。
　（4：目標以上に達成した，3：目標通り達成した，2：やや目標に達しない，1：大幅に目標に達しない）
・「学校全体や児童生徒に関すること」の実績については，【管理職用】に転記する。

番号	領　域	項　　　目	昨年度実績	今年度目標	中間実績	今年度実績	達成状況（特記事項）	評価
進路9	現場実習（実習）	現場実習の受入れ先の事業所や福祉施設等の総数	事業30福祉20他5	事業32福祉22他5	事業30福祉21他5	事業40福祉25他5	事業所10，福祉施設5，増加した	4

【進路主任】

番号	領　域	項　　　目	昨年度実績	今年度目標	中間実績	今年度実績	達成状況（特記事項）	評価

学校全体や児童生徒に関すること

番号	領　域	項　　　目	昨年度実績	今年度目標	中間実績	今年度実績	達成状況（特記事項）	評価
進路1	教育功績（表彰）	教育目標に関するキャリア教育の功績に対する応募数と表彰数　例：進路指導推進校	応募表彰	応募表彰	応募表彰	応募表彰		
進路2	福祉教育（手帳）	障害者手帳の取得数　注：1人で2種目の場合には別々にカウント	療育身体精神	療育身体精神	療育身体精神	療育身体精神		
進路3	キャリア教育（中3年）	中学3年の進学数，進路先数　（内訳：本校高等部進学）（内訳：他の特別支援学校）（内訳：高等学校等）（内訳：その他，自宅）	総数本校他校高校他	総数本校他校高校他	総数本校他校高校他	総数本校他校高校他		
進路4	キャリア教育（高3年）	高等部3年生の進路先数　（内訳：一般企業就職）（内訳：訓練，トライアル）（内訳：福祉等就労）（内訳：進学）（内訳：自宅，その他）	全員一般訓練福祉進学他	全員一般福祉進学他	全員一般福祉進学他	全員一般福祉進学他		
進路5	キャリア教育（通信）	進路だよりの発行数	発行	発行	発行	発行		
進路6	キャリア教育（授業）	学部，高等部3年での授業数　例：学部でキャリア教育授業　例：高等部3年での進路指導　注：高3は単独開催で記載	小学中学高等高3	小学中学高等高3	小学中学高等高3	小学中学高等高3		
進路7	キャリア教育（面談）	本人・保護者との進路面談数　例：本人面談，3者面談　注：単なる相談は除く	面談	面談	面談	面談		
進路8	現場実習（外出）	現場実習や進路・就職先等に関する校外への外出総日数	外出	外出	外出	外出		
進路9	現場実習（訪問）	現場実習や進路・就職先等に関する事業所や福祉施設等への訪問総数　注：複数回答可（総数）	事業福祉他	事業福祉他	事業福祉他	事業福祉他		
進路10	現場実習（実習）	現場実習の受入れ先の事業所や福祉施設等の総数	事業福祉他	事業福祉他	事業福祉他	事業福祉他		
進路11	現場実習（開拓）	新たな事業所や福祉施設等の開拓数	事業福祉他	事業福祉他	事業福祉他	事業福祉他		
進路12	キャリア研究（公開）	公開研究会，授業公開等におけるキャリア教育に関する授業数　ポスター発表数，個人発表数　注：授業1教科＝1件	授業ポスター個人	授業ポスター個人	授業ポスター個人	授業ポスター個人		

進路13	キャリア研究（報告）	研究（実践）報告書におけるキャリア教育に関する執筆数 　　注：報告書１冊＝１件	執筆	執筆	執筆	執筆		
進路14	キャリア研修（研修）	キャリア教育に関する研修会等の実施数 　　例：小学部からの進路相談	研修	研修	研修	研修		
進路15	キャリア研修（招へい）	キャリア教育に関する外部講師の招へい数	招へい	招へい	招へい	招へい		

進路主任の個人に関すること

進路ア	教育表彰（功労）	教育活動に関する永年勤続，功労者などの表彰数 　　例：永年勤続賞，勤務優秀賞 　　例：芸術選奨，指導者賞	勤続優秀他	勤続優秀他	勤続優秀他	勤続優秀他		
進路イ	教育表彰（研究）	個人研究の表彰数 　　例：○○賞 　　例：研究奨励賞	個人共同	個人共同	個人共同	個人共同		
進路ウ	教育研修（経験）	初任者，５年目及び10年目等における教職経験者研修の参加数	初任5年10年他	初任5年10年他	初任5年10年他	初任5年10年他		
進路エ	教育研修（専門）	教育センター・教育委員会等における研修の参加数 　　注：悉皆，担当者研修を含む 　　注：個人研修除く	専門一般	専門一般	専門一般	専門一般		
進路オ	教育研修（派遣）	教職大学院，センター等長期・短期研修等の派遣数 　　注：長期研修と大学院は区別 　　注：３か月・６か月は短期	教職長期短期	教職長期短期	教職長期短期	教職長期短期		
進路カ	教育研究（発表）	校外での個人研究等の発表数 　　（学会等での発表） 　　（研究会・研修会等での発表） 　　（シンポジウム等での発表） 　　（本の著書，共著の執筆） 　　（教育雑誌等への実践投稿） 　　（学会・研究会への投稿論文）	学会研修シンポ著書雑誌論文他	学会研修シンポ著書雑誌論文他	学会研修シンポ著書雑誌論文他	学会研修シンポ著書雑誌論文他		
進路キ	教育研究（主催）	本人主催の学会研修会の実施数 　　注：校内の研究会を除く 　　例：教材教具の作成 　　例：他傷行為予防の研究	学会研修	学会研修	学会研修	学会研修		
進路ク	教育研究（依頼）	校外での研修会講師等の依頼数 　　注：職務は除く 　　例：○○研究会講師	依頼	依頼	依頼	依頼		
進路ケ	教育研究（資金）	教育団体，教育基金，研究会等からの競争的資金の獲得者数 　　例：○○賞の研究助成 　　例：○○生命の研究資金	個人共同	個人共同	個人共同	個人共同		
進路コ	資格取得（資格）	国家資格や学会認定資格等の取得数 （教員免許状以外） 　　例：公認心理師（認心） 　　例：臨床心理士（臨心） 　　例：学校心理士（学心） 　　例：学校臨床心理士（学臨） 　　例：特別支援教育士（特教） 　　例：自閉症スペクトラム士（自閉） 　　例：言語聴覚士（言語） 　　例：作業療法士（作業） 　　例：理学療法士（理学） 　　例：教育カウンセラー（教カ） 　　例：K-ABC検査者 　　例：保育士	公心臨心学心学臨特教自閉言語作業理学教カKABC保育他	公心臨心学心学臨特教自閉言語作業理学教カKABC保育他	公心臨心学心学臨特教自閉言語作業理学教カKABC保育他	公心臨心学心学臨特教自閉言語作業理学教カKABC保育他		

・今年度目標及び今年度実績については，学校全体数（各学部の合計）を数字で記入する。
・達成状況については，特記事項（児童生徒名，名称など）を簡潔に記入する。
・評価は4段階で記入する。
　（4：目標以上に達成した，3：目標通り達成した，2：やや目標に達しない，1：大幅に目標に達しない）
・「学校全体や児童生徒に関すること」の実績については，【管理職用】に転記する。

番号	領 域	項 目	昨年度実績	今年度目標	中間実績	今年度実績	達成状況（特記事項）	評価
養護11	保健管理（付添）	病院等の付添い数（救急で病院の付添い）（定期診察の付添い，連携）	救急0 連携3	救急0 連携6	救急0 連携2	救急1 連携5	てんかん救急搬送（名古屋花子）	4

【養護教諭】

番号	領 域	項 目	昨年度実績	今年度目標	中間実績	今年度実績	達成状況（特記事項）	評価

学校全体や児童生徒に関すること

番号	領 域	項 目	昨年度実績	今年度目標	中間実績	今年度実績	達成状況（特記事項）	評価
養護1	教育功績（表彰）	教育目標に関する保健教育の功績に対する応募数と表彰数　例：歯の健康優良校	応募 表彰	応募 表彰	応募 表彰	応募 表彰		
養護2	健康管理（利用）	保健室の利用数（内訳：内科的処置）（内訳：外科的処置）（内訳：その他）（内訳：小学部）（内訳：中学部）（内訳：高等部）（内訳：他）	総数 内科 外科 他 小学 中学 高等 他	総数 内科 外科 他 小学 中学 高等 他	総数 内科 外科 他 小学 中学 高等 他	総数 内科 外科 他 小学 中学 高等 他		
養護3	健康管理（入院）	病気，事故等の入院数	病気 事故	病気 事故	病気 事故	病気 事故		
養護4	健康管理（感染）	感染症等の罹患数（第1種：ジフテリア，赤痢等）（第2種：インフルエンザ，耳下腺炎，麻疹，風疹，水痘等）（第3種：大腸菌，結膜炎等）（指定：コロナウイルス）	1種 2種 3種 コロナ 他	1種 2種 3種 コロナ 他	1種 2種 3種 コロナ 他	1種 2種 3種 コロナ 他		
養護5	健康管理（停止）	出席停止の総数（感染症）	停止	停止	停止	停止		
養護6	健康管理（健診）	健康診断の実施数（項目数）	小学 中学 高等 他	小学 中学 高等 他	小学 中学 高等 他	小学 中学 高等 他		
養護7	健康管理（健診）	健康診断の拒否・拒絶数及び未検査項目数	拒否 項目	拒否 項目	拒否 項目	拒否 項目		
養護8	健康管理（再検）	健康診断結果に対する治療・再検査拒否数及び未治療・再検査項目数	拒否 項目	拒否 項目	拒否 項目	拒否 項目		
養護9	健康管理（公簿）	健康診断簿等の点検数　例：学期に1度の点検は_3_回						
養護10	健康管理（救急）	救急車の要請・搬送数	搬送	搬送	搬送	搬送		
養護11	健康管理（付添）	病院等の付添い数（救急で病院の付添い）（定期診察の付添い，連携）（家庭や施設等への付添い）	救急 定期 家庭	救急 定期 家庭	救急 定期 家庭	救急 定期 家庭		

養護12	健康管理（付添）	行事・宿泊・旅行での付添い数 （学部ごとの回数） 　　例：2泊3日の旅行は<u>1</u>回 　　例：校外学習は1回	全校 小学 中学 高等 他	全校 小学 中学 高等 他	全校 小学 中学 高等 他	全校 小学 中学 高等 他		
養護13	健康管理（服薬）	服薬している児童生徒数 　　注：常時服用のみ	全校 小学 中学 高等 他	全校 小学 中学 高等 他	全校 小学 中学 高等 他	全校 小学 中学 高等 他		
養護14	保健管理（薬品）	危険薬品等の管理・保管数	保管	保管	保管	保管		
養護15	保健管理（器具）	重要な医療器具の管理・保管数 　　例：ベッド	保管	保管	保管	保管		
養護16	保健管理（水質）	水質検査の点検数 　　例：プール 　　例：水道水	点検	点検	点検	点検		
養護17	保健管理（照度）	教室等の照度の点検項目数 　　例：教室の照度 　　例：防犯上の照度	点検	点検	点検	点検		
養護18	保健教育（通信）	保健だよりの年間発行数	発行	発行	発行	発行		
養護19	保健教育（講話）	全校学部学級での講話数 　　例：朝会，行事等での講話 　　注：授業を除く	全校 小学 中学 高等 他	全校 小学 中学 高等 他	全校 小学 中学 高等 他	全校 小学 中学 高等 他		
養護20	保健教育（授業）	全校学部学級での授業実施数 　　例：学部での保健領域の授業 　　例：学級ごとの性教育	全校 小学 中学 高等 他	全校 小学 中学 高等 他	全校 小学 中学 高等 他	全校 小学 中学 高等 他		
養護21	保健教育（相談）	保護者からの健康相談数 　　例：同一人の重複回数可 　　注：立ち話は除く	相談	相談	相談	相談		
養護22	保健教育（公開）	公開研究会，授業公開等における保健教育に関する授業数 ポスター発表数，個人発表数 　　注：授業1教科＝1件	授業 ポスター 個人	授業 ポスター 個人	授業 ポスター 個人	授業 ポスター 個人		
養護23	保健教育（報告）	研究（実践）報告書における保健教育に関する執筆数 　　注：報告書1冊＝1件	執筆	執筆	執筆	執筆		
養護24	保健研修（企画）	保健教育に関わる研修会等の実施数	企画	企画	企画	企画		
養護25	保健研修（招へい）	保健教育に関わる外部講師の招へい数	招へい	招へい	招へい	招へい		

養護教諭の個人に関すること

養護ア	教育表彰（功労）	教育活動に関する永年勤続，功労者などの表彰数 　　例：永年勤続賞，勤務優秀賞 　　例：芸術選奨，指導者賞	勤続 優秀 他	勤続 優秀 他	勤続 優秀 他	勤続 優秀 他		
養護イ	教育表彰（研究）	個人研究の表彰数 　　例：○○賞 　　例：研究奨励賞	個人 共同	個人 共同	個人 共同	個人 共同		
養護ウ	教育研修（経験）	初任者，5年目及び10年目等における教職経験者研修の参加数	初任 5年 10年 他	初任 5年 10年 他	初任 5年 10年 他	初任 5年 10年 他		

養護エ	教育研修（専門）	教育センター・教育委員会等における研修の参加数 注：悉皆，担当者研修を含む 注：個人研修除く	専門 一般	専門 一般	専門 一般	専門 一般		
養護オ	教育研修（派遣）	教職大学院，センター等長期・短期研修等の派遣数 注：長期研修と大学院は区別 注：３か月・６か月は短期	教職 長期 短期	教職 長期 短期	教職 長期 短期	教職 長期 短期		
養護カ	教育研究（発表）	校外での個人研究等の発表数 （学会等での発表） （研究会・研修会等での発表） （シンポジウム等での発表） （本の著書，共著の執筆） （教育雑誌等への実践投稿） （学会・研究会への投稿論文）	学会 研修 シンポ 著書 雑誌 論文 他	学会 研修 シンポ 著書 雑誌 論文 他	学会 研修 シンポ 著書 雑誌 論文 他	学会 研修 シンポ 著書 雑誌 論文 他		
養護キ	教育研究（主催）	本人主催の学会研修会の実施数 注：校内の研究会を除く 例：教材教具の作成 例：他傷行為予防の研究	学会 研修	学会 研修	学会 研修	学会 研修		
養護ク	教育研究（依頼）	校外での研修会講師等の依頼数 注：職務は除く 例：○○研究会講師	依頼	依頼	依頼	依頼		
養護ケ	教育研究（資金）	教育団体，教育基金，研究会等からの競争的資金の獲得者数 例：○○賞の研究助成 例：○○生命の研究資金	個人 共同	個人 共同	個人 共同	個人 共同		
養護コ	資格取得（資格）	国家資格や学会認定資格等の取得数 （教員免許状以外） 例：公認心理師（認心） 例：臨床心理士（臨心） 例：学校心理士（学心） 例：学校臨床心理士（学臨） 例：特別支援教育士（特教） 例：自閉症スペクトラム士（自閉） 例：言語聴覚士（言語） 例：作業療法士（作業） 例：理学療法士（理学） 例：教育カウンセラー（教カ） 例：K-ABC検査者 例：保育士	公心 臨心 学心 学臨 特教 自閉 言語 作業 理学 教カ KABC 保育 他	公心 臨心 学心 学臨 特教 自閉 言語 作業 理学 教カ KABC 保育 他	公心 臨心 学心 学臨 特教 自閉 言語 作業 理学 教カ KABC 保育 他	公心 臨心 学心 学臨 特教 自閉 言語 作業 理学 教カ KABC 保育 他		

様式3-⑥ 特別支援学校用カリキュラム・マネジメント　学校経営実績評価シート（給食主任）

・今年度目標及び今年度実績については，学校全体数（各学部の合計）を数字で記入する。
・達成状況については，特記事項（児童生徒名，名称など）を簡潔に記入する。
・評価は4段階で記入する。
　（4：目標以上に達成した，3：目標通り達成した，2：やや目標に達しない，1：大幅に目標に達しない）
・「学校全体や児童生徒に関すること」の実績については，【管理職用】に転記する。

番号	領　域	項　　目	昨年度実績	今年度目標	中間実績	今年度実績	達成状況（特記事項）	評価
給食1	教育功績（表彰）	教育目標に関する食育教育の功績に対する応募数と表彰数 　　例：給食優良校	応募0 表彰0	応募1 表彰1	応募 表彰	応募1 表彰0		3

【給食主任】

番号	領　域	項　　目	昨年度実績	今年度目標	中間実績	今年度実績	達成状況（特記事項）	評価
		学校全体や児童生徒に関すること						
給食1	教育功績（表彰）	教育目標に関する食育教育の功績に対する応募数と表彰数 　　例：給食優良校	応募 表彰	応募 表彰	応募 表彰	応募 表彰		
給食2	学校給食（講話）	栄養教諭等が児童生徒及び保護者等に実施した講話数 　　例：「バランス良い食事」	全校 父母	全校 父母	全校 父母	全校 父母		
給食3	学校給食（給食）	給食での食中毒予防のための定期的な確認数 　　例：毎月の場合には12回	確認	確認	確認	確認		
給食4	学校給食（検食）	当日の給食の検食の実施数 　　例：給食実施総数	検食	検食	検食	検食		
給食5	学校給食（アレルギー）	食物性アレルギー反応者数とアナフィラキシー保持者 　　例：そばアレルギー	卵 乳製 そば 豆類 甲殻 他 アナフィラ	卵 乳製 そば 豆類 甲殻 他 アナフィラ	卵 乳製 そば 豆類 甲殻 他 アナフィラ	卵 乳製 そば 豆類 甲殻 他 アナフィラ		
		給食主任の個人に関すること						
給食ア	教育表彰（功労）	教育活動に関する永年勤続，功労者などの表彰数 　　例：永年勤続賞，勤務優秀賞 　　例：芸術選奨，指導者賞	勤続 優秀 他	勤続 優秀 他	勤続 優秀 他	勤続 優秀 他		
給食イ	教育表彰（研究）	個人研究の表彰数 　　例：○○賞 　　例：研究奨励賞	個人 共同	個人 共同	個人 共同	個人 共同		
給食ウ	教育研修（経験）	初任者，5年目及び10年目等における教職経験者研修の参加数	初任 5年 10年 他	初任 5年 10年 他	初任 5年 10年 他	初任 5年 10年 他		
給食エ	教育研修（専門）	教育センター・教育委員会等における研修の参加数 　　注：悉皆，担当者研修を含む 　　注：個人研修除く	専門 一般	専門 一般	専門 一般	専門 一般		
給食オ	教育研修（派遣）	教職大学院，センター等長期・短期研修等の派遣数 　　注：長期研修と大学院は区別 　　注：3か月・6か月は短期	教職 長期 短期	教職 長期 短期	教職 長期 短期	教職 長期 短期		

給食カ	教育研究 （発表）	校外での個人研究等の発表数 　（学会等での発表） 　（研究会・研修会等での発表） 　（ｼﾝﾎﾟｼﾞｳﾑ等での発表） 　（本の著書，共著の執筆） 　（教育雑誌等への実践投稿） 　（学会・研究会への投稿論文）	学会 研修 ｼﾝﾎﾟ 著書 雑誌 論文 他	学会 研修 ｼﾝﾎﾟ 著書 雑誌 論文 他	学会 研修 ｼﾝﾎﾟ 著書 雑誌 論文 他	学会 研修 ｼﾝﾎﾟ 著書 雑誌 論文 他		
給食キ	教育研究 （主催）	本人主催の学会研修会の実施数 　注：校内の研究会を除く 　例：教材教具の作成 　例：他傷行為予防の研究	学会 研修	学会 研修	学会 研修	学会 研修		
養護ク	教育研究 （依頼）	校外での研修会講師等の依頼数 　注：職務は除く 　例：○○研究会講師	依頼	依頼	依頼	依頼		
給食ケ	教育研究 （資金）	教育団体，教育基金，研究会等からの競争的資金の獲得者数 　例：○○賞の研究助成 　例：○○生命の研究資金	個人 共同	個人 共同	個人 共同	個人 共同		
給食コ	資格取得 （資格）	国家資格や学会認定資格等の取得数 （教員免許状以外） 　例：公認心理師（認心） 　例：臨床心理士（臨心） 　例：学校心理士（学心） 　例：学校臨床心理士（学臨） 　例：特別支援教育士（特教） 　例：自閉症ｽﾍﾟｸﾄﾗﾑ士（自閉） 　例：言語聴覚士（言語） 　例：作業療法士（作業） 　例：理学療法士（理学） 　例：教育カウンセラー（教カ） 　例：K-ABC検査者 　例：保育士	公心 臨心 学心 学臨 特教 自閉 言語 作業 理学 教カ KABC 保育 他	公心 臨心 学心 学臨 特教 自閉 言語 作業 理学 教カ KABC 保育 他	公心 臨心 学心 学臨 特教 自閉 言語 作業 理学 教カ KABC 保育 他	公心 臨心 学心 学臨 特教 自閉 言語 作業 理学 教カ KABC 保育 他		

文　献

安彦忠彦（1983）「教育課程の経営」，岡津守彦監修『教育課程事典　総論編』，小学館，368-398.

安藤隆男編著（2001）『自立活動における個別の指導計画の理念と実践　あすの授業を創造する試み』，川島書店.

安藤隆男（2021）『新たな時代における自立活動の創成と展開―個別の指導計画システムの構築を通して』，教育出版.

今津孝次郎（1995）「教師の発達」，竹内洋・徳岡秀雄編『教育現象の社会学』，世界思想社，114-129.

今津考次郎（1996）「岐路に立つ教師教育」，教育学研究，63（3），299-302.

小畑伸五・井上典子・北岡大輔・久保田真由子・辻尾麻紀子・中筋千晶・西本一史・古井克憲（2019）「知的障害特別支援学校の教科指導に関する現状と課題」，和歌山大学教育学部紀要，教育科学，第 69 集，7-11.

鹿児島大学教育学部附属特別支援学校（2020）「子供の学びからはじめる特別支援教育のカリキュラム・マネジメント」，ジアース教育新社.

片岡愛・平川泰寛（2020）「県立特別支援学校における組織的な授業改善とカリキュラム・マネジメントの取組に係る一考察」，広島大学特別支援教育実践センター研究紀要，第 18 号，71-81.

木村宣孝監修・小塩允護・徳永豊・佐藤克敏・小澤至賢・涌井恵・齊藤宇開・内田俊行・竹林地毅（2006）『生活単元学習を実践する教師のためのガイドブック－「これまで」，そして「これから」－』，国立特別支援教育総合研究所.

佐賀大学教育学部附属特別支援学校（2018）『児童生徒の確かな学びをつなぐカリキュラム・マネジメントの確立を目指して』，研究紀要，第 19 集.

下山直人監修・全国特別支援学校知的障害教育校長会編著（2018）『知的障害特別支援学校の自立活動の指導』，ジアース教育新社.

高浦勝義（1998）『総合学習の理論・実践・評価』，黎明書房.

高野桂一編（1989）『教育課程経営の理論と実際』，教育開発研究所.

竹内博紀・小山瑞貴・大関毅・落合優貴子・内海友加利・安藤隆男（2020）「肢体不自由特別支援学校のティーム・ティーチングにおける授業者の役割に関する調査研究―自立活動を主とした教育課程に注目して―」，障害科学研究，44（1），87-97.

武富博文・横尾俊（2015）「第 6 章　特別支援学校（知的障害）における学習評価の現状と課題」，国立特別支援教育総合研究所編『知的障害教育における組織的・体系的な学習 評価の推進を促す方策に関する研究（平成 25 年度～ 26 年度）』，研究成果報告書（平成 27 年 3 月），190-228.

武富博文・明官茂・清水潤（2017）「知的障害教育における教育目標と内容・指導方法、学習評価が一体的につながりを持つための工夫の検討」，国立特別支援教育総合研究所編『知的障害教育における「育成すべき資質・能力」を踏まえた教育課程編成の在り方（平成 27 年度～ 28 年度）』，研究成果報告書（平成 29 年 3 月），105-146.

田村知子（2005）「カリキュラムマネジメントのモデル開発」，日本教育工学会論文誌，第 29 巻，137-140.

田村知子編著（2011）『実践・カリキュラムマネジメント』，ぎょうせい.

田村知子（2019）「カリキュラムマネジメントのポイントと組織体制」，ぎょうせい教育ライブラリ，https://shop.gyosei.jp/library/archives/cat01/0000000637（2022.1.15 閲覧）

田村知子（2020）「指導主事による学校のカリキュラム・マネジメント実現のための支援と助言」，村川雅弘・吉冨芳正・田村知子・泰山裕編著『教育委員会・学校管理職のためのカリキュラム・マネジメント実現への戦略と実践』，ぎょうせい，53-65.

田村知子・村川雅弘・吉冨芳正・西岡加名恵編著（2016）『カリキュラムマネジメント・ハンドブッ

ク』，ぎょうせい.

丹野哲也（2017）「中央教育審議会答申を踏まえた育成を目指す資質・能力とカリキュラム・マネジメント」，国立特別支援教育総合研究所編『知的障害教育における「育成すべき資質・能力」を踏まえた教育課程編成の在り方（平成27年度～28年度）』，研究成果報告書（平成29年3月），152-157.

中留武昭（1997）「教育課程経営に焦点をあてた校長のリーダーシップスタイルの考察」，九州大学教育学部紀要（教育学部門），42，77-94.

常盤豊（2020）「学校のカリキュラム・マネジメント実現のために－地方教育行政への期待－」，村川雅弘・吉冨芳正・田村知子・泰山裕編著『教育委員会・学校管理職のためのカリキュラム・マネジメント実現への戦略と実践』，ぎょうせい，6-26.

二村裕美子・三浦光哉（2020）「教科等を合わせた指導から教科別の指導への教育課程の転換－学習指導要領に基づく教育課程の見直し－」，月刊『実践障害児教育』，12月号，36-39，学研みらい.

広島県立三原特別支援学校編著（2020）『カリキュラム・マネジメントで子どもが変わる！学校が変わる！～広島県立三原特別支援学校の実践～』，ジアース教育新社.

松見和樹・涌井恵（2016）『知的障害教育における「育成すべき資質・能力」を踏まえた教育課程編成の在り方（平成27年度）』，国立特別支援教育総合研究所，中間報告書.

マネジメント研修カリキュラム等開発会議（2005）『学校組織マネジメント研修～すべての教職員のために～（モデル・カリキュラム）』，文部科学省.

三浦光哉編（2020）『本人参画型の「自立活動の個別の指導計画」』，ジアース教育新社.

三浦光哉監修・岩松雅文編・川村修弘編（2021）『知的障害教育の「教科別指導」と「合わせた指導」』，ジアース教育新社.

三浦光哉・山口純枝（2022）「カリキュラム・マネジメント学校経営実績評価シート」の開発と活用の効果，山形大学大学院教育実践研究科年報，第13号，24-33.

村上直也（2020）「知的障害特別支援学校における，資質・能力を育む評価の考え方」，横倉久監修・全国特別支援学校知的障害教育校長会著『知的障害特別支援学校における「深い学び」の実現－指導と評価の一体化 事例18－』，東洋館出版社，1-9.

村川雅弘・田村知子・大岱小学校編（2011）『学びを起こす －授業改善困難校をトップ校へ導いた"大岱システム"の軌跡－，』，ぎょうせい.

文部科学省（1999）『盲学校，聾学校，及び養護学校小学部・中学部学習指導要領』.

文部科学省（2005）特別支援教育を推進するための制度の在り方について（答申）.

文部科学省（2017）『小学校学習指導要領』.

文部科学省（2017）『特別支援学校幼稚部教育要領小学部・中学部学習指導要領』.

渡邉健治編（2014）『知的障害教育における学力問題－「学ぶ力」「学んでいる力」「学んだ力」－』，ジアース教育新社.

付記

　本書には，『日本学術振興会科学研究費助成事業基盤研究（C）特別支援学校における「協働性」を基盤としたカリキュラム・マネジメントモデルの構築（課題番号：21K02723 研究代表者：小倉靖範，研究分担者：三浦光哉・佐藤貴虎・立田祐子・池田彩乃）』の一部が含まれています。

　本書では，「カリキュラム・マネジメント」の用語を使用しますが，書物や研究論文からの引用については「カリキュラムマネジメント」と表記しています。

おわりに

　カリキュラム・マネジメントと聞くと「それは管理職の仕事だ」と考える人は少なくないと思います。また，管理職の中にも「自分の仕事」と考え，トップダウンで示すことが大切だと考えている人は多いと思います。それはカリキュラム・マネジメントを狭義に捉えていたからだと，本書によって理解していただけたのではないでしょうか。

　インクルーシブ教育システム，GIGA スクール構想，スクールイノベーション等，近年，今後の日本の教育に対しての新たな施策や考え方がどんどん出されています。それだけ，科学技術の進歩に代表される社会情勢の変化が著しく，グローバル社会で生き抜くための「生きる力」を，いかに次世代を担う子供たちに身に付けさせるかということが喫緊の課題であるからだと考えます。

　しかし，特別支援学校においては，長年の「伝統」と「慣例」が重視され，社会変化は無縁とも思えるような教育や学校の体制が脈々と受け継がれ，小・中・高等学校とは異なる学校文化を築いてきたように感じます。そういった独自の学校文化に対して疑問を呈した教員もいたと思いますが，おそらく少数派だったのではないでしょうか。特別支援学校の教育や体制を変えたいけれど変えられない，そんな思いをもち続けてきた皆さん，本書を参考に特別支援学校改革に取り組みませんか。本書にある"仕掛け"や具体的な実践方法を参考にしていただき，特別支援学校の教育の質を向上させていただければと願っています。

　障害のある子供たちが将来社会で活躍できる環境は，企業の障害者雇用率の上昇をはじめ少しずつ整ってきています。東京（2021）や北京（2022）のパラリンピック等でも，障害者の活躍に感動を覚えた人は少なくないと思います。障害のある子供たちの可能性をどんどん伸ばすことこそが，学校教育の責務ではないでしょうか。

　最後に，ご多忙の日々に加え，このコロナ禍における不安定な社会情勢の中において，本書のために理論や実践について執筆していただいた先生方に感謝申し上げます。本書が特別支援学校の先生方のみならず，特別支援教育に関わる多くの先生方の手に届き，末永くご愛読していただければ幸いです。さらには，本書が日々取り組まれている授業実践の一助になり，未来ある子供たちのための教育実践に還元されることを切に願っております。

2022（令和4）年7月2日

執筆者を代表して　山口　純枝

執筆者一覧

三浦　光哉　（前掲）はじめに，第1章第1節・第2節・第7節，第2章第1節～第4節，第3章第1節・第2節，資料

立田　祐子　（中部大学准教授）第1章第3節・第4節

池田　彩乃　（山形大学准教授）第1章第5節・第6節

小倉　靖範　（愛知教育大学准教授）第1章第8節，第4章第1節・第2節

吉村祐太郎　（名古屋市立南養護学校教諭）参画①初任者

宇野ひかる　（名古屋市立南養護学校教諭）参画②担任

山田さゆり　（名古屋市立西養護学校教諭）参画③学年主任

瀧田香世子　（名古屋市立南養護学校教諭）参画④学部主任

真弓　卓磨　（名古屋市立守山養護学校教諭）参画⑤進路指導主任

前出　卓也　（名古屋市立西養護学校教諭）参画⑥情報教育主任

髙栁　裕子　（名古屋市立天白養護学校教諭）参画⑦研究主任

田中　洋樹　（名古屋市立天白養護学校教諭）参画⑧コーディネーター＜地域支援・特別支援＞

矢田　未紗　（名古屋市立南養護学校養護教諭）参画⑨養護教諭

滝　　純　（名古屋市立西養護学校教諭）参画⑩教務主任

山田　恭史　（名古屋市立守山養護学校教頭）参画⑪教頭

山田　善申　（名古屋市立天白養護学校校長）参画⑫校長

勝浦　眞仁　（桜花学園大学准教授）参画⑬外部専門家＜授業改善＞

宮﨑　潔　（名古屋市・就労移行支援事業所マーム事業本部長）参画⑭外部専門家＜就労支援＞

森　浩隆　（名古屋市立東志賀小学校校長）参画⑮教育センター

山田　浩貴　（名古屋市教育委員会指導室指導主事）参画⑯教育委員会

山口　純枝　（名古屋市立西養護学校校長）参画⑯教育委員会，参画⑰保護者，実践1，おわりに

山口真由美　（名古屋市立西養護学校教諭）参画⑱児童生徒

城間　政次　（沖縄県立美咲特別支援学校校長）実践2

上林　宏文　（北海道真駒内養護学校校長）実践3

岡越　猛　（沖縄県立大平特別支援学校教頭）コラム1

岩松　雅文　（宇都宮大学共同教育学部附属特別支援学校教諭）コラム2

佐貝　賀子　（山形県川西町立川西中学校教諭）コラム3

川村　修弘　（宮城教育大学附属特別支援学校教諭・上杉学習室室長）コラム4

（令和3年度）

監修・編著者紹介

三浦　光哉（みうら・こうや）

　山形大学教職大学院教授　兼任　山形大学特別支援教育臨床科学研究所所長。東北大学大学院博士課程満期退学。宮城県公立小学校教諭，宮城教育大学附属養護学校教諭，宮城教育大学非常勤講師，山形大学教育学部助教授，山形大学地域教育文化学部教授を経て現職。名古屋市特別支援学校の在り方検討委員会座長，名古屋市特別支援学校運営アドバイザー，山形県発達障がい者支援施策推進委員会委員などを歴任。特別支援教育士 SV，学校心理士 SV。

　主な編著書に，『知的障害教育の「教科別指導」と「合わせた指導」』(2021)，『本人参画型の自立活動の個別の指導計画』(2020)，『特別支援教育のステップアップ指導方法 100』(2019)，『特別支援学級のための学級経営サポート Q&A』(2018)，『知的障害・発達障害の教材・教具 117』(2016)，いずれもジアース教育新社など多数。

山口　純枝（やまぐち・すみえ）

　名古屋市立西養護学校校長。名古屋市立小学校・特別支援学校教諭、名古屋市教育センター指導主事、名古屋市立小学校長、名古屋市教育委員会指導室主幹を経て現職。公認心理師，学校心理士，ガイダンスカウンセラー。

　主な共著書論文に，「特別支援学校におけるカリキュラム・マネジメントの実践」（山形大学特別支援教育臨床科学研究所，第 8 号, 50-57, 2022)，『知的障害教育の「教科別指導」と「合わせた指導」』，『本人参画型の自立活動の個別の指導計画』（ジアース教育新社，2020）など。

小倉　靖範（おぐら・やすのり）

　愛知教育大学教育学部准教授　兼任　愛知教育大学インクルーシブ教育推進センター長。北海道教育大学大学院・筑波大学大学院修了。北海道公立特別支援学校教諭，筑波大学附属久里浜特別支援学校教諭を経て現職。名古屋市「特別支援学校アドバイザー派遣事業」授業改善アドバイザー。日本心理リハビリテイション学会認定 SV。

　主な論文に，「自立活動との関連を明確にした教科指導－認知特性に焦点をあてた国語科の授業づくり－」（肢体不自由教育，197 号，28-33, 2010：平成 23 年度金賞受賞）など。

特別支援学校が目指すカリキュラム・マネジメント
～参画チェックリストと7つの要素を動かす15の仕掛け～

2022年7月2日　初版第1刷発行

監修・編著　三浦 光哉
編　　　著　山口 純枝・小倉 靖範
発 行 人　加藤 勝博
発 行 所　株式会社ジアース教育新社
　　　　　　〒101-0054　東京都千代田区神田錦町1-23　宗保第2ビル
　　　　　　TEL：03-5282-7183　FAX：03-5282-7892
　　　　　　E-mail：info@kyoikushinsha.co.jp
　　　　　　URL：https://www.kyoikushinsha.co.jp/

表紙デザイン　宇都宮 政一
本文デザイン・DTP　株式会社彩流工房
印刷・製本　株式会社日本制作センター

ISBN978-4-86371-633-9